Rosemary Sutcliff
Robin Hood

Die Autorin:

Rosemary Sutcliff wurde 1920 in Surrey (England) geboren. Als kleines Mädchen erkrankte sie schwer und konnte lange Zeit keine Schule besuchen. Später befaßte sie sich intensiv mit historischen Studien, die sie in Romanen verarbeitete. Ihre Geschichten zeugen von gründlicher Sachkenntnis und sind spannend zu lesen. Am bekanntesten sind ihre historischen Erzählungen aus der spätrömischen Epoche Großbritanniens. Für ihre hervorragenden Leistungen auf diesem Gebiet wurde sie mit der Carnegie-Medaille ausgezeichnet.
Mehrmals standen Titel von ihr in der Auswahlliste zum Deutschen Jugendbuchpreis.
Bücher von Rosemary Sutcliff bei dtv junior: siehe Seite 4

Rosemary Sutcliff

Robin Hood

Kämpfer für Freiheit und Gerechtigkeit

Deutscher
Taschenbuch
Verlag

dtv

Aus dem Englischen von Sabine Gabert

Titel der Originalausgabe: ›The Chronicles of Robin Hood‹,
erschienen 1950 bei Oxford University Press, London

Von Rosemary Sutcliff sind außerdem bei dtv junior lieferbar:
Der Adler der Neunten Legion, Band 7012
Der silberne Zweig, Band 7069
Drachenschiffe drohen am Horizont, Band 7260
Das Hexenkind, Band 7494
Randal, der Ritter, Band 70122

Ungekürzter Text, ohne Abbildungen
1. Auflage April 1987
Deutscher Taschenbuch Verlag GmbH & Co. KG, München

ISBN 3-7725-0810-3
Umschlaggestaltung: Celestino Piatti
Umschlagbild: Oldrich Jelinek
Gesetzt aus der Aldus 10/11
Gesamtherstellung: Ebner Ulm
Printed in Germany · ISBN 3-423-70108-0
4 5 6 7 8 9 · 94 93 92 91 90 89

Inhalt

Aus Robert von Locksley wird Robin von Barnesdale

Hochsommerliche Hitze lag über dem Walde von Barnesdale. Unter dem weitverzweigten Geäst der dichtbelaubten Eichen und Kastanien dämmerten tiefe, kühle Schatten, in denen die goldenen Kringel der Sonnenstrahlen flimmerten, die durch das Geflecht der Blätter drangen.

Ein schmaler, kaum wahrnehmbarer Pfad wand sich zwischen den Baumstämmen hindurch gen Norden; hier und da verschwand er im Dickicht des Unterholzes und der Rankengewächse, unter den Haselsträuchern und Kornelkirschen. Wo immer das Gebüsch ein wenig zurückwich, tummelten sich im Gras die Kaninchen, die ihre Löcher und Höhlen unter den Wurzeln der mächtigen Bäume gegraben hatten. In der Stille dieser heißen Mittagsstunde hörte man nichts als das Summen unzähliger Insekten, irgendwo in der Ferne den Ruf eines einsamen Kuckucks und das leise Rascheln der durch das Gebüsch huschenden Tiere.

Doch plötzlich unterbrach der Warnruf eines Hähers den tiefen Frieden des Waldes, – rasch kletterte ein Eichhörnchen den dicken Stamm einer Buche empor, hielt inne, blickte durch die Zweige noch einmal hinunter und schimpfte empört, ehe es verschwand. Schnell wie der Blitz schlüpften die herumhoppelnden Kaninchen in ihre Höhlen, und der kleine Pfad lag einsam und verlassen. Doch nicht lange.

Zwischen den Baumstämmen kam ein Mann daher, auf diesem Pfad, den jahraus, jahrein sonst nur die Tiere des Waldes, der wilde Eber oder die Hirschkuh mit ihren Jungen entlangzogen. So kühn und frei schritt er aus, als sei er einer der königlichen Waldhüter, doch war er das keineswegs, wenn auch sein wollenes Wams von grüner Farbe war und der Bogen, den er trug, sieben Fuß maß. Ungefähr 23 Jahre mochte er zählen und war von hohem Wuchs und leichtem

Körperbau. Lebhaft und fröhlich war sein mageres, braungebranntes Antlitz mit den leuchtend blauen Augen. Die Kapuze seines Umhangs hatte er auf die Schultern zurückgeschlagen, und auf seinem dunklen, lockigen Haar saß ein knappes Samtmützchen, geschmückt von der bunten Feder eines Brachvogels. Sein Wams wurde von einem breiten Ledergurt zuammengehalten, in dem rechts ein langes irisches Jagdmesser steckte. Auf der linken Hüfte hing ein Köcher mit sechs graugefiederten Pfeilen. Nicht zu schnell und nicht zu langsam wanderte er mit weitausgreifenden, gleichmäßigen Schritten den überwucherten Pfad entlang. Hinter seinem Rücken stahlen sich die Kaninchen wieder aus ihren Löchern hervor, das Eichhörnchen huschte den Stamm seines Baumes hinunter bis zu den Wurzeln, wo es eine Nuß liegengelassen hatte; das ganze Leben im Wald ging weiter, als ob er nie des Wegs gekommen wäre. Vor ihm aber ließen die Häher und Amseln ihre warnenden Rufe ertönen.

Immer weiter wanderte er, durch dunkles Dickicht, in dem jeder Schatten ein lauernder Wolf sein konnte, über sonnige Lichtungen, auf denen der Holunder blühte und die roten Kerzen des Fingerhuts sich emporstreckten. Einmal machte er einen weiten Umweg, um äsendes Wild nicht aufzuschrecken, einmal hielt er inne, um vom klaren Wasser eines Bächleins zu trinken, dann wieder blieb er stehen, um mit den Augen dem Flug eines Spechtes zu folgen. Er hatte keine Eile, denn die Sonne stand noch hoch am Himmel. Und wie er so durch den Wald wanderte, ließ er vergnügt seine Gedanken schweifen, vom Dorfe Locksley, in dem er die letzten vierzehn Tage verbracht hatte, zu seinem eigenen kleinen Gehöft, zu dem er jetzt zurückkehrte. Er und seine Vorfahren saßen schon seit Generationen auf Goddethorne, das sie von den Mönchen der Abtei von St. Mary in York gepachtet hatten; einen Teil seiner Kindheit jedoch hatte er bei seinem Onkel Stephen verbracht, der sein eigenes Land bebaute, das an »Locksley

Chase«, die Jagdgründe von Locksley, angrenzte. Deshalb hatte er den Namen Robert von Locksley erhalten, obwohl er aus dem Dorfe Birkencar bei Pomfret stammte.

Dreierlei Gründe hatte Robert von Locksley für seine Reise zu dem Dorf, dem er seinen Namen verdankte: einmal hatte er Geschäfte zu erledigen, zum anderen wollte er den Onkel und die Gespielen seiner Kindheit besuchen, vor allem aber wollte er Marian wiedersehen.

Marian war die Tochter von Robert, Lord Fitzwater von Malaset; er aber, Robert von Locksley, war nur ein Freisasse und nicht gerade wohlhabend. Wohl wußte er, daß er sie niemals zur Frau bekommen würde. Aber sie liebten einander, seit sie sich vor zehn Jahren zum ersten Mal in Locksley Chase begegnet waren. Damals war sie erst neun Jahre alt gewesen, und Robert hatte das heranwachsende Mädchen in der Kunst des Reitens und der Falkenjagd unterwiesen. (Auch den Gebrauch von Schild und Schwert hatte er sie gelehrt, – das allerdings hatten sie vor den Älteren geheimgehalten.) Nach seines Vaters Tod war er nach Norden gezogen, um Goddethorne zu übernehmen. Seitdem wanderte er von Zeit zu Zeit nach Locksley, zwanzig Meilen hin und zwanzig zurück, nur um Marian wiederzusehen und sich zu vergewissern, daß sie ihn nicht vergessen hatte.

Schweren Herzens hatte er Marian an diesem Morgen verlassen, denn viel Zeit würde vergehen bis zu einem Wiedersehen; aber mit jeder Meile, die ihm Goddethorne näherbrachte, wurde ihm leichter zumute. Schließlich kam er ja wieder nach Hause, nach vierzehn langen Tagen! Die Heuernte würde bereits in vollem Gange sein, und er fing an, Pläne zu machen: das Strohdach der Scheune müßte erneuert werden, und vielleicht könnte er im nächsten Frühjahr ein Joch Ochsen kaufen, wenn er den Winter über sehr sparsam wirtschaftete. Sibby, die Frau eines seiner Leibeigenen, hatte sicher schon frische Binsen auf den Boden seiner Stube gestreut – sein Haus bestand nur aus einem Wohnraum –, auf der Truhe würden die Kerzen aus

Hammeltalg brennen, ein schmackhaftes Abendessen würde es geben, und Trusty, sein Schäferhund, würde ihm über die Felder entgegenspringen, um ihn willkommen zu heißen.

Der Abend dämmerte schon, als er die Straße nach Pomfret überquerte und durch die letzten Ausläufer des Waldes nach Birkencar hinunterstieg. Die letzten schrägen Strahlen der untergehenden Sonne schienen zwischen die Stämme, und in ihr warmes goldenes Licht mischten sich die dunklen Schatten des Waldes.

Als er diese letzte Strecke seiner langen Wanderung vor sich sah, beschleunigte Robin seine Schritte. Doch plötzlich blieb er nahe am Waldrand stehen, als er einer kleinen, braungekleideten Gestalt ansichtig wurde, die sich unten bei der Böschung aus dem Schatten eines Baumes löste, ihm entgegeneilte und ihm bedeutete, in die Tiefe des Waldes zurückzuweichen.

»Was ist denn los, Much, mein Freund?« fragte Robin, als der kleine Mann näher herankam.

Atemlos rief dieser ihm zu: »Zurück, Master Robin, geht wieder zurück in den Wald, solange Ihr noch könnt.«

»Und warum, Freund Much?«

»Ihr wart zu lange fort, Master Robin. Guy von Gisborne hat falsche Anklage gegen Euch erhoben. Er hat unter Eid ausgesagt, daß Ihr des Königs Wild gejagt habt. Gestern haben sie Euch in Acht getan und einen Preis auf Euren Kopf gesetzt, – am Kreuz auf dem Marktplatz zu Pomfret! Und heute morgen kamen die Meuchelmörder des Abtes, angeführt von Guy von Gisborne selbst, um Goddethorne in Besitz zu nehmen. Dort sind sie jetzt und warten auf Eure Rückkehr.«

»Und du kamst, um mich zu warnen?« fragte Robin. »Mein guter kleiner Much!« Sanft legte er seine Hand auf die Schulter von Much, dem Müllerssohn; und er schaute über ihn hinweg in das letzte Aufleuchten der untergehenden Sonne, das im Schatten des Waldes erlosch. Er wußte, daß ihn der Abt von St. Mary haßte; denn er hatte immer deutlich und klar gesagt, was er von dem dickwanstigen Kirchenfürsten und dessen Tun und Treiben hielt. Auch wußte er, daß es den Abt schon lange nach seinem kleinen Gehöft mit den reichen Feldern und Weiden gelüstete, die er seinen Kirchengütern einverleiben wollte. Aber das konnte er nicht, solange Robin seinen Pachtzins bezahlte, denn es war gegen das Gesetz, einem freien Bauern das gepachtete Land wegzunehmen, solange er den Zins regelmäßig bezahlte. Als Freier konnte er es bebauen und sogar seinem Sohn vererben, gerade so, wie wenn es ihm gehörte. Aber ein Geächteter war rechtlos. Und er, Robin von Locksley, war wahrhaftig nicht der erste brave Mann, den Guy von Gisborne, des Abtes Rentmeister, um Haus und Hof betrogen hatte mit seinen falschen Eiden – nur um seinen Herrn zu bereichern.

»Wie töricht war es von mir, so lange fortzubleiben«, sagte er voller Bitternis. »Wahrscheinlich haben sie erklärt, daß ich versucht habe, vor den Richtern zu fliehen. Letztes Jahr haben sie das gleiche dem armen John Kierslake angetan, das weiß ich noch wohl.« Er ließ Muchs Schulter wieder los und wollte wissen: »Was haben sie mit meinen Knechten gemacht?«

»Ausgepeitscht hat man sie, jetzt liegen sie an Händen und Füßen gefesselt in der Scheune und werden morgen nach Doncaster vor den Richter gebracht. Die rechte Hand soll ihnen abgehackt werden, weil sie versucht haben, Euer Eigentum mit Steinen und Stöcken zu verteidigen.«

»Das haben sie versucht, die guten Burschen« – Robins Stimme klang sehr sanft –, »die guten, dummen, treuen Kerle.« Er begann seinen Bogen zu spannen. »Kommst du mit?« fragte er und wandte sich wieder den freien Feldern zu.

Much fuhr herum und eilte hinter ihm her. »Master Robin, Ihr werdet doch nicht dort hinuntergehen in dieses Wespennest? Begreift Ihr denn nicht –?«

»Ich begreife, daß meine armen Knechte Schmerzen leiden und sich in Gefahr befinden, weil sie mir die Treue hielten«, antwortete Robin grimmig, »darum werde ich jetzt ihnen die Treue halten.« Damit eilte er so schnell den Abhang hinunter, daß Much Mühe hatte, mit ihm Schritt zu halten. Als sie an dem Baum vorbeikamen, unter dem sich Much versteckt gehalten hatte, sprang er zur Seite und kehrte gleich darauf mit einem Bogen zurück und vier langen Pfeilen, die er in seinen Gürtel steckte. Als Robin dies sah, runzelte er die Stirn, aber Much beeilte sich zu erklären: »Ich dachte, Ihr würdet mich vielleicht mitnehmen in den Greenwood, denn der Leibeigenschaft bin ich überdrüssig. Außerdem – zwei Bogen sind besser als einer, wenn es zum Kampf kommt.«

Robin antwortete nicht; er blieb neben einer großen alten Esche stehen, legte eine Hand an den grauen Stamm und blickte in das Tal hinunter. Unbebautes Land zog sich leicht abfallend bis hinunter zu den drei großen Feldern von Goddethorne, in deren Mitte die Gebäude des Gehöfts lagen, und stieg dann wieder sacht an bis zum Dorfe Birkencar, das mit seiner einen langen Straße und der kleinen, halb von Birken und Ebereschen verborgenen Kirche auf dem gegenüberliegenden Hang zu sehen war.

Wie schön sein Gehöft war in seiner Abgeschlossenheit! Die Wirtschaftsgebäude lagen dicht beieinander, umgeben von einem lebendigen Zaun, einer niedrigen Hecke. Sie mußte niedrig gehalten werden; denn es war vom Gesetz vorgeschrieben, daß niemand, der am Rande eines königlichen Forstes Land bebaute, eine hochwachsende Hecke haben dürfe, damit die Rehe mit ihren Jungen ungehinderten Zugang zu den Getreidefeldern hätten. Eines der Felder war abgemäht, auf dem anderen lag frisch geschnittenes Gras in silbrig schimmernden Bündeln, und auf dem dritten stand der Weizen hoch und grün wie Jade. Zu den niedrigen Gebäuden, die im Viereck um einen Hof herum gebaut waren, gab es nur einen Zugang: ein Tor aus silbrig verwittertem, schwerem Holz, das auf der zum Wald hin gelegenen Seite Einlaß gewährte. Das ganze Anwesen machte den Eindruck, als sei es im Laufe der Jahrhunderte langsam aus dem Boden herausgewachsen, gerade so wie der alte große Maulbeerbaum, in dessen Schatten es lag: Wohnhaus, Ställe, Scheune und Schuppen mit Mauern aus grauem Stein und Dächern aus warmem braunem Stroh. Auch die Hütten der vier Knechte hatten braune Strohdächer. Zwischen Hof und Wald gelegen, kauerten sie behaglich inmitten ihrer kleinen Bohnen- und Kräuterbeete. Rasch überflogen Robins Augen das friedliche Bild, aber sein Herz war schwer, denn er liebte Goddethorne. Doch die Zeit drängte, unnützer Trauer konnte er sich nicht hingeben. Von seiner Stelle am Waldrand konnte er bis hinunter auf den Hof schauen, er sah einige Männer müßig umherschlendern und einen, der sich vor dem Scheunentor herumlümmelte.

»Haben sie sie eingeschlossen?« fragte er, ohne sich umzudrehen.

»Nein«, antwortete Much. »Sie sind an Händen und Füßen gefesselt und werden von den Leuten des Abtes bewacht. Jedenfalls war das die Lage, als ich vor ein paar Stunden da vorbeiging und diesen teuflischen Kerlen den gaffenden Dorftrottel vorspielte.« Leise lachte er in der Erinnerung daran, wie er die großtuerischen Bewaffneten zum Narren gehalten hatte, so daß sie glauben mußten, einen harmlosen Dummkopf vor sich zu haben.

»Gut!« sagte Robin, »das wird uns unsere Aufgabe erleichtern.« Mit diesen Worten glitt er mit raschen, lautlosen Schritten auf ein Dickicht von Haselsträuchern zu, das sich bis hinunter zu der abgemähten Wiese zog. Much folgte ihm und staunte wie eh und je, mit welch unheimlicher Lautlosigkeit und Behendigkeit sich dieser große Mann durch das dichte Gestrüpp aus Holunder, Geißbart und Waldreben bewegen konnte, ohne daß ein raschelndes Blatt oder ein knackender Zweig ihn verraten hätten.

Dort, wo das Gestrüpp schließlich aufhörte, erhob sich ein alter Weißdornbaum; er bildete den Abschluß der langen Weißdornhecke, die zum Schutz gegen den Wind angepflanzt worden war. Einen Augenblick hielt Robin unter den Haselsträuchern inne, schaute sich rasch um und trat dann auf die offene Wiese hinaus. Much folgte ihm wie ein kleiner treuer Schatten, und gleich darauf duckten sich die beiden in den trockenen Graben vor der Dornenhecke. Die dicht belaubte Hecke immer zwischen sich und dem Gehöft, gingen sie tief gebückt den Graben entlang, bis sie zu der Stelle kamen, die einen schmalen Durchlaß zu den dahinter liegenden Bohnenbeeten gewährte. Durch die hochrankenden Bohnen konnten sie sich bewegen, ohne gesehen zu werden, und sie gelangten in ihrem Schutz bis an die Mauer des Schuppens und der daneben liegenden Scheune.

Hoch oben in der Scheunenwand befand sich ein Fenster. Es war nur sehr schmal, weil es ebenso wie die Schießscharten in den Außenmauern der Ställe und des Wohnhauses ursprünglich zu Verteidigungszwecken eingelassen worden war. Dieses Fenster aber hatte man aus irgendeinem längst vergessenen Grund vergrößert, und so war es zwar sehr schmal, aber lang. Als Knabe war Robin oft durch dies Fenster geschlüpft, und er meinte, das auch jetzt noch zu können. Er zeigte es Much im schwindenden Licht der Dämmerung, bückte sich und bedeutete ihm, auf seine Schultern zu steigen.

»Ich will dich so weit in die Höhe heben, daß du hineinklettern kannst«, flüsterte er. Zweifelnd blickte Much hinauf, tat aber, wie Robin ihm geheißen hatte. Sowie er hoch genug war, klammerte er sich an den steinernen Sims und zog sich hinauf. Es gelang ihm, sich durch die Fensteröffnung hindurchzuwinden, und er sprang auf den Heuboden, der den oberen Teil des Schuppens bildete.

Robin reichte ihm die beiden Bogen, sprang selbst in die Höhe und bekam den Sims zu fassen. Mit den Händen hielt er sich an den rauhen Steinen fest; seine Füße, in Schuhen aus ungegerbtem Leder, tasteten lautlos nach dem Halt, den er noch so gut in Erinnerung hatte. Schließlich gelang es auch ihm, sich hinaufzuziehen. Er war aber in den Schultern breiter geworden, als er dachte, seitdem er das letzte Mal durch dieses Fenster gestiegen war, und einen Augenblick lang schien es, als würde er sich nicht mehr durch diese schmale Lücke zwängen können. Aber er schaffte es, sich seitwärts drehend, mit eingezogenem Kopf. Vornüber ließ er sich ins Heu fallen. Als er sich mühsam wieder aufrichtete, war ihm klar, daß er auf diesem Wege auf keinen Fall wieder herauskonnte, was immer auch geschehen mochte. Er sah Much an der Mauer knien und bedeutete ihm, dort zu bleiben. Ein lockeres Heubündel zur Tarnung vor den Kopf haltend, schob er sich langsam auf das offene Ende des Heubodens zu, bis er den ganzen Hof unter sich überschauen konnte. Zwischen den alten Mauern war es schon recht dunkel, durch die Fenster des Wohnhauses schimmerte das vertraute warme Licht der Kerzen und des Herdfeuers. Aber durch diese Fenster drang auch der Lärm grober Stimmen, – ein Zechgelage war da im Gange. Sir Guy von Gisborne und die bewaffneten Männer des Abtes taten sich gütlich an den Vorräten von Robins Speisekammer, an Fleisch und selbstgebrautem Most. Als Robin dieses Gebrüll hörte, verfinsterten sich seine Züge.

In der Dunkelheit konnte er gerade noch den Pfahl erkennen, den sie für das Auspeitschen neben dem Tor aufgestellt hatten, die Stricke lagen noch daneben – einen der Bewaffneten sah er, der an der Scheunentür lehnte – und Trusty. Trusty lag im Lichtschein eines der Fenster, mit unnatürlich verdrehtem Kopf in der dunklen Lache seines Blutes, das im Boden versickerte.

Lange Zeit verharrte Robin still und unbeweglich und schaute auf den Leichnam seines treuen Freundes. Es schien ihm, als sei der Tod dieses seines Hundes ein Sinnbild für all die Ungerechtigkeit und Unterdrückung, die im Lande herrschte. Und der Zorn stieg auf in ihm wie der Pfeil, der in die Luft steigt. Hinunterspringen wollte er in den Hof und diese Teufel in seinem Haus zum Kampf herausfordern. Jeden einzelnen von ihnen wollte er erschlagen, so wie sie seinen Hund erschlagen hatten. Aber gleichzeitig wußte er auch, daß das jetzt nicht möglich war. Erst mußte er seine Knechte befreien und vor dem Schicksal erretten, das ihrer harrte. Die Leute des Abtes mußten noch warten, bis der Tag der Abrechnung für sie kam.

Und während er sich wieder in den Hintergrund des Heubodens zurückzog, schwor er tief in seinem Herzen einen heiligen Eid, daß dieser Tag einmal kommen würde; daß er von nun an kämpfen wollte gegen sie und ihre Spießgesellen; gegen die feisten Kirchenleute, die ihre Herren waren; gegen die grausamen Adligen, die es ebenso arg trieben wie die Kirchenherren. Kämpfen wollte er um dessentwillen, was sie Trusty angetan hatten und um der Dinge willen, die sie England antaten.

Als er im tief verschatteten Hintergrund des Heubodens wieder zu Much stieß, flüsterte er dem kleinen Mann seinen Plan ins Ohr. Eine kurze Weile noch blieben sie schweigend liegen, bis die nächtliche Dunkelheit so tief geworden war, daß die Zecher im Haus keinerlei Bewegungen auf dem Hof mehr wahrnehmen konnten. Als er soweit war, stieß Robin seinen Gesellen leicht an, und sie schlängelten sich durch das Heu nach vorn.

Der Mann, der vor dem Scheunentor Wache stand, wurde immer unruhiger, weil es ihn nach seinem Abendessen verlangte. Immer wieder drehte er sich herum, schaute hinüber zu den erleuchteten Fenstern und schimpfte leise vor sich hin. Als er ihnen gerade wieder einmal den Rücken zukehrte, sprang Robin aus seinem Versteck hinunter. Der Mann hörte zwar das leise Geräusch aufspringender Füße hinter sich, aber noch ehe er sich umwenden oder eine Warnung ausrufen konnte, packte ihn Robin und stieß ihm, ohne daß er sich noch wehren konnte, sein Messer zwischen die Rippen. Mit einem leisen Stöhnen brach er zusammen.

Im nächsten Augenblick warf Much die beiden Bogen herunter, auf die trockenste Stelle des Misthaufens, so daß sie beim Auffallen keinen Lärm verursachen konnten, und sprang selbst hinterher.

»Rasch zur Scheune mit deinem Messer«, zischte Robin ihm zu, und während der kleine Mann eilte, um den schweren Riegel zurückzustoßen, hob Robin seinen Bogen auf, spannte einen Pfeil ein und wandte sich dem Haus zu. Falls jemand herauskäme, würde seine Gestalt sich hinter dem erleuchteten Fenster abzeichnen und eine gute Zielscheibe abgeben.

Hinter sich, im Dunkel der Scheune, hörte er leises Flüstern und Stöhnen und schließlich gedämpfte Fußtritte auf dem Tennenboden. Much und die Knechte, so schien es ihm, machten einen solchen Lärm, daß selbst das Dorf aufwachen mußte, – das eine halbe Meile weit weg war!

Doch das Grölen hinter den erleuchteten Fenstern wurde nur immer lauter, und auch in der Tür ließ sich niemand sehen. Die Knechte, vier schattenhafte Gestalten in der Dunkelheit, standen jetzt neben ihm, und Much eilte schon zum Tor.

Als Much den schweren Querbalken hob und die Riegel zurückschob, vernahm Robin nur ein leises Knirschen. Doch er drehte sich nicht um, und während er rückwärts auf das nun geöffnete Tor zuging, ließ er die erleuchteten Fenster nicht aus den Augen und hielt den gespannten Bogen weiterhin auf sie gerichtet. Dann hatten sie das Tor hinter sich, und mit Hilfe eines der Knechte versperrte Much es wieder und legte den Querbalken vor, den er für diesen Zweck vorsorglich mit herausgenommen hatte.

Sie verbargen sich im Graben hinter der Hecke, und Robin erklärte seinen fünf Männern, was sie nun zu tun hätten:

»Ihr habt doch alle einen Bogen unter eurem Lager

versteckt – das weiß ich wohl –, geht nun; jeder holt seinen Bogen und was er sonst noch an Waffen oder Werkzeugen hat, auch Nahrungsmittel, alles, was uns von Nutzen sein kann. Aber eilt euch und kommt dann wieder hierher zu mir.« Einen der Männer, die sich gehorsam erhoben, hielt er zurück: »Diccon, was ist mit deiner Frau?«

Diccon, der als einziger der Knechte verheiratet war, gab bedrückt zur Antwort: »Zu ihrem Bruder oben im Dorf ist sie gegangen, Herr. Ich hab sie gestern fortgeschickt, als die Kunde zu uns kam, daß Ihr geächtet seid.«

»Gut«, sagte Robin, »nun geh auch du und tu, was ich euch gesagt habe.«

Nachdem die vier in der Dunkelheit verschwunden waren, wandte er sich an Much, der neben ihm im Graben kauerte: »Much, mein Freund, vor einer Stunde noch sagtest du, du wolltest mit mir in die Wälder gehen, aber bedenke es wohl, denn noch ist Zeit. Wenn du jetzt in deine Hütte zurückkehrst, wird dich niemand mit dem in Verbindung bringen, was heute abend geschehen ist. Mir und meinen Knechten bleibt keine andere Wahl. Du aber kannst noch zurück, wenn du jetzt gehst.«

»Ich will nicht mehr zurück«, antwortete Much schroff, »ich will mit Euch in den Wald, wenn Ihr mich als Gefolgsmann wollt, Master Robin.«

»Ich will dich zum Gefolgsmann, Much, nur zu gerne«, sagte Robin und packte den anderen an der Schulter.

Darauf schwiegen sie; Robin ließ die gedrungenen Umrisse der Gesindehütten nicht aus den Augen und lauschte, ob irgendwelche Geräusche auf dem Hof darauf hindeuteten, daß man ihre Flucht entdeckt hatte. Hätte er mit seinen Leuten erst einmal den Schutz des Waldes erreicht, so wären sie in Sicherheit, denn in ganz England gab es keinen Bewaffneten, der Robert von Locksley im Barnesdale-Wald hätte aufspüren können, – sofern er nicht gefunden werden wollte. Aber noch lag ein großes Stück offenen Geländes zwischen den Hütten und dem Wald. Erst wenn sie das hinter sich gelassen und die bergenden Bäume des Waldes erreicht hatten, durfte er sich zufrieden geben. So atmete er erleichtert auf, als er sah, wie eine Gestalt sich aus dem Schatten der nächstgelegenen Hütte löste und auf ihn zueilte. Eine weitere folgte, noch eine und noch eine – und die verwegene kleine Schar hatte sich wieder zusammengefunden.

Robin stand schweigend auf und ging nun den Weg wieder zurück, den er am frühen Abend gekommen war: an der Dornenhecke entlang und an den Haselsträuchern, die sich bis zum schützenden Dunkel des Waldes hinaufzogen. Wie Schatten folgten seine fünf Männer ihm auf den Fersen, nicht ganz so lautlos wie er, denn noch war ihnen das Leben in der Wildnis fremd, die von nun an ihre Heimat werden sollte.

Plötzlich erschallte wütendes Geschrei vom Gehöft herauf, und heftige Schläge donnerten an das versperrte Tor. Doch sie hatten den Schutz der hohen Waldbäume und des dichten Unterholzes schon erreicht.

Später in jener Nacht, viele Meilen von Goddethorne entfernt, gelangten sie zu einer Lichtung im Herzen des Waldes und lagerten sich um ein Feuer, das sie aus eilig gesammeltem Reisig entzündeten. Das Abendessen fiel recht mager aus, und die sechs Männer waren noch hungrig. Die wenigen Nahrungsmittel, die die Knechte aus ihren Hütten hatten mitbringen können, mußten noch für den nächsten Tag reichen. Sie hatten nun alles hinter sich gelassen, ihre Felder und mit ihnen auch das Leben, das sie und ihre Vorväter seit Generationen gewohnt waren. Wie betäubt waren die vier Knechte von all den Ereignissen des Tages, auch schmerzten die Peitschenhiebe noch, die sie am Morgen erhalten hatten. Dumpf starrten sie in das Feuer, dessen flackernde Flammen ihre müden Gesichter erhellten.

Much machte sich daran, ihre Besitztümer zu sichten: sechs Bogen, zweiundzwanzig Pfeile (fünf davon recht plump), eine Sichel, ein lederner Eimer, ein rostiges Schwert, eine hölzerne Schüssel, zwei Knäuel Hanfseil, ein alter brauner Mantel, das Jagdmesser von Robin und sein eigenes, ein paar Stücke Brot und etwas grobes Mehl. Viel war es nicht, – aber es mußte reichen, bis sie wieder mehr ihr eigen nennen würden.

Robin hatte die Hände um seine Knie geschlungen und blickte die Männer seiner kleinen Schar einen nach dem anderen freundlich an.

»Nun, meine Freunde, – Diccon, Barnaby, Gurth, Watkin«, sagte er schließlich, »ich danke euch, daß ihr Goddethorne für mich verteidigen wolltet.«

Langsam schüttelte Barnaby den Kopf: »Wir haben getan, was wir konnten, Master Robin, – wir und Trusty. Aber viel konnten wir ja nicht ausrichten, nur mit Stöcken und Steinen, gegen diese Teufel. Und Trusty haben sie umgebracht.« Barnaby war der Kuhhirte und hatte Trusty schon als jungen Hund mit bei der Arbeit gehabt. Er liebte ihn fast so wie Robin.

»Ja, meinen guten Trusty haben sie erschlagen«, sagte Robin leise. Darauf erhob er sich und blickte auf die fünf vom Feuer erhellten Gesichter nieder: »Nun gibt es für uns nur noch den Greenwood. In der Welt der Menschen ist unseres Bleibens nicht länger – und von morgen ab seid auch ihr Geächtete, wie ich, und auch auf euren Kopf wird ein Preis gesetzt, und eines jeden Menschen Hand wird sich gegen euch erheben.«

Zornig murmelten die Männer am Feuer Verwünschungen vor sich hin, bis Watkins, der älteste von ihnen, sich zum Sprecher für sie alle machte: »Wenn Ihr uns anführen wollt, Master Robin, dann kümmert uns das alles nicht.«

»Euch anführen?« rief Robin, »dann hört mir gut zu: wenn ich euch anführen soll, will ich es nicht dulden, daß ihr zu gemeinen Räubern werdet, zum Schrecken für alle braven Menschen. Erstens dürft ihr nie einer Frau ein Leid antun, auch keinem Mann in Gesellschaft einer Frau, – und das um der Jungfrau Maria willen, der Mutter unseres Herrn. Zweitens dürft ihr die Armen nicht berauben oder peinigen, auch keinen braven Bauern, der für sein tägliches Brot so arbeitet, wie ihr oder ich es getan haben; auch keinen armen fahrenden Ritter oder gar ein Kind. Aber den reichen Kaufleuten, den Baronen und den dickwanstigen Kirchenherren, die die Schwachen grausam unterdrücken und den Armen in ihrer Habgier noch ihre letzten Habseligkeiten wegnehmen, – denen könnt ihr antun, was ihr wollt. So und nur so kann ich euer Anführer sein. Ihr Männer des Greenwood, wollt ihr meine Bedingungen annehmen?«

Freudig stimmten sie ihm zu, aber auch Zorn schwang mit, als sie gelobten: »Wir nehmen Eure Bedingungen an, und wir wollen Euch zum Anführer, Robin von Barnesdale.« Einer nach dem anderen traten sie vor ihn hin, knieten neben dem Feuer nieder, legten ein jeder seine Hände in die Robins, zum Zeichen ihrer Ergebenheit, und schworen ihm und einander die Treue bis zum Tode.

Danach legten sie sich beim Feuer nieder und sanken bald in den Schlaf, waren sie doch von den vielerlei Geschehnissen dieses Tages gänzlich erschöpft. Nur Robin lag noch lange wach, schaute in die Sterne, die hier und da durch die Zweige funkelten, und lauschte den leisen nächtlichen Geräuschen des Waldes. In seinen Gedanken weilte er in Goddethorne und bei Trusty, – er dachte darüber nach, was ihm und seiner kleinen Schar die Zukunft wohl bringen mochte, und er schmiedete allerlei Pläne, wie er ihr Los verbessern könnte. Schließlich fielen ihm die Augen zu.

Robin begegnet Little John

Zeitig hatte der Frühling seinen Einzug im Walde von Barnesdale gehalten. An den geschützten Stellen blühten bereits die Primeln, die Bäume trieben Knospen, und der goldene Blütenstaub der Haselkätzchen tanzte im Winde. Auf dem obersten Zweig einer riesigen Linde, die alle anderen Waldbäume hoch überragte, schmetterte eine Amsel aus voller Kehle ihr Morgenlied: der Winter ist vergangen, die Welt wird wieder grün.

Unter dieser Linde saß Robin zwischen zwei dicken Wurzelknorren im Gras, mit dem Rücken bequem an den Stamm gelehnt, und war damit beschäftigt, neue Lederstreifen an einem Schild zu befestigen. Von Zeit zu Zeit ließ er seine Augen zu den Männern hinüberschweifen, die es sich auf der weiten Waldlichtung bequem gemacht hatten. Neun Monate waren erst vergangen, seit er mit seiner kleinen Schar Zuflucht im Walde gesucht hatte; doch inzwischen war ihre Zahl von sechs auf zwanzig angewachsen: weitere Leibeigene waren zu ihnen gestoßen, der Knechtschaft überdrüssig oder wegen Wilddieberei für vogelfrei erklärt, keines schlimmeren Vergehens wegen, als königliches Wild zu schießen, weil sie oder die Ihren Hunger litten.

Um die Männer zu dem zu machen, was sie jetzt waren, hatte Robin hart mit ihnen gearbeitet. Er hatte ihnen das Bogenschießen beigebracht, den Umgang mit Speer und Schwert und Schild. Er hatte sie alles gelehrt, was sie für das Leben in der Wildnis des Waldes können mußten. Gut geschult hatte er sie, denn er wußte, daß ihr Leben davon abhing; und wie er so die kräftigen Gestalten eine nach der anderen betrachtete, war er mit dem Ergebnis recht zufrieden.

Jeder einzelne von ihnen, der da zu ihm in den Greenwood gekommen war, hatte das Dasein eines gehetzten

Flüchtlings hinter sich, war elend, zerlumpt und hungrig zu Robins Schar gestoßen. Aber das freie Leben, die harte Arbeit und gutes Essen, wie z. B. gebratenes Wildbret, hatten bei ihnen allen Wunder gewirkt, und sie waren zu einer vortrefflichen Gruppe zusammengewachsen, auf die jeder Anführer stolz sein konnte: von kräftigem Wuchs waren sie, mit klaren Augen und der aufrechten Haltung freier Männer. Jeder war mit Wams und Hosen aus gutem, Lincoln-grünem Tuch bekleidet, das sie vor einiger Zeit einem reichen Kaufmann abgenommen hatten, bei einem Überfall auf dessen Packpferde auf der Straße von Lincoln nach Doncaster.

Robin beendete seine Arbeit, legte den Schild und die abgenützten Riemen beiseite, reckte sich, dehnte die Arme, bis er seine Muskeln spürte und ließ sich wieder an den Stamm zurücksinken. Es erfüllte ihn mit Freude, wieder im Barnesdale-Forst zu sein nach dem langen Winter, den sie fünfzig Meilen weiter südlich in den trockenen Höhlen der Lichtung im Sherwood, die Dunwold Scar hieß, verbracht hatten; so sehr er auch alle Wälder liebte, Barnesdale war seinem Herzen am teuersten.

Müßig schweifte sein Blick über die Lichtung, auf der sie ihr Sommerlager aufgeschlagen hatten. Für ihre wenigen Pferde hatten sie einen Stall halb unter die Erde gebaut – nur eine flache, grasbewachsene Anhöhe war zu sehen –, und der Eingang war gut versteckt unter Brombeergesträuch und jungen Bäumen. Aus rohem Holz hatten sie sich Schutzhütten gezimmert, um bei Nässe nicht im Freien schlafen zu müssen. Tief unter den Bäumen am Rande der Lichtung waren diese so gut verborgen, daß sie nicht entdeckt werden konnten von einem, der etwa zufällig des Wegs kam. Nicht, daß jemals ein Wanderer bis hierher vordringen würde, in das Herz des Forsts von Barnesdale, wohin nicht einmal die Waldhüter des Königs kamen, aus Angst vor den Wölfen und Trollen oder dem schrecklichen Geisterpferd, das in dieser Gegend sein Unwesen treiben sollte.

Mitten durch die Wiese rann ein kleiner Fluß, den man an einer Stelle mit einem Balken überbrückt hatte, obgleich er so schmal war, daß die größeren Männer ihn leicht überschreiten konnten. Much und Diccon, die an diesem Tage den Küchendienst hatten, knieten am Ufer zwischen den jungen grünen Binsen und scheuerten die Kochtöpfe mit Sand im fließenden Wasser. Inmitten der Lichtung brannte das Feuer, das sie Tag und Nacht unterhielten (tagsüber zum Kochen, in der Nacht als Lagerfeuer), und der dünne blaue Rauch stieg kerzengerade in den hellen Frühlingshimmel, der sich hoch über den Wipfeln wölbte.

Vier der Männer hockten beieinander und spielten unter großem Gelächter mit knöchernen Würfeln – ein anderer saß für sich allein und besserte einen Riß in seiner Kapuze aus. Zwei weitere waren in ein Gespräch vertieft und fuchtelten mit den Händen, um ihren Worten Nachdruck zu verleihen. Wieder andere lagen ausgestreckt im Gras, ließen sich von der blassen Frühlingssonne bescheinen und waren ganz einfach faul. Einer von diesen, ein Mann, der etwas älter war als die übrigen, lag dicht neben Robin, hatte die Hände unter dem Kopf verschränkt, schaute in die noch kahlen Zweige der Linde unter dem blauen Himmel und pfiff leise vor sich hin, den Ruf der Amsel nachahmend.

Robin wandte sich ihm zu: »Unsere Vorratskammer ist leer, Will, es ist die Reihe an uns beiden, sie wieder aufzufüllen.«

Will Stukely, den man auch Will-the-Bowman, Will der Bogenschütze, nannte, ließ das Pfeifen und richtete sich auf: »Ja, Master Robin«, antwortete er, sprang auf die Füße und ergriff seinen Bogen, der an dem Stamm der Linde lehnte. Er hatte seltsam steife Bewegungen, die von der lockeren Leichtigkeit der anderen abstachen und verrieten, daß Will in seiner Jugend ein Krieger in König Heinrichs Heer gewesen war.

Auch Robin griff nach seinem Bogenholz, stand auf, stemmte den Fuß gegen das dicke Ende und bog das große

Holz so, daß er die Sehne befestigen konnte. Als hätte er durch sein Aufstehen ein Zeichen gegeben, wurden alle die Männer auf der Lichtung von lebhafter Regsamkeit ergriffen. Die Spieler steckten ihre Würfel ein; der genäht hatte, rollte seine Kapuze zusammen und warf sie seinem Nachbarn zu; und alle, die im Grase lagen, standen einer nach dem anderen auf. Es war an der Zeit, sich an die tägliche Arbeit im Lager zu begeben. Simon, genannt Simon-the-Fletcher, Simon der Bogenmacher, wandte sich seinen Pfeilen zu. Ket, genannt Ket-the-Smith, Ket der Schmied, suchte seine kleine, im Wald verborgene Schmiede auf. Reisig mußte gesammelt werden, Futter für die Pferde und frischer Farn für die Lager-Streu.

Eine kleine Gruppe unter der Führung von Much, dem Müllerssohn, griff zu den Waffen. Sie sollten sich an der Straße von Pomfret auf die Lauer legen und warten, ob ihnen das Schicksal einen Reisenden in die Hände spielen würde.

Robin und Will Stukely trennten sich jenseits des Flüßchens und gingen jeder seines Wegs, – Will nach Norden auf Pomfret zu, Robin durch den dichten Wald nach Süden, zur Grenze von Nottinghamshire, wo es weite Lichtungen mit reichem Wildbestand gab. Doch heute konnte er kein Tier entdecken, die üblichen Futterplätze und Schlupfwinkel waren verlassen, und trotz all seiner Erfahrung und Geschicklichkeit als Jäger sichtete Robin nur ein paar Hirschkühe mit ihren langbeinigen Kitzen, – und diese mußte er natürlich in Ruhe lassen.

Als der Abend dämmerte, befand er sich wieder in der Nähe von Stane Ley, wie ihr Tal mit der riesigen Linde genannt wurde. Er war ärgerlich, daß es ihm nicht gelungen war, Fleisch für seine Männer zu beschaffen; außerdem hatte er an Marian denken müssen, die er seit seiner Ächtung nicht mehr gesehen hatte und die er nicht wiedersehen durfte. Alles in allem war er nicht gerade in der besten Stimmung, als er eine Biegung des schmalen Pfades erreichte und hinunterschritt zu einem Flüßchen, das am Fuße des sanften Abhanges über bunt gesprenkelte Steine strömte – es war derselbe Fluß, der weiter oben Stane Ley durchfloß, nur war er hier viel breiter. Ein schmaler Steg ohne Geländer, der nur aus einem einzigen Balken bestand, führte hinüber auf das andere Ufer.

Gerade als er den Steg erreichte und zu überqueren begann, trat aus dem Haseldickicht am gegenüberliegenden Ufer ein riesiger junger Kerl hervor; er trug die grobe Kleidung eines Leibeigenen, hatte einen Spieß in der Hand, sprang auf den Steg und schritt darüber, als ob Robin überhaupt nicht vorhanden wäre.

Robin ärgerte sich über das trotzige Gebaren des Mannes und dessen Mangel an Höflichkeit: Was für eine Art, den Steg zu betreten, auf dem er schon stand und deshalb das Wegrecht hatte. So schritt er weiter, und in der Mitte trafen sich die beiden.

Robin war zwar ein Mann von hohem Wuchs, aber sein Kopf reichte nur bis an die Schulter dieses jungen Riesen; er mußte den Kopf zurückbiegen, um zu ihm aufzusehen, – und das ärgerte ihn noch mehr.

»Hast du denn gar kein Benehmen, Kerl?« fragte er hochmütig. »Hast du nicht gesehen, daß ich die Brücke schon betreten hatte, ehe du deine riesigen Füße darauf setztest?«

»Doch«, antwortete der Riese grinsend. »Aber was das Benehmen anbelangt, kleiner Mann, wo hast du denn deines gelassen? – Die Kleinen sollten den Großen immer Platz machen!«

»Du unverschämter Lümmel!« rief Robin aus, der nun sehr zornig geworden war. »Gib mir den Weg frei, oder du wirst es bereuen!«

Der Riese lachte spöttisch. »Nein, nein, gib du *mir* den Weg frei, oder *du* wirst es bereuen!« und er schwenkte seinen Spieß.

Robin sprang ein paar Schritte zurück, spannte den Bogen und legte einen Pfeil in die Sehne.

Der Fremde betrachtete ihn nachdenklich und schüttelte dann den Kopf: »Du wirst doch nicht ein Loch in den armen John Naylor bohren wollen, der nur einen Spieß zu seiner Verteidigung hat? Wenn das der Mut von Barnesdale ist, kleiner Mann, dann will ich zurück nach Cumberland, wo die Männer ihre Kämpfe noch redlich austragen!«

Robin sah ein, daß der Mann recht hatte und ließ seinen Bogen sofort sinken. »Was du da sagst, ist wahr«, erwiderte er freimütig, »ich will meinen Bogen beiseite legen und mir dort einen Spieß wie den deinen schneiden. Warte hier auf der Brücke auf mich; dann will ich dir zeigen, daß auch die Männer vom Barnesdale-Wald ehrlich zu kämpfen verstehen!« Mit diesen Worten ging er zum Ufer zurück. Sorgfältig suchte er sich einen kleinen jungen Eichenstamm, schnitt ihn ab und schälte die Astansätze weg, während der Riese auf der Brücke, auf seinen Spieß gestützt, gut gelaunt zusah.

Es dauerte nicht lange, bis Robin wieder zu ihm trat und seinen Spieß herumwirbelte, um dessen Gleichgewicht zu prüfen. »Laß uns anfangen«, sagte er, »wer zuerst in den Fluß fällt, hat verloren!«

Der andere grinste. »Von Herzen gern, kleiner Mann, aber ich warne dich – *ich* werde nicht als erster um Gnade bitten!«

Robin erhob seinen Spieß und lachte ingrimmig: »Wir werden bald sehen, ob du mit deinen Taten auch so tapfer bist wie mit deinen Worten!« sagte er.

So griffen sie einander an auf dem schmalen Steg, und ein seltsamer, heftiger Kampf wurde daraus: jeder Schritt vorwärts oder rückwärts auf diesem Balken ohne Geländer sowie die Heftigkeit ihrer Stöße brachte sie in die Gefahr, in das schnell dahinschießende Wasser zu stürzen.

Der Kampf wogte unentschieden hin und her – Robin mußte anerkennen, daß sich dieser große Tölpel mit seinem Spieß so geschmeidig wie eine Katze bewegte, und der

Fremde merkte, daß sein Gegner, obwohl einen Kopf kleiner, nahezu ebenso stark war wie er und zudem noch ein besseres Gefühl für Gleichgewicht hatte. Schließlich gelang es Robin, dem Fremden eine Wunde an der Wange beizubringen. Der aber lachte nur: »Das erste Blut zu deinen Gunsten, Kleiner!« und drang heftiger auf ihn ein, um den Kampf zu beenden.

Robin leistete kräftig Widerstand, ihre Spieße klapperten wie Dreschflegel aufeinander, – rechts, links, rechts, links, – listiger Angriff traf auf listige Verteidigung, und Verteidigung wurde Angriff. Vorwärts und rückwärts bewegten sie sich, sorgsam setzten sie ihre Füße, ihre Augen funkelten und grimmig waren ihre Mienen – und unter ihnen schäumte das Wasser. Der Spieß des Fremden schwenkte ein wenig zur Seite, Robin stieß vor – und fühlte im nächsten Augenblick einen betäubenden Schlag auf seinen Kopf niedersausen. Etwas Warmes rieselte seine Stirn hinunter, und einen Augenblick lang verlor er fast das Gleichgewicht.

»Das zweite Blut zu deinen Gunsten, Freundchen!« rief er und schüttelte den Kopf, damit ihm das Blut nicht in die Augen rann.

Wütend drang er auf seinen Gegner ein, der aber wirbelte seinen Spieß so schnell herum, daß er ihm nicht beikommen konnte. Noch einmal nahm der Kampf an Heftigkeit zu; doch Robins Kopf schmerzte von dem Schlag, und plötzlich trat er mit einem Fuß ins Leere. Ehe er sein Gleichgewicht wiedergewinnen konnte, traf ihn ein vernichtender Stoß von des Fremden Spieß und fegte ihn von der Brücke. Mit einem gewaltigen Aufprall stürzte er in das silbrig aufschäumende Wasser, die Strömung riß ihn unter der Brücke hindurch und spülte ihn flußabwärts auf ein überhängendes Gebüsch am gegenüberliegenden Ufer zu.

Der riesige Fremdling, der sich auf einmal allein auf der Brücke fand, blickte sich erstaunt um. Er schaute in den

Fluß, dort, wo Robin hinuntergestürzt war, glaubte wohl, ihn trotz der reißenden Strömung dort noch auf- und abtanzen zu sehen, und als er keine Spur von ihm entdekken konnte, erschrak der gute Junge sehr.

»Um alles in der Welt, ich wollte ihm doch wirklich nichts zuleide tun«, murmelte er und rief dann laut: »Hallo, Freund, wo steckst du?«

»Hier bin ich, heil und unversehrt, wenn auch einigermaßen durchnäßt!« rief hinter ihm eine Stimme. Schnell drehte er sich um und erblickte Robin, der das Ufer erreicht hatte und sich anschickte, die steile Böschung zu erklimmen. Sofort eilte er ihm zu Hilfe und streckte Robin seinen langen Arm entgegen, so daß er leichter hochklettern konnte.

Robin lachte und schüttelte wie ein Hund das Wasser von sich ab, als er wieder auf trockenem Boden stand: »So, nun habe ich den Fluß überquert, allerdings nicht über die Brücke! Also muß ich noch einmal zurück, um meinen Bogen zu holen, der liegt noch drüben.« Als er nach seiner Kopfwunde tastete, stellte er mit Befriedigung fest, daß das Blut durch das kalte Wasser geronnen war. Er wandte sich zu seinem ehemaligen Gegner, der die Verletzung an seiner Backe mit einem schmuddeligen Halstuch abtupfte: »Das kommt mir doch recht seltsam vor, daß du jetzt aus freien Stücken umgekehrt bist; erst hattest du es derartig eilig, daß du dir den Weg lieber freikämpfen wolltest, anstatt ein paar Schritte zurückzugehen.«

»Ach Herr«, erwiderte der Riese – recht unglücklich, wie Robin schien, »eigentlich will ich zum Orte Nirgendwo, und wann ich dort ankomme, das ist auch ganz gleichgültig. Daß ich mich vorhin wie ein Narr aufgeführt habe, kam ja nur daher, daß ich von der Freiheit berauscht war.«

Robin schaute ihn verschmitzt an – seinen Ärger hatte er längst vergessen –, ihm gefiel der Riese mit seinem breiten, ehrlichen Gesicht unter dem dicken blonden Haarschopf, und seine Stimme klang gütig, als er ihn fragte: »Wie sagtest du, war dein Name?«

»John Naylor. Aber man nennt mich John the Little, den kleinen John.«

»Und was hat dich aus deiner Heimat in Cumberland hierher geführt, in das Herz des Barnesdale-Waldes, John Naylor?«

Mit gerunzelter Stirn blickte John Robin an, als ob er sich nicht ganz schlüssig werden könnte, ob ihm zu trauen sei oder nicht. Schließlich aber zog ein breites Lächeln über sein Gesicht.

»Nur der Wunsch, meinen Kopf zu retten, Master. Ich bin nur ein armer Leibeigener, und mein Herr wollte mich auspeitschen und an den Pranger stellen lassen, weil ich gewildert und heimlich seinen Lachs gefangen habe. Aber ich wollte mich nicht an den Pranger stellen lassen, da hab ich dem Rentmeister den Kopf eingeschlagen und bin geflohen.«

Laut lachend warf Robin den Kopf in den Nacken: »Das hast du gut gemacht, mein kleiner Kampfhahn«, rief er und fügte hinzu: »Bist du hungrig, John the Little?«

»Immer«, war dessen schlichte Antwort.

»Dann sollst du heute abend mit mir und meinen Männern essen, vorausgesetzt, daß wir etwas zum Essen haben.« Mit diesen Worten setzte Robin das Jagdhorn, das an seinem Gürtel hing, an die Lippen und stieß eine seltsam gebrochene Reihe von Tönen hervor. »Ta-ran-tan-tra-trum-tran« erklang das Horn, Echos erschollen von nah und fern, das kleine Waldgetier flüchtete in wilder Hast in seine Löcher, und ehe das letzte Echo in der Abendstille verhallt war, brachen grüngekleidete Männer aus dem Unterholz hervor und scharten sich am Ufer des Flusses zusammen. So schnell und lautlos waren sie aufgetaucht, daß sie dem verwunderten John Naylor wie aus dem Boden gestampft schienen.

Will Stukely war von der Jagd zurückgekehrt und lief

nun auf seinen Herrn zu: »Master Robin, wir haben Euren Ruf gehört, was ist denn geschehen?«

»Nichts weiter, ich bin nur ins Wasser gefallen und habe mir den Kopf angeschlagen«, lachte Robin. »Ich und dieser gute Bursche hier sind ein bißchen mit den Spießen aufeinander losgegangen, und dabei hat er mich in den Fluß gestoßen.«

Unter dem zornigen Geschrei der Geächteten stürzte sich Much der Müllerssohn auf den Fremden und stellte ihm ein Bein, so daß er zu Fall kam; im gleichen Augenblick warfen sich auch die anderen auf ihn und hielten ihn an Armen und Beinen fest. Wie heftig sich John Naylor auch wehren mochte – gegen so viele war er machtlos.

»Was soll mit ihm geschehen, Master Robin?« fragte Will Stukely, der den Hals des jungen Riesen umklammert hielt. »Sollen wir ihn untertauchen?«

Robin stand mit dem Rücken an eine Erle gelehnt und lachte so sehr, daß ihm die Tränen herunterliefen. »Laßt ihn nur los, Jungens, es war doch ein durchaus ehrlicher Kampf.«

Die Männer ließen von ihm ab, John Naylor kam wieder auf die Füße und rieb seinen zerschundenen Ellenbogen.

»John«, sagte nun Robin als Anführer der Geächteten. »Ich bin Robin von Barnesdale, manchmal auch Robin Hood genannt. Du wirst schon von ihm gehört haben. Dies sind meine Männer, tapfere und treue Gesellen, und wir leben von dem, was wir den Reichen und Mächtigen wegnehmen. Wir tun, was wir nur können, um das den Armen angetane Unrecht wiedergutzumachen. Willst du bei uns bleiben, John Naylor?«

»Von Herzen gern«, rief John, trat auf Robin zu und reichte ihm seine riesige Hand. »Ich will Euch mein Leben lang die Treue halten, hier geb ich Euch die Hand darauf.«

Kräftig erwiderte Robin den Händedruck und wandte sich dann an seine Männer: »Das ist nun unser neuer Gefährte, Freunde, und wenn es der Größe nach geht, dann gilt er für zwei! Sein Herr wollte ihn an den Pranger stellen lassen, doch da er an dem Schandpfahl keinen Gefallen finden konnte, schlug er dem Rentmeister den Kopf ein und floh. Und wahrhaftig, diesem Rentmeister kann ich es nachfühlen!« Schallendes Gelächter folgte seinen Worten. »Sein Name ist John Naylor«, fuhr Robin fort, als das Lachen abebbte, »aber er wird John the Little genannt.«

Lautstark gaben die Geächteten ihrer Zustimmung Ausdruck und drängten sich um ihren neuen Gefährten. Will Stukely, der sich auf die Zehen stellen mußte, um ihm auf die Schulter schlagen zu können, rief: »Von nun an soll sein Name Little John sein! Er soll mit gutem braunem Bier getauft werden, und ich will Pate stehen!«

»Jawohl«, fiel Much ein, »und was er doch für ein niedlicher Säugling ist, meiner Treu!«

Und so wanderte nun Little John inmitten der fröhlich drängelnden Schar durch den Wald auf die Stane Ley zu, wo schon ein fetter Rehbock am Feuer röstete – Will Stukelys Jagdzug war erfolgreicher gewesen als der seines Herrn. Mit übermütiger Ausgelassenheit wurde John auf seinen neuen Namen getauft, indem ein Krug Bier über seinem Kopf ausgegossen wurde und ein zweiter durch seine Kehle floß.

So trat Little John in die Bruderschaft derer vom Greenwood ein, und Robin gewann einen treuen Gefolgsmann und einen guten Freund.

Robin, Will Scarlet und Bruder Curtel

Der Sommer kam, und die Stane Ley war erfüllt von dem Summen unzähliger braunsamtener Bienen in den Blüten der alten Linden. Die Blüten welkten und fielen ab, der grüne Wald färbte sich rot und golden, und es wurde Herbst, – der zweite Herbst seit Robins Verbannung.

Zweiundfünfzig Männer standen jetzt unter seinem Befehl, denn in den letzten Monaten war die Herrschaft der Benediktiner-Mönche von St. Mary's härter geworden denn je zuvor, und mancher Leibeigene, der sich auf den Ländereien der Domäne plagen und abrackern mußte, während seine eigenen kleinen Äcker verödeten und verkamen, wartete nur auf eine Gelegenheit, fliehen und zu den Männern von Greenwood stoßen zu können. Manch braver Bauer folgte ihnen, der sich gegen die Ungerechtigkeit und Unterdrückung empörte, ebenso manch Freier, dessen Freiheit auf dem Spiele stand. Grimmige Männer waren das, voller lodernden Zorns auf die grausamen Herren, die ihnen alles genommen hatten, was ihnen teuer war, und der Name von Robin Hood und seinen Männern war bereits in aller Munde, vom Clumber Forest bis hinauf in den Norden, bis zu den Toren von York.

Doch nicht nur aus Flüchtlingen bestand Robins Schar; manchmal gewann er seine Gefährten auch auf andere Weise. Wann immer er von einem Mann hörte, der ehrlichen Herzens war und gut kämpfen konnte, sei er Geächteter, Freier oder Leibeigener, so suchte er ihn auf, forderte ihn zum Kampf heraus mit Schwert, Spieß oder Pfeil und Bogen, und, gleich ob er Sieger blieb oder unterlag, Robin schlug ihm vor, sich seinen Männern anzuschließen. Auf diese Weise hatte er einen treuen Gefährten in George-a-Green gefunden, dem tapferen Münzwärter von Wakefield, der ihn in einem zweistündigen Kampf überwältigt hatte; so hatte er Aethur-a-Bland und William von Goldsborough gefunden; so sollte er in den kommenden Jahren noch manche Gefährten gewinnen.

In diesem Herbst waren die Geächteten weit hinauf durch den Wald von Barnesdale gezogen und hatten ihr Lager kaum zwanzig Meilen vor den Toren von York aufgeschlagen. Bald würden sie nach Süden ziehen über die Grenze der Grafschaft Nottingham in den Sherwood, wo sie ihre Winterquartiere hatten. Aber noch war der Winter weit, und die Wälder flammten im Gold ihrer herbstlichen Pracht. Überdies war die Straße von York nach Doncaster recht ergiebig, denn viele Kaufherren und Mönche zogen auf ihr entlang; deshalb ermöglichte sie eine reiche Ernte an Gold und Tuch, an Nahrung und Waffen, die ihnen gut zustatten kommen würden in den mageren Wintermonaten, wenn Abt und Kaufherr lieber zu Hause blieben und sich am Herdfeuer wärmten.

Eines schönen Morgens im Oktober wanderte Robin durch das Gewirr schmaler Wildpfade zwischen Pomfret und Selby. Er hatte nichts Bestimmtes vor, die Vorratskammern waren reichlich gefüllt, und unter den dichten Kastanienbäumen an der Straße nach York hatten seine Späher bereits Posten bezogen. Die kalte, klare Luft erfüllte ihn mit einem Gefühl freudiger Erregung – so wie im Frühling, wenn die Säfte in den Bäumen steigen –, und so hatte er seinen Bogen genommen, einen Pfeil in die Luft geschossen und war dann in der Richtung, die der Pfeil genommen hatte, losgezogen, um Abenteuer zu suchen; so hatte er es in seiner Knabenzeit immer gehalten.

Das dürre Laub raschelte unter seinen Füßen, die letzten Blätter an den Bäumen über ihm leuchteten golden. Die Brombeer-Ranken bogen sich unter der Last ihrer schwarzblauen Früchte in gold-rotem Laub, und die frostige Luft hatte einen leicht bitteren Geruch.

Heiter und vergnügt war Robin, wie er da auf den Waldpfaden kräftig ausschritt, wobei er sich so lautlos bewegte wie gewohnt. Er hielt den Kopf aufrecht, seine Augen schweiften forschend nach allen Seiten, ob irgendein Anzeichen wohl ein Abenteuer versprach.

Plötzlich blieb er am Rande einer Waldwiese stehen. Vor ihm, dort, wo der Pfad in ein Meer von goldbraunem Farn einmündete, stand ein Mann. Obwohl er ihm den Rücken zuwendete, konnte Robin erkennen, daß er jung war und vornehme Kleidung trug, die allerdings für den Wald recht wenig geeignet war. Sein Wams war aus feinem, schwarzem Tuch, Kniehose, Strümpfe und samtene Kappe waren so leuchtend rot wie die Hagebutten des wilden Rosenstrauches, neben dem er stand. Doch der sechs Fuß lange Bogen in seiner Hand schien eine brauchbare Waffe zu sein, und in seinem Gürtel steckten vier lange Pfeile. Unbeweglich stand er und beobachtete ein Rudel Rehe, das am gegenüberliegenden Ende der Wiese äste – etwa vierzig Meter entfernt.

Im Schatten des Waldrandes verharrte Robin ebenso unbeweglich und wartete, was geschehen würde. Eine Zeitlang bewegte sich nichts im herbstlichen Wald, – dann zog der mit der roten Mütze einen Pfeil aus dem Gürtel und spannte ihn in die Sehne. Und Robin, der ihn voller Interesse beobachtete, stellte fest, daß er trotz seiner stutzerhaften Kleidung ein geschickter Bogenschütze war, denn er lehnte sich mit seinem ganzen Körper gegen den mannshohen Bogen, anstatt nur mit dem Arm zu spannen, wie das die Unerfahrenen machen; er schoß den Pfeil ab, ohne an der Sehne zu reißen, und diese schnellte auch nicht an seinen linken Unterarm zurück. Der Pfeil schwirrte über die Wiese und traf eine fette Hirschkuh mitten in die Brust. Nach ein paar taumelnden Schritten stürzte sie zu Boden, während die übrige Herde in den Wald flüchtete.

Robin trat aus dem dunklen Schatten der Bäume heraus und rief dem Schützen fröhlich zu: »Ein guter Schuß, Freund Rothut!«

Blitzschnell drehte sich der Mann herum. Dunkle Augen funkelten in einem angenehmen Gesicht, um dessen Mund jedoch ein hochmütiger Zug lag. Sein Blick überflog Robins braungekleidete Gestalt (denn im Herbst, wenn das grüne Laub sich braun färbt, vertauschten auch Robin und seine Männer ihr Lincoln-Grün gegen warme braune Mäntel und Kapuzen) –, und seine Hand griff nach einem Pfeil.

Lachend gebot Robin ihm Einhalt: »Ich bin kein königlicher Waldhüter! Schau dir doch meine Mütze an – an der steckt kein Kennzeichen.«

»Wer bist du dann?«

»Ein freier Waldläufer, der freie Männer um sich schart.«

Heftig begehrte der junge Mann auf: »Wie kann ich deinen Worten trauen? Wie kann ich wissen, ob du das silberne Waldhüter-Zeichen nicht von deiner Kappe abgeschnitten hast, um mir eine Falle zu stellen? Und deine Männer, – wenn ich jetzt auf dich schieße, können sie hier sein, ehe der Pfeil dein Herz durchbohrt hat?«

Robin schüttelte den Kopf. »Sachte, mein Junge, sei kein Narr. Auch ich habe einen Bogen und kann den Pfeil so schnell abschießen wie du; und solltest du mich töten, dann kannst du sicher sein, daß meine Männer unverzüglich deine Spur aufnehmen würden, und dein Leben stünde ebenso auf dem Spiel, wie wenn sich ein Rudel Wölfe an deine Fersen heftete. Doch wenn du deinen Bogen unbedingt benützen willst, dann laß uns freundschaftlich um die Wette schießen.«

Einen Augenblick zögerte der junge Mann, zuckte dann mit der Schulter und ließ den Pfeil in seinem Gürtel los.

»Wie du willst.«

»Als Ziel können wir uns einen Pfahl mit einem Kranz aufstellen. Ich werde den Pfahl beschaffen und du sollst den Kranz winden«, schlug Robin vor. »Das rote Laub von der Kornelkirsche dort wird an einem Haselstock gut zu sehen sein.«

Noch immer ein wenig mißmutig ging der junge Mann, um Kirschenzweige abzubrechen, während Robin in den Wald eilte und eine lange Haselgerte schnitt. Auf dem schmalen Pfad trafen sie wieder zusammen, der eine schälte die Rinde von seiner Haselgerte, der andere wand aus seinen Kirschenzweigen eine Girlande. Seite an Seite schritten sie auf der Wiese die vereinbarte Entfernung ab, steckten die Gerte in den Boden und befestigten den Kranz an der Spitze. Seite an Seite kehrten sie wieder zu ihrem Ausgangspunkt, dem Rosenstrauch, zurück.

»Nun«, sagte Robin, »das war ein guter Schuß, mit dem du die Hirschkuh zur Strecke gebracht hast. Was meinst du, kannst du es noch besser?«

»Ich kann es versuchen«, meinte der junge Mann, der sein Mißtrauen Robin gegenüber vergessen zu haben schien. Er spannte den Pfeil ein, zog den Bogen an, zielte sorgfältig und schoß. Der Pfeil schwirrte durch die Luft und streifte die Außenseite des Kranzes. Bedauernd schüttelte er den Kopf, trat zur Seite und machte Platz für Robin.

Robin hob den Bogen, paßte den Pfeil ein und schoß, fast ohne zu zielen. Der Pfeil flog durch den Kranz, zwei Finger breit an der Gerte vorbei. Wieder kam der andere an die Reihe. Diesmal zielte er noch sorgfältiger als zuvor, doch der Pfeil verfehlte sein Ziel um mehr als eine Handbreit. Und wieder machte er Platz für Robin, dessen Pfeil diesmal die Spitze der Gerte streifte.

Die dritte Runde kam, der Fremde zog seinen letzten Pfeil aus dem Gürtel. Ein paar Mal drehte er ihn zwischen den Fingern, ehe er ihn an die Sehne legte. Über das Meer von braunem Farn flog der Pfeil mitten durch den Kranz. Der Fremdling atmete erleichtert auf, als er Robin zum letzten Mal seinen Platz abtrat. Gleich darauf stieß er einen Pfiff des Erstaunens und der Bewunderung aus, als der Haselstock, von Robins Pfeil getroffen, in zwei Hälften auseinandersplitterte.

»Dieser Schuß war eines Robin Hood würdig!« rief er voller Wärme und betrachtete seinen Gefährten mit erneuter Aufmerksamkeit; doch Robin, der die Sehne von seinem Bogen löste, schien seinen fragenden Blick nicht zu bemerken.

»Nun, du bist selbst kein schlechter Schütze«, sagte er endlich. »Wir können beide gut mit Pfeil und Bogen umgehen, du und ich, wir sollten auch gute Freunde sein können. Willst du mir nicht deinen Namen nennen?«

Immer noch betrachtete der Fremde Robins Gesicht sehr aufmerksam, als er erwiderte: »Ich heiße Gamwell und stamme aus der Gegend von York.«

»Und was treibst du hier im Wald von Barnesdale, Gamwell, warum jagst du des Königs Wild? Denn nach deinem Aussehen zu urteilen, bist du nicht eines armen Mannes Sohn.«

»Nein, eines armen Mannes Sohn bin ich nicht«, antwortete Gamwell. »Meinem Vater gehören große Ländereien zwischen York und Fountains Dale. Aber ich habe den Verwalter meines Vaters erschlagen. Ich beschuldigte ihn, einige Leibeigene ungerecht behandelt zu haben, und so wurden wir handgreiflich. Ich hatte nicht die Absicht, ihn zu töten; aber wie dem auch sei, – er ist tot, und ich suchte Zuflucht im Greenwood, wie das vor mir schon mein Vetter Robert von Locksley getan hat. Und des Königs Wild schieße ich, weil ich hungrig bin.«

Robin stand sehr still, als der andere sprach und beobachtete ihn gespannt. »So bist du also mit Robert von Locksley verwandt?«

»Meine Mutter war die Schwester seiner Mutter.«

Robin antwortete nicht gleich. Endlich sagte er: »Robert von Locksley starb an dem Tag, an dem er geächtet und für vogelfrei erklärt wurde; aber dein Vetter, Robin von Barnesdale, heißt dich im Greenwood von Herzen willkommen!«

»Ich dachte es mir!« rief Jung-Gamwell, »ich dachte es mir, als dein Pfeil die Haselgerte spaltete«, und er reichte ihm die Hand, die Robin kräftig drückte. Freudig schauten sich die Vettern an; schließlich sagte Robin: »Heute morgen schoß ich einen Pfeil in die Luft und folgte ihm auf der Suche nach Abenteuern – und siehe da, ich habe meinen Vetter gefunden!«

»Und dein Vetter ist sehr froh, daß du ihn gefunden hast«, lachte Gamwell.

Robin ergriff Gamwells Hand noch einmal und drückte sie so kräftig, daß er ihm fast die Finger zerdrückte, ließ sie dann los und sagte: »Nun wollen wir unsere Pfeile suchen, denn gut ausbalancierte Pfeile sind eine Kostbarkeit hier in der Wildnis.«

So durchstreiften sie das Farnkraut, bis sie ihre Pfeile wieder hatten; den letzten zog Robin aus der Brust der erlegten Hirschkuh.

»Ich will zwei meiner Burschen mit einer Trage schicken, das Tier zu holen«, sagte er kurz darauf, als er wieder zu seinem Vetter stieß; und miteinander schritten sie in der Richtung der Stane Ley davon.

Als sie sich dem Lager näherten, trafen sie auf Little John, der auf einem Baumstumpf saß, den Bogen auf den Knien; – immer, wenn sich keiner der Männer im Lager der Stane Ley oder in den Höhlen von Dunwold Scar aufhielt, wurden die Zugänge ständig bewacht, und heute war Little John der Wächter. Als er die beiden erblickte, tat er so, als überwältige ihn der Glanz, der von des Fremden Kleidern ausging, und er legte die Hand vor die Augen, als sei er geblendet von dieser Pracht.

Dieser Scherz ließ Gamwell so rot werden wie seine Strümpfe, aber er hielt tapfer stand, bis Robin lachend ausrief:

»John, John! Höre auf, den Jungen zu verspotten! Es ist mein Vetter, der einzige Verwandte, den ich habe außer meiner Base Ursula, die schon seit mehr als fünf Jahren als Nonne im Kirklees-Kloster sitzt. Heiße ihn willkommen, John, er ist von nun an einer der Unseren.«

»Wohlan, wenn er dein Vetter ist, so soll er mein Freund sein«, sagte Little John und schlug Gamwell so kräftig auf den Rücken, daß dieser Mühe hatte, sich auf den Füßen zu halten. »Bei näherer Betrachtung siehst du trotz deiner prächtigen Hosen wirklich aus wie jemand, der gut kämpfen kann!« fügte er wohlwollend hinzu. »Wie ist denn dein Name, mein Freund?« Gamwell nannte seinen Namen, aber der Riese schüttelte den Kopf: »Gamwell? Das geht nicht«, meinte er und dachte dabei an seine eigene Taufe zurück. Während er so überlegte, fiel sein Blick auf die Beine des Fremden. Plötzlich grinste er: »Ich hab's! Scarlet! Wir werden dich zur Erinnerung an deine scharlachroten Strümpfe Scarlet nennen.« Mit diesen Worten hielt er Gamwell-Scarlet seine riesige Pranke zur Besiegelung der Freundschaft hin.

Und Scarlet – Scharlach – hieß der Fremde nun von diesem Tage an.

Kurze Zeit darauf rief Robin seine Männer zusammen und schlug vor, zu Ehren der Ankunft seines Verwandten ein Fest zu veranstalten: den Tag über sollten allerlei fröhliche sportliche Unterhaltungen und Wettkämpfe stattfinden, – für die Sieger wollte Robin Preise stiften aus seinem eigenen Anteil an der gemeinsamen Schatzkammer, – und am Abend wollten sie ein festliches Gelage abhalten.

Als der Tag heraufdämmerte, klar, frisch und kalt, herrschte auf der Lagerwiese ein lebhaftes und fröhliches Treiben; für das Wettschießen wurden Entfernungen abgeschritten und Haselpfosten in den Boden geschlagen, auf deren Spitzen lustige bunte Holzvögel befestigt wurden, – Zielscheiben aus Stroh waren verpönt.

Viele der Männer gingen Wetten miteinander ein, wer wohl siegen würde im Hoch- und Weitspringen, im Werfen, im Speerkampf und Wettrennen. Und unter den Bäumen am Waldrand waren auch die Köche schon an der Arbeit, bereiteten das Fleisch von Rehen und Wildschweinen für die großen Braten vor und kneteten den Teig für die Pasteten und das Zuckerbrot, an denen sie sich beim Festmahl gütlich tun wollten.

Das Bogenschießen fand erst gegen Abend statt, und nur die allergeschicktesten Schützen nahmen daran teil. Die übrigen, die wußten, daß sie keine Aussicht hatten, den Preis – einen Köcher voller Pfeile – zu gewinnen, und die überdies wohlig müde waren nach dem anstrengenden Tag, lagerten sich im Gras und vergnügten sich damit, den Bogenschützen hilfreiche Ratschläge zu erteilen.

Die Schützen, Little John, Much der Müllerssohn, Will Scarlet, Will-the-Bowman und noch ein paar andere nahmen ihre Plätze am Schießstand ein und fingen der Reihe nach an zu schießen – zunächst aus zweihundert, dreihundert und fünfhundert Fuß Entfernung, bis endlich die schwierigste Aufgabe kam: der Schütze mußte sich einmal herumdrehen und dann innerhalb von drei Sekunden auf ein Ziel schießen, dessen Entfernung er selbst einzuschätzen hatte.

Robin stand mit dem Rücken an den Stamm einer Esche gelehnt, und trotz seiner scheinbar so trägen Haltung beobachtete er seine Männer genau.

Alle schossen sie gut, diese kraftvollen, braungekleideten Bogenschützen; aber diesmal übertraf Much sie alle, er war sogar besser als Little John. Sein Pfeil schwirrte als letzter über die Wiese und spaltete die Haselgerte, geradeso wie Robins Pfeil vor ein paar Tagen bei dem Wettschießen mit Scarlet. Der kleine Kerl grinste von einem Ohr zum anderen, als er sah, was ihm gelungen war. Seine Gefährten umringten ihn, schlugen ihm auf den Rücken und bewunderten ihn mit lauten Zurufen.

Robin trat zu der fröhlichen Gruppe und legte seine Hand auf die Schulter dieses treuesten Gefolgsmannes.

»Gott schütze dich, mein Alter«, sagte er leise, »und wenn ich fünfhundert Meilen weit ritte, ich würde deinesgleichen nicht finden.«

Will Scarlet, jetzt auch braungewandet wie die anderen,

schüttelte lächelnd den Kopf, als er das hörte: »Master Robin, hast du noch nie von Bruder Curtel, dem Einsiedler von Fountains Dale, gehört?«

Diesmal war es an Robin, den Kopf zu schütteln: »Nein, von einem solchen Einsiedlermönch habe ich noch nichts gehört. Ist er denn auch ein Bogenschütze, trotz seiner Mönchskutte?«

»Allerdings«, antwortete Scarlet. »Deinen Sieben-Fuß-Bogen oder auch den von Little John dort könnte er mit Leichtigkeit spannen und es bei einem Wettschießen mit jedem von euch aufnehmen. Ich habe schon viel von ihm gehört, denn meines Vaters Land grenzt an das von Fountains Abbey.«

»Dennoch erscheint es mir seltsam, daß ein Mönch solch ein Kämpfer sein soll«, antwortete Robin ungläubig.

Scarlet lachte: »Es ist schon viele Jahre her, daß Bruder Tuck in den Kreuzgängen der Abtei von Fountain herumwandelte, denn wegen seiner Widerspenstigkeit haben die Brüder ihn schon vor langer Zeit ausgeschlossen; man erzählt sich, daß er dem Prior einen Zinnkrug an den Kopf geworfen und den Bruder Kellermeister in den Fischteich gestoßen habe, ehe er wegging. Seitdem lebt er in einer Hütte, die er sich unmittelbar vor den Toren der Abtei wie eine Festung ausgebaut hat, und die Brüder wagen es nicht, ihn zu vertreiben.«

Die Männer lachten laut, als sie das hörten, und Ket sagte laut: »Doch kam mir zu Ohren, daß dieser ungebärdige Mönch liebevoll mit den Armen umgeht. Nicht wahr, Scarlet?«

Scarlet nickte: »Jeder Unfreie aus den Tälern in der Gegend kann euch das bestätigen.«

Robin hörte aufmerksam zu – seine Hand lag immer noch auf Muchs Schulter – und schließlich sagte er: »Morgen früh will ich diesen rebellischen Mönch aufsuchen, denn mich dünkt, wir brauchen einen Priester.«

Am nächsten Morgen brach er auf, bat Little John, ihm

mit zwanzig Männern nach einer Stunde Vorsprung zu folgen und wandte sich dann nordwestlich nach Fountains Dale. Er ritt auf einem der wenigen Pferde, die sie besaßen; die Hufe des Tieres versanken lautlos in dem dichten Teppich welken Laubes, leise klirrte das Zaumzeug. Er trug einen schäbigen Lederwams, hatte einen Helm auf dem Kopf und war mit Schwert und Schild bewaffnet. Seinen großen roten Bogen aus Ebenholz, von dem er sich niemals trennte, hatte er über der Schulter hängen. Reiter und Pferd sogen den scharfen Geruch des Herbstmorgens ein und waren in vollkommenem Einklang miteinander, da sie sich schon geraume Zeit kannten und gute Freunde geworden waren.

Um die Mittagszeit erreichte Robin schließlich den Rand des Waldes und sah durch die Stämme hindurch Fountains Dale, das üppig grüne Tal, unter sich liegen. In der Ferne gewahrte er den anmutigen Umriß der Abtei inmitten silbern schimmernder Fischteiche und golden aufleuchtender Bäume. Er stieg vom Pferd, knotete die Zügel um einen niedrig herunterhängenden Ast eines alten Weißdorns, streichelte den Hals seines Tieres und begann den Abstieg in das Tal.

Einmal glaubte er hinter sich im Wald entfernte Hufschläge zu hören; er hielt inne, schaute zurück zu der Düsternis des Waldes und lauschte aufmerksam, denn Fountains Dale lag unangenehm nahe bei York, und er mußte sehr auf der Hut sein, da er sich jetzt in dem Gebiet seines alten Feindes, des Abtes von St. Mary, befand. Doch als sich das Geräusch nicht wiederholte, stieg Robin vorsichtig weiter den Abhang hinunter, zwischen Haselsträuchern, Ebereschen, Bruchweiden und wilden Obstbäumen hindurch, bis er endlich den üppig grünen Talboden erreichte. Ganz still blieb er stehen und schaute sich um.

Vor sich sah er einen sich träge und friedlich durch die Wiesen windenden Fluß, in dessen silbern schimmernden

Wellen sich die Erlen spiegelten und das am Ufer wachsende bräunliche Ried.

Ein Stück stromaufwärts, zwischen Fluß und Wald, stand ein kleines, offensichtlich befestigtes Haus, aus dicken verwitterten Balken errichtet. Überdies war es noch von Pfahlwerk umgeben, das sich eingewurzelt hatte und nun lebendige Zweige hervortrieb. Sogar richtige Schießscharten waren in die Pfahlwand eingeschnitten. Robin zweifelte nicht, daß er die Waldfeste, die er suchte, vor sich hatte. Er ging stromaufwärts darauf zu, und nachdem er um ein dichtes mit Weißbartranken verfilztes Gestrüpp gebogen war, fand er sich dem Gesuchten gegenüber.

Ein Mann von riesigem Wuchs war dieser Mönch; bekleidet mit der groben Wollkutte seines Ordens saß er da, die Ellbogen auf den Knien, das Kinn in die Hände gestützt, und blickte nachdenklich in das Wasser, das an dieser Stelle über eine mit Steinen gepflasterte Furt floß.

Robin lächelte bei diesem Anblick und beschloß, die Kraft und den Mut dieses gewaltigen, nachdenklichen Mannes auf die Probe zu stellen. Er zog seinen Dolch aus dem Gürtel, schritt lautlos über den weichen Rasen und ließ seine Hand schwer auf die gebeugte Schulter des Mönchs fallen. Der blickte erstaunt auf – aus einem großen, treuherzigen Gesicht schauten sanfte blaue Augen. Robin beugte sich über ihn und berührte seine Kehle mit der Dolchspitze.

»Einen guten Tag wünsche ich dir, Ehrwürdiger Vater«, sagte er, »ich habe die Absicht, diesen Fluß zu überqueren, und zwar will ich ihn trockenen Fußes überqueren. Deshalb sollst du mich auf deinem Rücken hinübertragen – er ist ja breit genug!«

Freundlich lächelte der Mönch: »Nimm ruhig dieses spitze Ding da von meinem Hals weg, Freundchen, ich bin auch so bereit, dich über den Strom zu tragen.«

Nachdem Robin seinen Dolch weggesteckt hatte, erhob der Mönch sich langsam, schürzte die lange Kutte, bückte sich und bot seinen breiten Rücken dar, den Robin sofort erklomm.

Fügsam wie ein geduldiger Packesel stieg der Riese in das Wasser und schritt durch die träge dahinfließende Strömung zum anderen Ufer hinüber. Geduldig wartete er, bis Robin von seinem Rücken hinunterglitt. Doch kaum hatten dessen Füße den Boden berührt, fühlte er sich von eisernen Fäusten gepackt und mit dem Gesicht nach unten auf den Boden geschleudert. Mit einem heftigen Ruck drehte er sich herum und starrte in das breit lachende Gesicht des Mönches, der über ihm kniete.

»Laß gut sein, Bürschchen«, sagte er, »und wehre dich nicht, du bist ja noch nicht einmal ganz ausgewachsen. Nun aber sollst du *mich* zurück über den Fluß tragen.«

Keuchend vor Anstrengung versuchte Robin sich zu befreien, doch vergebens. Er war machtlos gegenüber dem Knie des Mönches auf seiner Brust und dem eisernen Griff, mit dem seine Arme auf den Boden gepreßt wurden. Zornig blickte er in das Gesicht über sich.

»Ich will es tun«, sagte er schließlich, »mir bleibt keine andere Wahl.«

Der Mönch nickte, stand auf und beobachtete Robin, der sich aufrappelte und nun seinerseits seinen Rücken darbot. Von dem gewaltigen Gewicht fast zu Boden gedrückt, stieg Robin ins Wasser; gequält lächelnd mußte er sich eingestehen, daß er seinen Gegner gewaltig unterschätzt hatte; in seinem Herzen aber schwor er sich, aus dieser Begegnung doch noch als Sieger hervorzugehen. Er schleppte seine Last über die Furt zum gegenüberliegenden Ufer. Vorsichtig setzte er den Mönch auf dem Gras ab, riß ihm mit einer blitzschnellen Bewegung die Beine hoch, hockte sich auf ihn und setzte ihm wieder den Dolch an die Kehle.

»So«, sagte Robin grimmig, »jetzt wirst du mich wieder zurücktragen, du dicker Mehlsack, du, und wenn du mir noch einmal einen Streich spielst, dann wirst du den

Tag noch verfluchen, an dem du dich mit Robin Hood eingelassen hast!«

Der Mönch lächelte nur milde, erhob sich, als Robin von ihm ließ und bot wiederum seinen breiten Rücken dar. So fügsam wie zuvor schritt er über die Furt. Doch mitten im Fluß blieb er plötzlich stehen und schleuderte Robin mit einer jähen Bewegung ins Wasser, das hoch aufspritzte. Aber sofort kam Robin wieder auf die Füße, sprang den Mönch an, und in dem Handgemenge, das nun folgte, schwankten sie knietief in dem eisigen Wasser hin und her und schlugen blindlings aufeinander ein, bis Robin das Gleichgewicht verlor und die silbrigen Wellen über seinem Kopf zusammenschlugen. Prustend tauchte er wieder auf und schwamm stracks auf das Ufer zu, wo er sich an den überhängenden Ästen einer Weide hochziehen konnte. Er schwang sein Schild herum, ergriff das Schwert und wandte sich zu seinem Gegner. Doch der Mönch war verschwunden.

Kurz darauf kam er hinter einer großen Eiche hervor und war ebenfalls mit Schild und Schwert bewaffnet. Robin legte nun erst noch seinen großen Bogen ab, damit er im Kampf nicht beschädigt würde, und trat dann frohen Mutes auf den riesigen Mönch zu, der ihn lächelnd erwartete – aus seinen Augen blitzte Kampfeslust.

Und auf dem weichen Gras zwischen Fluß und Wald fand nun ein gewaltiger Kampf statt, grimmig und fröhlich zugleich, denn sie fanden Gefallen aneinander, – an der eigenen Geschicklichkeit ebenso wie an der des anderen. Schild an Schild kämpften sie, mit jeder List, die ihnen zu Gebote stand; sie zielten auf Kopf, Fuß oder Schulter und drangen auch mit Scheinangriffen und vorgetäuschten Schlägen aufeinander ein. Und schweigend kämpften sie, lautlos waren ihre raschen Schritte, und nur das Klirren der Schwerter erklang in der Stille.

Als der Kampf seinen Höhepunkt erreicht hatte und bei jedem Schlag der blitzenden Schwerter Funken aufstoben, drang plötzlich das schrille Wiehern eines Pferdes oben im Wald an ihre Ohren. Beide Männer ließen sofort die Schwerter sinken und lauschten. Undeutlich vernahmen sie leises Rasseln und Klirren von Waffen und Rüstungen, das aus der Tiefe des Waldes zu kommen schien. Sie blickten einander an – ihre Feindschaft war vergessen.

»Das war mein Pferd, das da wieherte«, sagte Robin.

»Und da oben im Wald sind bewaffnete Männer«, antwortete der Mönch grimmig. »Nimm deinen Bogen auf, Robin Hood, denn mich dünkt, du wirst ihn bald bitter nötig haben.«

Rasch stieß Robin sein Schwert in die Scheide, eilte zu der Stelle, wo der Bogen im Grase lag, spannte behende die Sehne und folgte seinem Feind, der nun sein Freund geworden war. Deutlich hörten sie, wie bewaffnete Männer durch das Unterholz brachen. Es blieb ihnen keine Zeit mehr, das kleine befestigte Haus zu erreichen, in dem sich zwei Männer gegen ein ganzes Heer hätten verteidigen können. Sie gelangten nur bis zu einem kleinen Hügel, der in einer der Flußwindungen gelegen war, und dort erwarteten sie ihre Angreifer.

Robin hob sein Jagdhorn an die Lippen und ließ einen Ruf ertönen, so laut, daß seine Männer ihn hören mußten, wenn sie sich im Umkreis einer Meile befanden. Sollten Sie nicht in der Nähe sein, konnte er nichts anderes tun, als sein Leben so teuer wie möglich zu verkaufen: acht Pfeile hatte er in seinem Köcher und an seiner Seite ein scharfes Schwert. Anders aber war die Lage für den Mönch, der mit gezücktem Schwert neben ihm stand. Warum sollte der um eines Fremden willen sein Leben aufs Spiel setzen? Als sich die ersten Krieger unter den Bäumen zeigten – auf ihren Wappenröcken das ihm nur zu gut bekannte gelbe Kreuz der Abtei von St. Mary –, rief Robin seinem Gefährten zu: »Zurück in dein Haus, Freund! Dieser Angriff gilt mir, nicht dir, – du sollst dein Leben nicht für einen Fremden aufs Spiel setzen.«

Doch der Mönch lachte nur: »Ich habe mein Lebtag lang noch nie einen guten Kampf verweigert«, rief er, legte die Finger an die Lippen und stieß dreimal hintereinander einen langanhaltenden, gellenden Pfiff aus.

Als nun die ersten Krieger und Waldhüter aus dem Wald hervorstürzten, gewahrte Robin etwas wie eine Woge schattenhafter Gestalten, die an ihrer Anhöhe vorbeifegten; als er genauer hinschaute, sah er etwa zehn große Kettenhunde, die mit erhobenen Ruten auf die sich nähernden Männer zujagten, und jede ihrer geschmeidigen Bewegungen verhieß sicheren Tod. Da lachte Robin frohlockend, hob den Bogen und schoß. Sein Pfeil traf den Anführer der Mordgesellen des Bischofs in die Brust, – er warf die Arme hoch und stürzte. Die anderen stürmten nach kurzem Zögern weiter vor, und Robin spannte den nächsten Pfeil ein. Auf ungefähr ein Dutzend Männer schätzte er die Stärke des Gegners; seine Augen wurden schmal, als sie auf einen großen Kerl fielen, der mit einem Waffenrock aus Büffelleder bekleidet war, eine Kettenhaube trug und Befehlsgewalt zu haben schien. Guy von Gisborne! Seit Robins Flucht war dieser Rentmeister des Bischofs in Ungnade gefallen, und nichts wünschte er sehnlicher, als Rache zu nehmen an dem Mann, der an seinem Unglück schuld war.

»Es scheint dir wohl an der Zeit, eine alte Zeche zu begleichen?« murmelte Robin und legte, sorgfältig zielend, auf ihn an. Aber noch ehe der Pfeil sein Ziel erreichte, brandete die Hundemeute an die Männer heran. Mit Schwertern und Dolchen kämpften sie ingrimmig gegen diesen furchtbaren und unerwarteten Feind, und mitten unter sie schwirrten Robins Pfeile, einer nach dem anderen. Doch Feiglinge waren sie nicht, und so kämpften sie sich langsam auf die beiden zu, die ihnen da auf dem Hügel die Stirn boten.

Drei der Krieger waren gefallen, aber Guy von Gisborne war nicht unter ihnen. Robins Pfeil hatte ihn nicht ins Herz getroffen, nur seine Schulter durchbohrt, und er stürmte weiter vorwärts.

Bis auf wenige Schritte waren die Angreifer herangekommen. Von Bruder Tucks Hunden hatten auch einige ihr Leben lassen müssen. Robin zog sein Schwert und warf den nun nutzlos gewordenen Bogen zu Boden. Als die Krieger sahen, daß sie die schrecklichen Pfeile nicht länger fürchten mußten, jubelten sie und stürmten schneller voran.

Im gleichen Augenblick ertönten laute Rufe oben im Walde, und heruntergejagt kamen braungekleidete Gestalten, im Laufen spannten sie ihre Pfeile; allen voran lief ein riesiger Mann, der den entsetzten Kriegern groß wie ein Baum erschien. Von dieser neuen drohenden Gefahr schauten die Leute des Abtes zu den beiden Männern, die sie auf dem Hügel erwarteten. Einen Augenblick zögerten sie unentschlossen, blickten noch einmal zu den heranstürmenden Geächteten – und flohen.

Sie rannten Hals über Kopf davon. Guy von Gisborne war der letzte, der kehrtmachte: sein Gesicht war aschfahl, aus der Schulterwunde rann das Blut, einen letzten haßerfüllten Blick warf er Robin noch zu, dann lief er leicht taumelnd ebenfalls davon.

Bellend und geifernd folgten die Hunde ihnen auf den Fersen, und auch die Männer vom Greenwood nahmen mit lautem Geschrei die Verfolgung auf. In wenigen Augenblicken waren Jäger wie Gejagte im Walde verschwunden.

Allein auf dem Hügel zurückgeblieben, blickten Robin und Bruder Tuck heftig atmend einander an, während das Getöse der wilden Verfolgung immer schwächer wurde und endlich erstarb. Dann hob Robin seinen Bogen auf und stieg an der Seite des großen Mönchs den Abhang hinunter. Drei Tote lagen im zertrampelten Grase. Ohne sie eines Blickes zu würdigen, ging der Mönch an ihnen vorbei, beugte sich über den ausgestreckten Leichnam eines der Hunde und streichelte sein zottiges Haupt; voller Staunen gewahrte Robin, wie sanft dessen große Hand sein konnte.

»Gute Jagd, mein alter Gelert«, sagte der Mönch leise, »auch euch, Beaufort und Cavell, gute Jagd unter den Sternen am Himmel. Ihr wart treue Freunde.« Damit richtete er sich auf und sprach zu Robin gewandt: »Deine Freundschaft kommt mich teuer zu stehen, Verfemter!«

Robin blickte nieder auf die toten Hunde; und plötzlich mußte er an Trusty denken, und sein Herz wurde schwer.

»Das tut mir leid«, sagte er. »Auch ich hatte einst den Tod eines treuen Hundes zu beklagen.« Impulsiv streckte er seine Hand aus, die Bruder Tuck ergriff und zur Besiegelung ihrer Freundschaft herzlich drückte.

Unter den Bäumen raschelte es, der Mönch lauschte und stieß wiederum einen Pfiff aus. Scharfes aufgeregtes Bellen antwortete ihm, und sieben Hunde sprangen aus dem Unterholz hervor. Sie rasten auf ihren Herrn zu, drängten sich um ihn und stießen ihn mit ihren großen wilden Köpfen an. Er rief sie alle beim Namen, begrüßte und lobte sie, kraulte jeden von ihnen hinter den Ohren und liebkoste ihre Schnauzen.

»So, Luath! Ho, Levin! Brav habt ihr das gemacht, Bran und Orthros! Sch, sch, meine kleinen Brüder!«

Während er so mit ihnen beschäftigt war und Robin lächelnd zusah, kamen auch Robins Männer wieder aus dem Walde hervor. Atemlos und lachend lief Little John auf seinen Herrn zu.

»Wir haben das Gesindel des Abtes bis fast vor die Tore von York gejagt, Herr. Die werden wohl erst aufhören zu rennen, wenn sie innerhalb der Stadtmauern sind. Und außerdem haben sie ihre Pferde zurückgelassen.«

»Das ist eine gute Nachricht«, sagte Robin, »Pferde können wir brauchen!« Stolz betrachtete er seine Schar und wandte sich dann an den riesigen Mönch. »Bruder Tuck, ich hatte gehört, daß man dich als einen gerechten und gütigen Mann preist, und heute fand ich heraus, daß du tapfer bist. So will ich dich fragen, ob du zu uns kommen willst? Meine Männer und ich brauchen einen

Priester. Willst du uns die tägliche Messe lesen und an den Festtagen das Hochamt?«

»Gerne will ich mit euch gehen«, antwortete der Mönch. »Sehr gerne sogar. Denn auch ich habe von euch gehört, daß ihr gute Freunde der Armen und Unterdrückten seid und Feinde der feisten Prälaten und grausamen Barone, die auch meine Feinde sind.«

Little John trat auf ihn zu und streckte ihm seine Pranke hin; Much, Scarlet und Will-the-Bowman folgten, und auch die übrigen drängten sich heran. Der gewaltige Mönch drückte jedem seiner neuen Freunde die Hand, und sein ruhiges Antlitz erhellte sich vor Freude, denn er war ein Mann, der seine Mitmenschen liebte – trotz seines einsamen Lebenswandels.

So kam es, daß Tuck an diesem Abend, als die Geächteten ihr Lager erreichten, in ihrer Mitte schritt, die Kutte bis zu den Knien geschürzt, seinen Schild auf dem Rücken. Und die sieben großen Hunde tappten leise neben ihm her.

Robin gewinnt einen Ritter zum Freund

Wie die meisten Menschen, die ein erdnahes Leben führen, pflegten auch Robin und seine Männer nur zweimal am Tage Nahrung zu sich zu nehmen: Am Morgen, ehe die tägliche Arbeit begann, und am Abend, wenn sie getan war. Aber heute war Mittsommer, das Fest Johannes des Täufers, das von der ganzen Landbevölkerung als hoher Festtag begangen wurde, und so bestimmte auch Robin diesen Tag als Feiertag für seine Männer. Am Rande der Stane Ley waren die Köche damit beschäftigt, ein festliches Mittagsmahl zuzubereiten, von dem ein leckerer Duft nach geröstetem Wildbret, Flußforellen und frischem Brot ausströmte.

Und über die Lichtung verstreut warteten die Männer auf ihr Mittagessen, während sie sich die Zeit auf das angenehmste vertrieben.

Sehr heiß war es auf der Wiese, doch dunkel und kühl im Schatten der Waldbäume, die sie umgaben. Die Hunde des Mönchs lagen ausgestreckt zwischen den Geächteten, schliefen oder schnappten nach den Mücken, die im Sonnenschein auf- und abtanzten.

»Das Essen riecht gut«, sagte Little John, der an den silbernen Stamm einer Buche gelehnt saß. Er streckte ein Bein aus und berührte mit der Fußspitze Will Scarlet, der auf dem Bauch lag, halb in der Sonne, halb im Schatten, und Orthros hinter den Ohren kraulte; und Scarlet hob den Kopf und schnupperte gierig.

Much, der mit gekreuzten Beinen neben ihm saß (denn die drei trennten sich selten), schaute von dem Pferdegeschirr auf, das er ausbesserte: »Gesegnet sei der Heilige Johannes«, sagte er, »ich bin schon sehr hungrig.«

Little John lachte; und freundschaftliches Schweigen herrschte zwischen ihnen, als Robin von den Ställen her über die Wiese kam und zu ihnen trat. Ein Weilchen stand er im Schatten des Baumes, schaute über die besonnte Lichtung hin und lachte leise in sich hinein: »Habt ihr jemals Gäste in Erwartung eines Festschmauses gesehen, die so friedlich sich vergnügen?« sagte er. »Hob flickt seine zerrissene Hose, Diccon pfeift zwischen den Zähnen, Red Hugh und Barnaby sind ins Gespräch vertieft, und Will Stukely schnitzt einen Stock. Die übrigen schlafen in der Sonne und schnappen nicht einmal nach Fliegen wie die Hunde des guten Tuck!« Er überlegte ein Weilchen, dann nahm er die Hand von Little Johns Schulter: »Ich hab es! Wir brauchen einen Gast, der uns ein wenig aufweckt!«

»Und wo sollen wir einen Gast hernehmen, Master?« fragte Little John.

»Geht durch die Weiden zur Irming-Straße, ihr drei«, sagte Robin schnell. »Diese Straße ist viel begangen, und ein Gast für uns wird euch bestimmt bald in die Hände fallen. Wenn ihr ihn habt, bringt ihn zu mir – sei er Ritter, Mönch oder Gutsherr –, und wir wollen feiern und fröhlich sein, ihm zu Ehren –, und auf seine Kosten, wenn sein Gepäck gut gefüllt ist!«

So griffen die drei zu ihren Bogen und schlüpften in den Wald; auf der Wiese hinter ihnen breitete sich wieder der Mittagsfriede aus.

Schnell lenkten sie ihre Schritte nach Osten, auf Wildpfaden, die ihnen so vertraut waren wie die Linien ihrer eigenen Hand, bis sie schließlich durch die Weiden zu der alten gepflasterten Straße gelangten, die pfeilgerade den Wald durchschnitt und bis zu den Toren von York führte. Drei Straßen mündeten hier in die Irming-Straße, und von einer Anhöhe aus konnten sie weit über das Land blicken. Nordwestlich sahen sie in das große Tal von Barnesdale hinein –, auf diesem Wege war keine Bewegung auszumachen; sie blickten nach Norden, nach Osten zum Meer –, auch dort rührte sich nichts; aber im Süden, auf dem Wege von Doncaster, sahen sie in weiter Entfernung einen Reiter, so winzig wie eine Ameise, der sich langsam näherte.

»Da kommt unser Gast«, sagte Little John, »Much, deine Augen sind wie die eines Falken; was ist das für ein Reiter? Ritter oder Mönch?«

Much legte die Hand über die Augen, um sie gegen die blendende Sonne zu schützen, und starrte auf das lange weiße Band der Straße; dann schüttelte er den Kopf: »Er ist noch zu weit entfernt; aber mir will scheinen, daß da eine Rüstung in der Sonne glitzert.«

»Gut«, lachte Will Scarlet, »er wird uns bald genug erreicht haben, und wer immer er ist, er soll unser Ehrengast sein.«

Sie ließen sich in dem trockenen Graben unter den Weiden nieder und warteten. Bald hörten sie das Trappeln sich nähernder Pferdehufe, und als sie vorsichtig durch die Bäume spähten, gewahrten sie einen Reiter auf einem großen weißen Pferd, der langsam auf sie zuritt. Er ließ den Kopf hängen, sein Kinn war auf die Brust gesunken, und in jeder Linie seiner schlaffen Gestalt drückte sich Trübsinn aus. Ein Steigbügel baumelte lose und klirrte gegen seinen gepanzerten Fuß, und die Zügel hingen locker in seiner schlaffen Hand. Kein Auge hatte er für den hochsommerlichen Wald, kein Ohr für den Ruf des Kuckucks; und so versunken war er in sein Unglück, daß er nicht einmal die drei Gestalten an der Straße bemerkte, bis Little John auf ihn zutrat und in die Zügel griff. Da erst schreckte er auf, und seine Hand flog zum Schwertgriff.

Little John blickte empor in das freundliche, müde Gesicht des Ritters und schüttelte den Kopf. »Nein, Herr Ritter, Ihr braucht nicht zum Schwert zu greifen. Wir sind nur drei ehrliche Waldbewohner, die ihr Herr ausgeschickt hat, um Euch einzuladen, heute mit ihm zu speisen.«

»Und wer ist euer Herr?« fragte der Ritter, die Hand noch immer am Schwertgriff.

»Sein Name ist Robin Hood – manche nennen ihn Robin von Barnesdale –, und er ist der Herr dieser Gegend.«

Ein Lächeln erhellte das erschöpfte Antlitz des Ritters. »Ich hatte die Absicht, mein Fasten einzuhalten, bis ich nach Selby käme«, sagte er, »doch wenn Robin Hood euer Herr ist, will ich gerne mit ihm speisen, denn viel schon habe ich von ihm gehört, und schon lange begehrte ich, diesen ritterlichen Geächteten kennenzulernen.« Und der Hand Little Johns an seinem Zügel folgend, wendete er sein Pferd von der Straße ab unter die Bäume.

So zogen sie durch den Wald: die drei Geächteten und der Ritter. Little John führte das Pferd am Zügel, die anderen beiden bildeten die Nachhut. Der Ritter verhielt sich sehr schweigsam, und im Schatten seiner Kettenhaube wirkte sein Gesicht traurig und eingefallen.

Als sie die Stane Ley erreichten, wurden sie mit lauten Zurufen willkommen geheißen, denn die Männer waren sehr hungrig geworden, und die Köche machten sich schon Sorgen, wie sie das Essen vor dem Verderben retten sollten.

Als der Ritter schwerfällig aus dem Sattel glitt, trat Robin auf ihn zu, zog höflich seine Kappe, hieß ihn willkommen und führte ihn über die Wiese in den kühlen Schatten der Linde, um die sie sich zu versammeln pflegten. Bruder Tuck wartete dort schon, um die übliche Messe zu lesen. In einem großen Halbkreis um den riesigen Mönch kniend, hörte die Bruderschaft der Geächteten andächtig die Messe und ließ sich danach zu dem Festmahl nieder.

Robin nahm seinen Platz zwischen den Wurzelknorren der alten Linde ein – der Platz, der Thron und Ratssitz geworden war – und bat seinen Gast, sich neben ihm niederzulassen. Voller Staunen blickte der Ritter auf das reichhaltige Mahl, aber Robin nahm wahr, daß er sehr wenig aß und keinen Appetit zu haben schien, obwohl er einen ausgehungerten Eindruck machte; und seine Rüstung war zwar gut gepflegt, sein Umhang aber schäbig und abgetragen.

Während Robin so den höflichen Gastgeber spielte, dachte er gründlich nach, beobachtete seinen Gast und dachte wieder nach. Schließlich, als der Ritter nicht mehr länger Appetit vortäuschte und seine Finger in der Schale wusch, die Little John ihm hinhielt, sagte er: »Herr Ritter, ich muß Euch nun bitten, zu bezahlen, denn es ist nicht recht, daß ein Freisasse für eines Ritters Mahl aufkommen soll.«

Rasch blickte der Ritter auf, und seine mageren Wangen röteten sich: »Ach«, rief er und breitete seine Hände aus, »alles, was ich auf dieser Welt besitze, sind zehn Shilling. Wenn ich damit meine Mahlzeit bestreiten kann, will ich das gerne tun. Sie sind in meiner Satteltasche.«

Robin bedeutete Little John, zu dem Pferde des Ritters zu gehen, das in der Nähe angebunden war. Der nahm die

Satteltasche und schüttete den Inhalt in seine Hand, – zehn Silbershillinge kamen da zum Vorschein; nicht mehr, nicht weniger. Er zählte sie langsam, während der Ritter ihm zusah, Scham in seinen Augen.

»Unser Gast hat die Wahrheit gesprochen, Herr«, sagte Little John. »Was soll ich mit dem Gelde tun?«

»Steck es dahin zurück, wo es herkam, mein Junge«, sagte Robin lächelnd. Dann wandte er sich zu seinem Gast, legte eine Hand auf dessen gebeugte Schulter und sagte gütig: »Verzeiht mir, daß ich an Euren Worten zu zweifeln schien, Herr Ritter. Mich deucht, Ihr seid krank im Herzen, denn Ihr habt die Speisen kaum berührt, und Kummer spricht aus Euren Augen. Wollt Ihr mir nicht den Grund Eurer Not anvertrauen? Vielleicht kann ich Euch helfen!«

»Daß Ihr mir helfen könnt, glaube ich nicht«, erwiderte der Ritter ruhig. »Aber wenn Ihr es wissen wollt, will ich Euch den Grund meiner Not sagen: Vor ein paar Monaten noch besaß ich vierhundert Pfund, die ich erspart hatte, und große Ländereien bei Linden Lea, in der Nähe von Nottingham; und heute besitze ich nichts.«

»Wie geschah es, daß Ihr alles verloren habt?«

Schweigend blickte der Ritter über die Lichtung, und schließlich begann er zu sprechen. »Ich habe einen Sohn. Ich setzte ihn als Verwalter meiner Güter ein, während ich dem König ins Heilige Land folgte; als ich zwei Jahre danach zurückkam, fand ich meinen Sohn im Gefängnis. Er hatte einen Mann getötet. Oh, es war in einem fairen Kampf geschehen; aber der Mann war ein langjähriger Feind von mir und besaß viele mächtige Freunde. All mein Geld gab ich hin, um meinen Sohn vor dem Tode zu erretten. Ich verpfändete das Land, auf dem meine Vorfahren schon saßen, lange ehe Wilhelm der Eroberer seinen Fuß auf englischen Boden setzte. Was konnte ich sonst tun? Ich liebte den Jungen. Nun ist mein Land an den Abt von St. Mary's verpfändet. Morgen verfällt der Pfandbrief, und ich habe keinerlei Hoffnung, ihn auslösen zu können. Als Eure

Männer mich aufgriffen, war ich auf dem Wege nach York, um den Abt um Gnade zu bitten; aber alle Welt weiß, daß der Abt von St. Mary's weniger Barmherzigkeit besitzt als ein wilder Wolf.«

Robin nickte und fragte dann schnell: »Welche Summe streckte der Abt Euch denn für das Land vor?«

»Vierhundert Pfund, obwohl das Land dreimal so viel wert ist.«

»Und was wollt Ihr tun, wenn Ihr Euer Land nicht wieder einlösen könnt?«

Der Ritter seufzte trostlos: »Ich werde meine Gemahlin zu ihrer Familie bringen. Die werden sie ernähren; ich kann es nicht. Dann werde ich England verlassen, wieder in das Heilige Land ziehen und dort wieder auf den Kalvarienberg steigen. In mein Heimatland werde ich nie wieder zurückkehren, denn ich könnte es nicht ertragen, einen Fremden im Besitz des Landes meiner Ahnen zu sehen.«

»Habt Ihr keine Freunde, die Euch helfen können?« fragte Robin.

»Ich glaubte, viele Freunde zu haben, – als ich sie nicht brauchte«, sagte der Ritter voller Bitterkeit. »Doch seitdem dieses Elend über mich gekommen ist, kennen sie mich nicht mehr.«

»Gar keinen Freund habt Ihr, der Sicherheit für Euch leisten würde?«

»Keinen außer Gott.«

»Nun«, sagte Robin, dem das zu sehr nach Kirche klang, »ich würde mich nicht einmal auf die Heiligen verlassen als Sicherheiten für mein gutes rotes Gold.«

»Dafür kann ich Euch nicht tadeln. Doch ich habe keinerlei irdische Güter als Sicherheit zu bieten. Und im Himmel ist es nur die Heilige Jungfrau, die mich bisher noch nie im Stich gelassen hat.«

Als Robin das hörte, lachte er plötzlich und sprang auf. »Das klingt schon anders«, rief er. »Für eine Bürgschaft der Heiligen Jungfrau würde ich jede Summe geben. Eine bessere Sicherheit könntet Ihr nicht bieten.« Damit wandte er sich an Little John und befahl ihm, vierhundert Pfund aus der Schatzkammer zu holen.

Little John und Much, der Schatzmeister der Gruppe, gingen miteinander zu dem geheimen Platz, wo das Gold aufbewahrt wurde und zählten den Betrag sorgfältig heraus, wobei sie sich Mühe gaben, keine falsche oder verbogene Münze zu nehmen. Auf einen wohlmeinenden Vorschlag von Much hin nahmen sie noch einen prächtigen Überrock und ein goldbesticktes Wehrgehenk aus ihrem Vorrat und kehrten damit zu Robin und dem Ritter zurück.

Der Ritter hatte sehr still dagestanden und über die Lichtung hingeblickt, doch als er das Gold und den Mantel sah, wandte er sich mit ausgebreiteten Armen zu Robin, und seine Hände zitterten: »Warum tut Ihr das für mich, einen Fremden?« fragte er.

»Ihr seid kein Fremder«, antwortete Robin. »Ihr seid ein Bote unserer Heiligen Jungfrau.«

Der Ritter holte tief Atem. »Ich werde Euer Vertrauen nicht enttäuschen«, sagte er langsam. »Wann soll ich Euch das Geld zurückzahlen, und wo? Nennt einen Tag; ich werde ihn einhalten.«

»Kommt wieder hierher, unter unsere Versammlungslinde, heute in einem Jahr. Das läßt Euch Zeit, die Pachtzinsen für Eure eingelösten Ländereien einzusammeln«, sagte Robin und fügte lächelnd hinzu: »Es schickt sich nicht, daß ein Ritter alleine reist, ich will Euch einen meiner kleinen Knappen mitgeben.« Und er winkte Little John, der unter dem Gelächter seiner Gefährten zu ihnen trat.

Ein Pferd für den Riesen wurde gebracht, die beiden Männer schwangen sich in den Sattel, und der Ritter beugte sich herab, um Robins Hand zu drücken und ihm für seine Freundlichkeit zu danken. Als er losreiten wollte, zügelte er sein Pferd noch einmal und schaute zurück. »Vierhundert Pfund habe ich von Euch entliehen und Euch nicht einmal meinen Namen gesagt. Ich bin Sir Richard-at-Lea.«

»Der Bote der Heiligen Jungfrau seid Ihr, das genügt mir«, rief Robin aus. Und so ritten Little John und Sir Richard davon, und hinter ihnen erschollen viele Abschiedsrufe.

Am anderen Morgen saß der Abt von St. Mary's an der erhöhten Tafel in der großen Halle, und um ihn waren seine Gäste und die ranghöheren Mönche versammelt. Roastbeef stand vor ihm, gekochter Schinken und fette Pastete und vielerlei schwerer Wein. Er aß schmatzend und gierig, mit einem Appetit, der noch größer als sonst war, denn er hatte eine ungemein gute Laune. Nach einiger Zeit wischte er sich die fettigen Lippen ab und wandte sich zu dem Prior, einem mageren bleichen Mann, der zwischen den Brüdern weiter unten an der Tafel saß.

»Vor zwölf Monaten liehen wir einem bedürftigen Ritter vierhundert Pfund, Bruder Julian, und wenn er nicht bis heute mittag kommt, um das Geld zurückzubezahlen, verliert er seinen gesamten Besitz, und wir werden um ein großes Rittergut reicher werden. Möge die Heilige Jungfrau dafür sorgen, daß er sein Wort nicht halten kann.«

»Der gute Ritter ist vielleicht krank oder in fernem Land«, sagte der Prior entrüstet, »und es wäre ein schlimmes Unrecht, ihn seines Landes für verlustig zu erklären.«

»O nein«, antwortete der Abt und lachte feist. »Heute war der vereinbarte Tag, und er kommt nicht; deshalb gehören seine Ländereien uns.«

Aber Bruder Julian rief aus: »Ihr dürft erst am Mittag seine Ländereien beanspruchen, denn so war es vereinbart. Schande über Euch, wenn Ihr einen guten Ritter zugrunde richten wollt, der Euch kein Leid angetan hat. Wenn ich das Geld hätte, ich würde es mit Freuden für ihn bezahlen!«

Da geriet der Abt in heftigen Zorn, sein Gesicht wurde finster, und er schlug mit den Fäusten auf den Tisch. »Der Teufel hole dich und dein Gewissen!« schrie er. »Immer willst du meine Pläne durchkreuzen. Aber hier sitzt der

Oberste Richter, der sich für mein Recht einsetzen wird.« Und er wies auf einen stattlichen, kalt blickenden Mann, der zwischen den Gästen an der Tafel saß. In diesem Augenblick wurden die Wandteppiche, die über der Tür hingen, beiseite gezogen, und der Bruder Kellermeister trat ein, ein älterer Mann mit aufgedunsenem Leib und einer Nase, die rot war vom zuvielen Kosten des süßen Malvasier und des hellen Südweines, den er unter seiner Obhut hatte. Grinsend schlurfte er zu seinem Platz an der Tafel, voller heuchlerischer Lobreden für den Abt: »Sicherlich ist der Ritter krank oder tot, und *wir* werden vierhundert Pfund im Jahr verbrauchen können!«

Kaum hatte er diese Worte geäußert, als die Wandteppiche wieder beiseite gezogen wurden, und ein ängstlich blickender Türhüter ankündigte: »Mein Herr Abt, Sir Richard-at-Lea ist hier und begehrt Euch zu sprechen.« Und er verschwand wieder, noch ehe der Zorn und die Enttäuschung des Abtes sich über ihn entladen konnten.

Bescheiden trat Sir Richard in die Halle, begrüßte den Abt und seine Gäste, von denen früher einige zu seinen Freunden gezählt hatten. Kalt erwiderte der Abt seinen Gruß, und viele der Gäste grüßten überhaupt nicht. Sir Richard betrachtete sie voller Bitterkeit und dachte bei sich, daß er sie prüfen wolle, um festzustellen, ob nicht wenigstens einer unter ihnen sei, der noch daran dachte, daß er in den Tagen seines Reichtums sein Freund gewesen war.

»Mein Herr Bischof«, sagte er, »ich bin gekommen, um meine Vereinbarung einzuhalten.«

Hochmütig nickte der Abt: »Habt Ihr das Geld mitgebracht, um Eure Schulden zu bezahlen?«

»Nein, das habe ich nicht.«

»Dann prostet mir zu mit Malvasier, Herr Richter!« rief der Abt mit brutalem Lachen. »Das Land ist mein!« Dann wandte er sich wieder an den Ritter: »Warum seid Ihr gekommen, wenn Ihr das Gold nicht habt?«

»Um von Euch und Eurer Barmherzigkeit die Gnade zu

erflehen, mir für die Bezahlung meiner Schulden ein wenig mehr Zeit zu gewähren.«

»Nicht einen Tag, – nicht eine Stunde!« rief der Abt schadenfroh. »Ihr habt Eure Vereinbarung nicht eingehalten, und damit ist Euer Land verfallen.«

Sir Richard ließ sich auf die Knie fallen und wandte sich mit flehend ausgestreckten Händen dem Obersten Richter zu: »Legt Ihr ein Wort für mich ein, Mylord!«

»Nein«, antwortete der Richter glattzüngig. »Ich muß mich an den Buchstaben des Gesetzes halten. Ich kann Euch keine Hilfe leisten.«

Wieder wandte sich Sir Richard an den Abt. »Gnädigster Herr Abt, um Seinetwillen, der immer voller Gnade war, gebt mir meine Ländereien wieder, und ich werde Euer demütiger Diener sein, bis die Schuld beglichen ist.«

Schroff wies der Abt ihn zurück. Er wurde des zudringlichen Ritters, der seine Mahlzeit störte, überdrüssig. Niemand setzte sich für den Mann ein, der so demütig vor ihnen kniete; und die seine Freunde gewesen waren, vermieden seinen Blick.

»Wenn ich mein Land nicht wiederbekomme, werdet Ihr es bitter bereuen«, sagte Sir Richard sehr ruhig.

Da verfinsterte sich das Antlitz des Abtes wieder vor Zorn, seine aufgedunsenen Wangen liefen dunkelrot an, und mit dumpfer Stimme rief er Sir Richard zu: »Schert Euch aus meiner Halle, Ihr wortbrüchiger Ritter!«

Einen Augenblick herrschte Stille. Sir Richard erhob sich und blickte seine Peiniger mit blitzenden Augen an. »Lügner!« rief er. »Niemals war ich ein meineidiger Ritter, das wißt Ihr wohl. Die ritterlichen Gelübde habe ich immer heilig gehalten. Aber *Ihr* – wie habt Ihr Eure Gelübde gehalten, die Ihr an dem Tage ablegtet, als Ihr Mönch wurdet? Beantwortet mir das, Ihr habgieriger, aufgeblasener Unhold!«

Noch niemals hatte jemand – außer vielleicht Robin Hood – derart zu dem Abt gesprochen. Er lief dunkelrot an, die Adern an seinem Halse schwollen, und vor Wut schien er zu ersticken. Dann brüllte er laut auf vor Zorn, erhob sich halb aus seinem geschnitzten Stuhl und ergoß eine Flut von Beschimpfungen über den Ritter, der ihn mit ruhiger Verachtung betrachtete.

Die entsetzten Gäste und Mönche saßen wie zu Stein erstarrt und hefteten ihre Augen voller Schrecken abwechselnd auf den tobenden Abt und den verächtlich blickenden Ritter. Der erste, der wieder zu sich kam, war der Oberrichter, und als der Abt in seinem Fluchen und Schimpfen einmal innehielt, um Atem zu holen, wandte er sich zu ihm und verlangte zu wissen: »Was gebt Ihr mir, wenn ich diesen Mann dazu bringe, die Abtretungsurkunde zu unterzeichnen? Denn ohne diese werdet Ihr niemals ohne Schwierigkeiten das Land in Besitz nehmen können.«

Der Abt holte tief Luft, schluckte schwer und antwortete: »Hundert Pfund für Euch.«

Unterdessen war es fast Mittag geworden, und Sir Richard hielt es für besser, dieses Spiel nun zu beenden, denn nicht noch einmal wollte er den Besitz seines Landes aufs Spiel setzen.

»Nicht so eilig«, sagte er, wandte sich zu der mit Teppichen verhängten Tür und rief: »Little John!«

Die Teppiche wurden beiseite gezogen, und herein trat Little John mit einem ledernen Beutel, den er zu der Tafel hinübertrug.

»Gib dem Abt sein Geld, Little John«, sagte der Ritter, und der Geächtete band den Beutel auf und schüttete die Goldmünzen zwischen die Speisen und Weinflaschen.

Mit hervorquellenden Augen und offenem Mund starrte der Abt das Gold an – zu erstaunt, um zu sprechen oder sich zu bewegen; den anderen am Tisch erging es nicht besser. Der alte Kellermeister war der erste, der sich wieder rührte, er streckte gierig die Hand aus und fing an, die Münzen zu zählen.

»Jawohl, zähl sie nur genau«, sagte Sir Richard mit

hartem Lachen. »Du wirst feststellen, daß nicht eine fehlt.« Als das Zählen beendet war, wandte er sich wieder dem Abt zu: »Nehmt Euer Geld, Herr Abt, und gebt mir meinen Schuldschein. Mit dem heutigen Tage geht mein Land *nicht* an die Abtei von St. Mary über!«

Der Schuldschein wurde gebracht, ebenso ein Federkiel und ein mit Tinte gefülltes Horn, und der Abt unterzeichnete mit zitternder Hand. Mit tiefer Verbeugung nahm Sir Richard den Schein an sich, faltete ihn und steckte ihn in seine Geldtasche.

»Ich rufe alle Anwesenden als Zeugen an, daß ich meine Schuld pünktlich und zur Gänze bezahlt habe«, sagte er und schaute einen jeden der am Tische Sitzenden an. Dann drehte er sich um und schritt – von Little John gefolgt – in stolzer Haltung aus der Halle.

Am Stadttor von York trennten sie sich. Sir Richard ritt freudigen Herzens nach Hause, und Little John kehrte zur Stane Ley zurück, um Robin Hood die frohe Botschaft zu bringen.

Ein Jahr war nahezu vergangen, und in seiner Burg Linden Lea dachte Sir Richard daran, daß die Zeit gekommen sei, Robin Hood seine Schuld zurückzuzahlen. Er sprach davon zu seiner Gemahlin, als sie eines Abends in ihrem Gärtchen zwischen Heckenrosen und Nelken auf und ab wandelten.

»In einigen Tagen muß ich nach Barnesdale aufbrechen, um meinem guten Freund Robin Hood sein Darlehen zurückzuzahlen; außerdem würde ich ihm gern ein Geschenk mitbringen. Du bist in solchen Dingen klüger als ich, liebe Frau, was würdest du raten?«

Die Dame dachte ein Weilchen nach und sagte dann: »An deiner Stelle würde ich ihm hundert Bogen aus dem roten spanischen Eibenholz mitbringen und hundert Bündel Pfeile, gefiedert mit Pfauenfedern.«

Also ließ Sir Richard Bogen und Pfeile zusammenpacken

und brach auf; zwei Männer folgten ihm mit den Packpferden.

An der Spitze seines kleines Zuges reitend kam er zeitig am nächsten Morgen in ein großes Dorf; und hier auf dem Dorfanger war die ganze Bevölkerung versammelt, um einem Mittsommer-Wettkampf zuzuschauen.

Auf der einen Seite des Angers war ein weißes Streitroß unter einem großen Maulbeerbaum angebunden. Neben ihm stand ein Faß Wein, darauf lagen ein Paar gestickte Handschuhe, und an einem gegabelten Haselzweig gewahrte Sir Richard das Glitzern eines goldenen Ringes.

»Das muß ein Kampf zwischen berühmten Kämpfern sein«, dachte er, »dem reichen Preis nach zu schließen.« Und da er schon immer ein Freund des Ringkampfes gewesen war, beschloß er zuzusehen und zügelte sein Pferd am äußeren Rande der Menge. Die beiden Ringer schienen gut zueinander zu passen, und Sir Richard folgte voller Spannung jeder ihrer Bewegungen, jedem ihrer Griffe. Schließlich wurde einer der Männer sichtlich müde, seine Griffe wurden unsicherer, plötzlich schrie die Menge auf, und der Sieger taumelte auf seine Füße. Als Sir Richard sich umschaute, war er erstaunt, finstere Blicke und geballte Fäuste zu sehen, die zu den fröhlichen Feiertagsgewändern der Leute schlecht passen wollten. Er wandte sich an einen großen Burschen, der neben ihm stand, und fragte ihn, was das zu bedeuten hätte. Der antwortete ihm, daß der Sieger ein Fremder sei und kein Anrecht auf den Preis habe.

»Das scheint mir nicht gerecht zu sein«, sagte Sir Richard milde. »Er hat den Preis gewonnen, indem er seinen Gegner in fairem Kampf besiegt hat. So hat er Anspruch auf den Preis, und wenn er zehnmal ein Fremder wäre.« Damit drängte er sein Pferd durch die Menge und ritt in den grasbewachsenen Ring zu dem Fremden hin, der dort stand und verwirrt um sich blickte.

Die Menschenmenge brüllte zornig und umdrängte den Ritter und den Ringer; aber die beiden Männer mit den

Packpferden bahnten sich einen Weg an die Seite ihres Herrn, und beim Anblick ihrer entschlossenen Gesichter kühlte der heiße Zorn der Dorfbewohner ab; und bald darauf war die Menge still.

Da wandte sich Sir Richard an den Ringer und sagte freundlich: »Nimm dir deinen Preis, Junge.«

Der Bursche schaute ihn an, dann erhellte ein Lächeln sein junges, bekümmertes Gesicht, er verbeugte sich mit einem: »Dank Euch, Herr«, und drehte sich um, die Zügel des weißen Pferdes zu ergreifen. Als er das tat, nahm der Ritter ein Goldstück aus der Tasche und rief ihm zu: »He, Junge, willst du mir dein Faß mit Wein verkaufen?«

Der Ringer schaute lachend zurück: »Gerne, Herr, Geld ist besser als ein plumpes Faß zum Mitschleppen.«

So wechselten das Goldstück und das Weinfaß ihre Besitzer, und kaum war der Handel abgeschlossen, da rief Sir Richard der gaffenden Menge zu: »Seht, gute Leute, hier ist ein Faß mit Wein, stecht es an und seid fröhlich – mit meinem Segen!« Mit diesen Worten schlug er die Fersen in die Flanken seines Pferdes und trieb es vorwärts.

Die Leute traten beiseite, um ihn und seine Knappen durchzulassen. Ihre finsteren Mienen hatten sich aufgehellt, einige riefen ein rauhes »Danke« hinter ihm her, und ein alter Kerl mit roter Nase, der so aussah, als ob er im Laufe der Jahre so manch ein Faß Wein angestochen hätte, tanzte auf der staubigen Dorfstraße auf und ab. Als Sir Richard weiterritt, wußte er, daß er ein Dorf in Festtagsstimmung zurückließ.

Für seine Verabredung war es nun spät geworden, aber er hoffte, daß Robin ihm vergeben würde, wenn er den Grund dieser Verspätung erfuhr, und so ritt er vergnügt weiter.

Unterdessen wartete Robin geduldig in der Stane Ley. Der Mittag kam und ging; langsam wurde er unruhig und beobachtete den Zugang zur Lichtung mit leicht gerunzelter Stirn.

»Herr«, sagte Little John, der neben ihm wartete, »laßt uns jetzt essen und nicht mehr länger warten.«

Robin schüttelte den Kopf. »John, Junge, ich kann jetzt nicht essen. Ich fürchte, die Heilige Jungfrau ist ungehalten mit mir, weil sie mir mein Geld nicht schickt. Und ich würde meine Hand ins Feuer gelegt haben für Sir Richards Ehrenhaftigkeit!«

»Verliert den Mut nicht, Robin«, antwortete sein großer Gefährte.

»Das Darlehen wurde ja erst zur Mittagsstunde fällig. Irgend etwas ist geschehen, was den Ritter aufhält, – das ist alles.«

Die beiden Männer warteten noch eine ganze Weile, dann sagte Robin plötzlich: »Nimm Much und Will Scarlet mit dir, geht zur Irming-Straße hinauf, so wie letztes Jahr, und bringt mir wieder einen Gast zum Essen mit. Sei es ein Ratsdiener oder fahrender Spielmann, ein Mönch oder ein Strauchdieb – er soll mir in Gottes Namen willkommen sein.«

So ergriffen die drei ihre Bogen und Köcher und gingen durch die Weiden zur Irming-Straße. Dort brauchten sie nicht lange zu warten, bis sie von Norden her einen Reitertrupp sich nähern sahen. Zwei schwarz gekleidete Mönche ritten an der Spitze des Zuges, hinter ihnen kamen sieben schwer beladene Maultiere und zweiundfünfzig Bewaffnete.

»Nun schaut euch doch die Mönche an«, sagte Little John. »Sehen sie nicht aus, als ob sie unser Geld brächten?«

»Aber ihrer sind viele, und wir sind nur drei«, antwortete Much zweifelnd.

Little John lachte leise. »Wenn wir sie nicht als Gäste zu unserem Herrn bringen, werden wir wohl kein Mittagessen bekommen. Wenn ihr heute, am Fest des Heiligen Johannes, nicht hungrig bleiben wollt, dann spannt eure Bogen, Männer. Ich nehme den vordersten Mönch aufs Korn . . .« Er brach ab und beobachtete schweigend die Straße. »Jetzt!«

Als der Trupp den letzten Abhang heraufgeritten kam, traten die drei auf die Straße heraus, mit gespannten Bogen, die Pfeile eingelegt.

Little John sprach den ersten Mönch an: »Schämt Euch, Herr Mönch, unseren Herrn warten zu lassen!«

Der Mönch zügelte sein Pferd und blickte ihn ärgerlich an: »Wer ist denn dein Herr, du großer Lümmel?«

»Robin Hood, der Herr über diese Gegend. Er will, daß Ihr mit ihm speist, und er ist es nicht gewohnt, daß man ihn warten läßt!«

»Robin Hood, so?« sagte der Mönch mit gehässigem Lachen. »Robin Strauchdieb! Der übelste Räuber, den es je gab, und er wird bestimmt am Galgen enden!« Er gab seinem Pferd die Sporen und versuchte, die drei Geächteten niederzureiten.

Im nächsten Augenblick schwirrte Muchs Bogensehne, und ein langer Pfeil fand seinen Weg in das Herz des Mönchs. Er schwankte ein wenig im Sattel, stürzte kopfüber auf die Straße und lag still, während sein erschrecktes Pferd zwischen den Bewaffneten davongaloppierte. In dieser Verwirrung, und weil sie im Walde einen Hinterhalt vermuteten, kehrten die Krieger um und flohen, und der zweite der Mönche, verängstigt und verwirrt, konnte leicht gefangengenommen werden.

»Fein«, sagte Little John, »das war saubere Arbeit. Jetzt auf zum Essen!« Er führte das Pferd des Mönchs am Zügel, Much und Will Scarlet folgten mit den Maultieren, und so begaben sie sich auf den Heimweg.

Robin begrüßte seinen unfreiwilligen Gast mit aller Höflichkeit. »Willkommen im Greenwood, Hochwürden. Es ist ein glückliches Geschick, das Euch zu uns gesandt hat an diesem Fest des Heiligen Johannes, denn Ihr sollt uns die Messe lesen, und unser Priester soll einen Feiertag haben.«

Der Mönch war bleich vor Haß und Zorn, aber er wagte es nicht, ungehorsam zu sein und leierte die Gebete herunter, während die Geächteten andächtig um ihn herum knieten;

die Kettenhauben hatten sie abgenommen, aber ihre Bogen waren griffbereit.

Nach Beendigung der Messe begann das Festmahl, der Mönch wurde auf den Ehrenplatz gesetzt; Little John reichte ihm eine schöne Messingschale mit Wasser, damit er sich die Hände waschen könne, Robin selbst bediente ihn mit Fleisch und Wein, und das alles versetzte ihn in große Angst, weil er nicht wußte, was es bedeuten sollte und was mit ihm geschehen würde.

Alsbald fragte Robin ihn, von welcher Abtei er käme.

»Von der Abtei von St. Mary bei York, und ich bin der Kellermeister«, versetzte der Mönch zitternd vor Angst.

Robin blickte ihn an, und in seinen Augen blitzte ein Schalk, was der andere aber nicht bemerkte. »Wenn die Jungfrau Maria Eure Schutzheilige ist«, sagte er ehrerbietig, »dann müßt Ihr bei ihr Fürsprache für mich einlegen. Sie hat mir nämlich eine gewisse Summe Geldes, die sie mir schuldet, nicht geschickt, und ich befürchte, daß sie ungehalten mit mir ist.«

»Aber, Herr«, sagte Little John tröstend – und auch in seinen Augen blitzte der Schalk –, »wenn dieser gute Mönch ihr Kellermeister ist, ist er zweifellos auch ihr Bote und hat das Geld für Euch mitgebracht.«

Robin nickte und schaute zu Little John auf; seine Mundwinkel zuckten vor verhaltenem Lachen. Dann wandte er sich wiederum tief ernst an den Kellermeister und sagte: »Herr Mönch, die Jungfrau Maria hat Bürgschaft geleistet für ein Darlehen, das ich einem gewissen Ritter gegeben habe. Das Geld ist heute fällig. Wenn Ihr es bei Euch habt, so übergebt es mir.«

Diese Worte versetzten den alten Kellermeister in die größte Furcht. »Von einer solchen Bürgschaft ist mir nichts bekannt«, verwahrte er sich mit schriller Stimme. »Ich bin ein armer Mann und habe nur zwanzig Shilling in meiner Satteltasche.«

»Wenn das die Wahrheit ist«, sagte Robin, »will ich

keinen Pfennig davon anrühren; dann will ich Euch sogar noch leihen, was Ihr etwa braucht. Aber wenn wir mehr als zwanzig Shilling finden, lasse ich Euch nicht eine Kupfermünze, denn ein Mönch sollte kein Geld benötigen.«

Als er den angstvollen Blick sah, den der Mönch seinen Maultieren zuwarf, war ihm klar, daß irgendwo in den Satteltaschen eine beträchtliche Summe Goldes stecken würde. So gab er Little John ein Zeichen, das Gepäck zu durchsuchen; während dies geschah, ergötzte er sich an dem Mienenspiel des Kellermeisters, der – von Habgier und Furcht gepeinigt – in Todesangst schwebte.

Little John machte sich gleichmütig an die Arbeit. Er breitete einen Mantel auf der Erde aus, öffnete die Taschen und leerte ihren Inhalt aus. Danach zählte er den Haufen von Gold- und Silbermünzen, der da lag, nahm den Mantel an seinen Enden zusammen und brachte ihn zu Robin.

»Der Mönch hat die Wahrheit gesagt, Herr. Hier sind seine zwanzig Shilling, und hier sind die achthundert Pfund, die Euch die Jungfrau Maria als Rückzahlung Eures Darlehens schickt.«

Lachend warf Robin den Kopf zurück, schlug den in sich zusammensinkenden Kellermeister auf die Schulter und rief: »Habe ich das nicht gesagt, Herr Mönch? Ist die Heilige Jungfrau nicht die sicherste Bürgschaft, die man haben könnte? Nur vierhundert Pfund habe ich ausgeliehen, und sie zahlt mir die doppelte Summe zurück! Kehrt nun in Frieden wieder heim zu Eurer Abtei und vergeßt nicht, Euren Brüdern von dem guten Festmahl zu berichten, das Euch Robin Hood im Wald von Barnesdale gab.«

Der alte Kellermeister grollte und schimpfte – jedoch vorsichtigerweise nur leise für sich –, daß das Festmahl ihn teuer zu stehen gekommen sei, als er von willigen Händen auf sein Pferd gesetzt wurde. Die Geächteten behielten seine Maulesel, »denn«, erklärte Will Scarlet,

»wir wollen Euch nicht zumuten, solch lästige Tiere mit einer Hand antreiben zu müssen.« Und zwei der Männer geleiteten ihn zu dem nächsten Pfad, der nach York führte.

Am späten Nachmittag ritten Sir Richard und sein kleiner Trupp in die Stane Ley ein, und der Ritter schwang sich aus dem Sattel, als Robin auf ihn zuschritt, um ihn zu begrüßen. Die beiden schüttelten sich die Hände und blickten einander in die Augen, aus denen herzliche Freude über ihr Wiedersehen leuchtete. Sir Richard bat um Vergebung für seine Verspätung und erklärte den Grund, dann wandte er sich um und wollte die Satteltaschen abschnallen, doch Robin hielt ihn davon ab, indem er die Hand auf sein Handgelenk legte.

»Nein, Sir Richard, laßt die Taschen.«

»Aber die vierhundert Pfund, die ich Euch schulde, sind darin«, sagte Sir Richard verdutzt.

»Eure Schuld ist bereits bezahlt, sogar die doppelte Summe.« Und Robin erzählte ihm die Geschichte vom Kellermeister von St. Mary und zog ihn mit sich, damit er sich in dem Schatten der großen Linde neben ihn setze, um die Geschichte zu Ende zu hören. »Unsere Jungfrau Maria schuldete mir vierhundert Pfund und hat mir achthundert zurückgegeben. So müßt Ihr die Hälfte davon nun annehmen – mit meinem Segen! Und solltet Ihr jemals mehr brauchen, kommt zu mir, und ich will mit Euch teilen, was immer ich habe, sei es viel oder wenig.«

Sir Richard versuchte zu sprechen, aber Worte konnte er keine finden, nur schweigend die Hand seines Freundes drücken. Inzwischen hatten seine Knappen mit Hilfe von einigen Geächteten die Bogen und pfauengefiederten Pfeile vom Rücken der Packpferde genommen und kamen nun über die Wiese auf ihren Herrn zu; die einen trugen die Bogen, die anderen Bündel mit Pfeilen.

»Hier sind die Waffen, Sir Richard«, sagte der Ältere, »und nicht eine Feder hat Schaden genommen.«

Der Ritter blickte erst auf die Waffen, dann zu Robin: »Freund Robin, Ihr habt es mir verwehrt, meine Schuld zurückzuzahlen, aber Ihr werdet es mir nicht abschlagen, Euch ein Geschenk zu machen?«

Robin stand auf, ergriff einen Bogen und prüfte die Spannung.

»Ich werde Eure Gabe nicht zurückweisen«, sagte er lächelnd. »Gerne nehme ich sie an, um ihrer selbst und des Gebers willen.«

Später an jenem Abend, als sich die Dämmerung über die Stane Ley senkte, und im Schatten der Bäume leise die Eulen riefen, ließen sich die Geächteten zum Abendessen nieder. Sir Richard saß neben Robin am größten der Lagerfeuer, und sie speisten fürstlich: gebratenes Wild und Pfauen, die Simon-the-Fletcher aus dem Geflügelhof von Sir William de Trumpington gestohlen hatte. In der Frühe des nächsten Tages, an einem herrlichen Sommermorgen, trat Sir Richard die Rückreise nach Linden Lea an.

Es vergingen Jahre, bis er und Robin wieder zusammenkamen, aber Sir Richard blieb ein treuer Freund; und es sollte der Tag kommen, an dem es der Bruderschaft der Geächteten ohne seine Hilfe schlecht ergangen wäre.

Marian kommt in den Greenwood

In ihren Höhlen bei Dunwold Scar lagerten die Geächteten sich um ihr Feuer. Die knisternden Kiefernkloben brannten mit klarer rötlicher Flamme, die dicken Rauchschwaden zogen durch eine Felsspalte ab. Draußen prasselte der kalte Februar-Regen und verwandelte die Waldpfade in eisige Sümpfe, und von jedem Blatt der Stechpalmenbüsche sprudelte das Wasser aufspritzend herunter. Aber die große

Höhle in der Mitte des Sandsteinfelsens, der wie eine Wabe von vielen kleinen Höhlen durchzogen war, bot Schutz und Wärme, trockenen Sandboden unter den Füßen und warme Lagerstätten aus hochaufgeschichtetem Farnkraut. Goldgelb flackerte das Licht des Feuers auf den Gesichtern der Männer und Hunde, die um die Feuerstelle versammelt waren.

Kaum einer der Männer saß müßig; vielerlei Arbeit gab es zu tun, wenn durch übles Wetter die Straßen und Jagdpfade unzugänglich wurden. Einige der Männer waren damit beschäftigt, neue Kleider zu nähen oder alte zu flicken; einige reinigten und polierten ihre Waffen. Will Scarlet schnitzte an einem Bogen; Little John, mit einem Topf Leim neben sich am Feuer, besserte seine Gerätschaften zum Fischen aus. Und Robin selbst polierte seinen Helm und reinigte ihn von roten Rostflecken.

Während sie so arbeiteten, redeten sie miteinander und unterhielten sich mit ihren Gästen – denn Gäste hatten sie an jenem Tage, wie so oft bei schlechtem Wetter. Da war ein stiller Pilger, den Will-the-Bowman auf der vom Regen völlig aufgeweichten Straße getroffen hatte; ein kräftiger Krieger mit einem verletzten Knie, der der Ruhe bedurfte, und zu guter Letzt ein sehr kleiner Mann mit kurzer Nase und weit auseinanderliegenden pechschwarzen Augen in einem tiefbraunen Gesicht. Der saß jetzt, nur mit Hemd und roter Hose bekleidet, vor dem Feuer, an dem er seinen zerlumpten buntscheckigen Mantel trocknete. Seine phantastische rot-gelbe Narrenkappe hatte er von der Stirn hochgeschoben, und jedesmal, wenn er den Kopf bewegte, um von einem der Sprecher zum anderen zu schauen, klingelten winzige Silberglöckchen an dem stolzen Hahnenkamm. Er machte einen ruhigen Eindruck und hatte noch kaum ein Wort gesagt, obwohl er schon länger als eine Stunde dasaß; doch voller Neugier huschte der Blick seiner glänzenden schwarzen Augen unaufhörlich über die Gesichter der Geächteten, die da um das Feuer saßen.

Alsbald wandte sich Ket der Schmied an ihn: »Nun, Herr Narr, wie wäre es mit einem Lied? Ein Liebeslied, ein Schlachtgesang – ganz gleich, solange es nur lustig ist?«

Der kleine Mann schüttelte lachend den Kopf: »Ich bin kein Spielmann, der euch Lieder vorsingen könnte. Ich bin ein Gaukler und mein Name ist Peterkin. Wenn ihr Kunststücke sehen wollt, – die besten Jonglierkunststücke in ganz Nordengland . . .«

»Freunde!« rief Ket und schaute in die Runde. »Hier ist Peterkin der Gaukler. Er sagt, er will uns seine Kunst zeigen. Sollen wir ihn beim Wort nehmen?«

»Ja«, riefen die Geächteten, »zeig uns deine Kunststücke! Fang an, Gaukler, fang an!«

Jeder legte nun seine Arbeit beiseite, setzte sich bequem zurecht und drehte sich so, daß er den kleinen Jongleur gut sehen konnte. Der schlüpfte zuerst in seinen rot-gelben Mantel, dann erhob er sich, öffnete sein zerlumptes Bündel und griff hinein. Bunt bemalte Holzkugeln rollten heraus: grün wie eine Meereswoge, rot wie ein Mohnfeld, golden wie ein Safran-Kuchen und blau wie ein Madonnenmantel.

Zwei oder drei glänzende Dolche purzelten hinterdrein. Er sammelte alles auf und wandte sich seinem Publikum zu.

Eine seltsame Veränderung begann mit dem Gaukler vorzugehen: er war kein lächerlicher kleiner Mann mehr, er war schön. Das Licht des Feuers flackerte über seine dünne Gestalt in dem Narrengewand, wie er Kugel nach Kugel in die Luft warf – scheinbar ohne jede Mühe –, bis ihrer acht über seinem Kopf auf und ab tanzten. Manchmal erschienen sie wie ein einziger vielfarbiger Bogen, dann wieder trennten sie sich und leuchteten einzeln im Feuerschein auf, blau oder rot oder gelb. Oder die Schneide eines kleinen Dolches funkelte auf. Wie gebannt schauten die Männer ihm zu: der Pilger vergaß seinen Rosenkranz, der Krieger sein schmerzendes Knie. Als er schließlich aufhörte, hallte die Höhle wieder von ihrem brausenden Beifall.

Lächelnd setzte Peterkin sich wieder und stopfte den

bunten Tand in sein Bündel. »Das ist ja nur eine Sache der Geschicklichkeit«, sagte er wie entschuldigend.

»Eine Geschicklichkeit, die zu haben sich lohnt, Freund Peterkin«, sagte Robin, der sich jetzt zum ersten Male in das Gespräch mischte.

»So ist es, ja. Sie bringt mir mein Brot und Fleisch ein und bereitet vielen Menschen Freude, – mir am meisten.«

»Aber im Winter muß es ein hartes Leben sein.«

»Es gibt Schlimmeres«, sagte der Kleine behaglich. »Ich zeige meine Kunst in den Palästen der Reichen und in den Dorfschenken, und es mangelt mir nur selten an einem Abendessen und einem warmen Platz zum Schlafen, und immer wieder kommt der Frühling, und mit ihm kommen die Jahrmärkte. Manchmal zeige ich meine Gaukeleien auch bei Hochzeiten. Auch jetzt sollte ich auf dem Weg zu einer Hochzeit sein...« Er unterbrach sich und warf einen zweifelnden Blick auf den dichten Regen, der wie ein grauer Vorhang vor dem Eingang der Höhle hing.

Robin bemerkte den Blick und sagte: »Es ist schlimmes Reisewetter, hast du es weit bis zu dieser Hochzeit?«

»Etwa zwanzig Meilen, – nach Malaset, drüben hinter Locksley. Die Hochzeit ist erst übermorgen, aber die Gäste werden sicher schon versammelt sein, und bestimmt sind es viele, denn es ist die Tochter eines Lords, und sie soll an einen Ritter verheiratet werden.«

»Ihr Name, Mann, ihr Name!« rief Robin heiser vor Erregung und sprang auf die Füße.

Peterkin der Gaukler blickte überrascht auf. »Ich kenne ihren Namen nicht; doch sie ist die Tochter von Lord Robert Fitzwater von Malaset.«

»Weißt du, wer der Bräutigam ist?«

»Ja, *das* ist mir bekannt. Sir Roger von Doncaster. Ein böser und habgieriger junger Schurke, für keine Frau ein passender Gemahl. Und ich habe auch sagen hören«, fuhr Peterkin langsam fort, »daß bei dieser Hochzeit *sie* nicht ihrem Herzen folgt.«

Ohne ein Wort zu sagen, wendete Robin sich ab, ging zu der Öffnung der Höhle und starrte wie blind in den Regen.

Marian sollte also verheiratet werden und überdies noch an Roger von Doncaster – den glattgesichtigen eitlen Pfau, dessen Name in den Ohren der Landleute einen häßlichen Klang hatte. Und gezwungen wurde sie zu dieser Ehe; selbst wenn der kleine Gaukler das nicht ausgesprochen hätte –, Robin wußte, daß sie nicht ihrem Herzen folgte. Sie war doch sein: seine geliebte Marian, einsam und voller Angst in der Macht dieses alten Tyrannen, ihres Vaters. Ruckartig drehte er sich wieder zu dem Gaukler um.

»Du sagtest, die Hochzeit soll erst übermorgen sein?«

Peterkin nickte. Die Geächteten waren verstummt, schweigend blickten sie Robin an.

»Peterkin«, sagte Robin, »ich werde mit dir zu der Hochzeit gehen. Meinst du nicht, ich könnte einen guten Spielmann abgeben?«

Und ohne das Erstaunen und die Verwirrung auf den Gesichtern seiner Männer wahrzunehmen, ging er hinüber zu der Öffnung einer der inneren Höhlen, die sich an die Haupthöhle anschlossen, und verschwand darin. Diese innere Höhle war eine der Schatzkammern der Bruderschaft; und als Robin einige Minuten später wieder herauskam, brachte er eine Laute mit und einen prächtigen Anzug, den man erst wenige Tage zuvor einem aufgeputzten jungen Edelmann auf der Straße nach Nottingham abgenommen hatte. Das eine Bein der seidenen Hose war grün, das andere violett. Der enganliegende Überrock war in denselben fröhlichen Farben gehalten, die weiten geschlitzten Ärmel waren rosenfarbig eingesäumt, und rosenfarbig war auch die rotsamtene Kapuze eingefaßt. Robin setzte sich wieder ans Feuer und legte die kostbaren Gewänder über die Knie. Mit Hilfe von Holzasche, färbender Baumflechte und einem scharfkantigen Stein begann er sie zu beschädigen und schmutzig zu machen.

Während er so vor sich hinarbeitete, sprach er zu seinen

Männern: »Wahrscheinlich glaubt ihr, daß ich nicht ganz bei Sinnen bin. Aber hört mir zu, Freunde. Ihr wißt ja alle, was für ein Mann Sir Roger von Doncaster ist. Und die Dame, die ihm in zwei Tagen angetraut werden soll – gegen ihren Willen, wie Peterkin uns eben erzählt hat –, ist meine Herzallerliebste. Seit meiner Ächtung habe ich sie weder gesehen noch gesprochen, denn die Wildnis des Greenwood ist kein Leben für eine Frau. Aber nun scheint mir, daß es noch schlimmere Dinge gibt als den Greenwood, und deshalb werde ich sie morgen holen.«

»Wir wollen mit Euch gehen!« rief Little John.

»Ja, wir wollen mit Euch gehen, Master!« riefen auch all die anderen.

An der Robin gegenüberliegenden Seite des Feuers setzte sich ein Junge mit einem Ruck auf, sein Gesicht glühte vor Eifer und seine Augen funkelten. Gilbert Shuttleworth, auch Gilbert mit der weißen Hand genannt – diesen Spitznamen hatten ihm die anderen wegen seines mädchenhaften Aussehens gegeben –, hatte allen Grund, Sir Roger von Doncaster zu hassen, dessen Leibeigener er gewesen war. Erst vor wenigen Monaten war sein Vater, trotz seines Sumpffiebers zur Feldarbeit eingeteilt, ausgepeitscht worden, weil er der Arbeit fernblieb. Daraufhin war Gilbert zu den Geächteten geflohen, aber er hatte weder vergessen noch vergeben.

Die Möglichkeit, an Sir Roger ein wenig Rache nehmen zu können, ließ seine Augen aufleuchten, und er rief aus: »Laßt *mich* mit Euch gehen, Master Robin.«

»Das sollst du«, sagte Robin freundlich. Er schaute sie alle nacheinander an. »Zwanzig von euch sollen mir bis zur Grenze von Locksley Chase folgen; von dort aus aber gehe ich allein, – nur mit Peterkin hier, wenn er keine Angst davor hat, mit mir zu kommen.«

Peterkin schüttelte den Kopf und die Glöckchen an seiner Narrenkappe klingelten laut und hell. »Wenn ich auch von kleinem Wuchs bin und friedfertig«, sagte er mit seiner leisen, angenehmen Stimme, »so habe ich doch meine kleinen Messer, und ein Feigling bin ich nicht, Herr.«

Im Morgengrauen des nächsten Tages schlüpften zwei Gestalten durch den überwachsenen Ausgang einer der Höhlen und gingen durch den Wald auf die Straße von Sheffield nach Nottingham zu. Einer von ihnen war der kleine Gaukler, der andere ein großer, zerlumpt aussehender Spielmann, der nur wenig Ähnlichkeit mit Robin Hood hatte. Er trug die schmutzigen und zerrissenen Reste dessen, was einst ein prächtiger Überrock, eine Hose aus grüner und violetter Seide und eine Kapuze aus rotem Samt gewesen war. Seine ohnehin schon gebräunte Haut hatte er mit Walnußsaft zigeunerhaft dunkel gefärbt; seine Haare waren eingefettet und lagen eng am Kopf an, zusammengehalten von einem Haarband aus geflochtener Seide. Seinen geraden buschigen Augenbrauen hatte er durch geschicktes Schneiden eine andere Form gegeben: zwei schmale Striche bogen sich an den äußeren Augenwinkeln mit einem geradezu teuflisch aussehenden Schwung nach oben. Er trug eine mit Bändern geschmückte Laute, außerdem aber auch ein tüchtiges Schwert und einen zerbeulten Schild auf dem Rücken. In jenen Tagen war es nichts Ungewöhnliches, wenn ein fahrender Sänger wegen der Räuber auf einsamen Straßen bewaffnet war.

»Ich hoffe, Ihr *könnt* singen?« fragte Peterkin, nachdem sie eine Weile gewandert waren.

»Ganz gut«, antwortete Robin kurz und begann mit angenehmer Stimme zu singen, wobei er sich selbst auf der Laute begleitete. Doch schon nach ein paar Takten verstummte er wieder, und die beiden wanderten weiter, ohne noch ein Wort zu wechseln.

Im Abstand von einer Meile folgten Will Scarlet und noch ein Dutzend weiterer Geächteter. Geräuschlos bewegten sie sich zwischen den Bäumen und waren fast unsichtbar in ihrer winterlichen braunen Gewandung. Jeder hatte einen Bogen in der Hand und an der Hüfte einen mit Pfeilen wohlgefüllten Köcher.

Weiter schritten Robin und Peterkin auf der Landstraße, der eine mit großen, der andere mit trippelnden Schritten, durch eine Welt, die nach dem Regen vom vergangenen Tage wie blankgewaschen dalag, voller Glanz und Heiterkeit im Schein der frühen Morgensonne. In den Pfützen der von tiefen Furchen durchzogenen Straße spiegelten sich der blaue Himmel und kleine weiße Wolken. Frühling lag in der Luft, obwohl es noch Winter war. Die kahlen Zweige der Waldbäume schimmerten purpurn vom steigenden Saft, und die Vögel begannen leise die Lieder zu zwitschern, die sie später im Jahr laut singen würden. An einem solchen Tag, dachte Robin, sollte doch gewiß alles gut ablaufen und ein glückliches Ende nehmen.

Es wurde Abend, bis sie schließlich die lange Straße durch das Dorf Locksley hinuntergingen, und Robin betrachtete liebevoll die kleinen Hütten, die sich in der Dämmerung um den gedrungenen Kirchturm scharten.

Weiter gingen sie in die zunehmende Dunkelheit des offenen Tales, wo die Straße in einem Bogen um Locksley Chase führte, durch das winzige Dörfchen Malaset bis zu der letzten breiten Waldzunge, die sich bis zur Straße hinunterzog. Dann endlich sahen sie die große Burg dicht vor sich, der befestigte Burgturm hob sich dunkel gegen den goldenen Abendhimmel ab.

Unter den Bäumen verborgen, sahen die Männer Licht im Pförtnerhaus und ein Kommen und Gehen auf dem Dammweg über den Graben. Offensichtlich war gerade ein bedeutender Hochzeitsgast eingetroffen, und unter seine Packtiere war ein Esel geraten, der Gemüse für die Küche brachte.

Robin wartete, bis der Dammweg wieder frei war; dann lachte er leise, zupfte an seiner Laute, trat aus dem Schutz der Bäume und schritt auf die Burg zu, Peterkin der Gaukler immer neben ihm. Die Wachen am Tor ließen sie ohne weiteres passieren, denn eine Hochzeit zog viel fahrendes Volk an: Possenreißer, Seiltänzer, Sänger und Schwerttänzer, – den Gästen war diese Unterhaltung zweifellos willkommen.

Der Außenhof lag im Dunkeln; nichts war zu sehen bis auf die hin- und herschwingende Laterne eines Pferdeknechtes, der zu den Ställen eilte, und einem kleinen Pagen, der zwei Windhunde an einer Leine auf und ab führte. Als sie den Innenhof erreichten, fanden sie ihn von Licht und Geschäftigkeit erfüllt; Diener, Küchenjungen, Krieger und junge Knappen eilten hin und her, beschäftigt mit irgendwelchen Angelegenheiten der großen Hochzeit, die am nächsten Tag stattfinden sollte. Behende bahnten sich Robin und Peterkin ihren Weg durch die Menge und gelangten schließlich zum Torbogen der großen Halle. Die Türen standen offen, gelbes Licht flutete die Stufen herab in das Gedränge auf dem Hof. Ohne jemanden um Erlaubnis zu fragen – bei solchen Gelegenheiten war das nicht nötig – betraten sie kühn die Halle; Robin spielte auf seiner Laute und die Glöckchen an Peterkins Kappe klingelten.

Die Diener des Haushofmeisters geleiteten die fröhliche Gesellschaft gerade zu ihren Plätzen an den langen Tischen; goldenes Licht ließ Seide und Samt und kostbaren Brokat in allen Farben des Regenbogens aufschimmern, geschlitzte Ärmel hoben und senkten sich und die Schleppen langer Röcke raschelten auf dem binsenbestreuten Boden, Juwelen blitzten und Goldschmuck funkelte, wenn die Herren und Damen sich bewegten. Und überall war Licht: Fackeln loderten an den bemalten Wänden, die blütenförmigen Flammen der Wachskerzen erleuchteten die langen Tische, und das gewaltige Kaminfeuer erhellte mit züngelndem Glanz den Fußboden und beschien die Hunde, die vor dem Feuer lagen und auf die Bissen warteten, die man ihnen von den Tischen zuwerfen würde.

Mit einer schwungvollen Verbeugung trat Peterkin vor die Gesellschaft hin. »Einen guten Abend Euch allen, edle

Herrschaften«, sagte er und ging an den Tischen entlang auf die Estrade am anderen Ende der Halle zu, auf der die erhöhte Tafel stand.

Robin folgte ihm, zupfte leise an seiner Laute und erweckte den Eindruck, ein unbeschwerter Spielmann zu sein, den keinerlei Sorgen drücken, doch blickte er sich ständig nach Marian um.

Er sah Lord Fitzwater an der erhöhten Tafel sitzen, dickbäuchig, alt und mürrisch. Er sah den Bräutigam am Ehrenplatz, ein vornehmer junger Kavalier, in leuchtendes Libellengrün gekleidet, mit einem großen Rubin an seinem Finger spielend. Aber seine dunklen Augen waren voller Kälte, und um seinen roten Mund lag ein Zug von Grausamkeit. Weiter unten am Tisch erkannte er das narbige Gesicht von Sir Hugh de Staunton, einem Verwandten von Marian. Der grimmige Ausdruck auf dem Gesicht des jungen Ritters ließ darauf schließen, daß er nicht viel von dieser Heirat hielt. Die Halle schien zum Bersten voll von Rittern und Damen, von kleinen eiligen Pagen und stattlichen Kämmerern; aber von Marian war nichts zu sehen.

Im nächsten Augenblick hatte Peterkin die Estrade erstiegen und war auf den mit Damast gedeckten Tisch gesprungen, wo er zwischen den silbernen Tellern und strahlenden Kerzen seine Kapriolen machte, ohne auch nur einen Becher umzustoßen oder die langen Schwanzfedern eines gebratenen Pfauen zu berühren, den man gerade auf den Tisch gestellt hatte.

Alle Köpfe drehten sich zu ihm hin, um zuzuschauen, wie er seine Bälle und Dolche in die Luft warf, wobei der glitzernde Tand im Lichte der Fackeln funkelte. Das Geräusch der vielen Stimmen wurde leiser, und selbst der alte Lord drehte sich in seinem Stuhl und schaute ein paar Augenblicke zu. Aber irgend etwas stimmte nicht: in der großen Halle machte sich eine zunehmende Unruhe bemerkbar, die Herren und Damen flüsterten miteinander und blickten immer häufiger zu der Tür, die zu den

Frauengemächern führte, aus denen Marian hätte kommen sollen. Die Herren an der erhöhten Tafel blickten einander mit hochgezogenen Augenbrauen an; Lord Fitzwater fing an zu grollen und trommelte mit seinen dicken alten Fingern auf den Tisch, Sir Roger spielte nicht mehr länger mit seinem Ring, sondern biß sich in höchster Ungeduld in den Finger.

Robin hatte seine Kapuze zurückgeschlagen, saß am Rande der Estrade und klimperte auf der Laute. Er wagte nicht allzu auffällig zur Tür der Frauengemächer hinzuschauen, doch konnte er sie aus den Augenwinkeln heraus sehen, und auch er wartete auf Marians Erscheinen. Einen Plan hatte er sich nicht gemacht –, außer daß er mit ihr sprechen mußte. Was dann kam, sollte dem Augenblick überlassen bleiben. Wenn möglich, würde er sie noch in dieser Nacht herausholen, ohne daß ihre Flucht bemerkt würde. Für alle Fälle hatte er sein Schwert und Peterkin seine Dolche. Hugh de Staunton war stets ein guter Freund Marians gewesen – man konnte damit rechnen, daß er im Falle eines Kampfes sein Schwert für Marian ziehen würde; und die kleine Gruppe von Geächteten wartete nur einen Bogenschuß von der Burg entfernt.

Immer weitere große Schüsseln mit Speisen wurden von der Küche hereingetragen: dampfende Pasteten, Braten am Spieß, Schwäne und Pfauen mit ihren Federn geschmückt. Die Tische bogen sich unter der Last kostbarer Speisen, die Gäste warteten darauf, beginnen zu können, und immer noch war keine Spur von Marian zu sehen.

Peterkin beendete seine Vorstellung, als ob er die Unruhe nicht bemerkt hätte, aber als er vom Tisch heruntersprang, flüsterte er Robin ins Ohr: »Eure Dame scheint sich zu verspäten.«

»Armes Mädchen«, murmelte Robin und spielte weiter auf seiner Laute. Er brauchte vorläufig noch nicht zu singen, da zwei Gaukler in grünen und roten Lumpen ihre Glieder verrenkten, um die Gesellschaft zu unterhalten.

Und darüber war er froh; er war nicht in der Stimmung zu singen.

Plötzlich brüllte der alte Lord auf wie ein zorniger Stier und schlug mit beiden Fäusten auf den Tisch, daß die Becher tanzten und klirrten. Humfrey, der Oberhofmeister, eilte zu ihm und erhielt den Befehl, Lady Marian zu holen, so schnell seine kurzen Beine ihn trugen. Die Gäste blickten einander an, und frostiges Schweigen senkte sich über die große Halle, in der noch eben solch heitere Stimmung geherrscht hatte.

Dann hörte man eilige Fußtritte, die Teppiche über der Tür wurden hastig beiseite gezerrt, man erblickte den keuchenden Oberhofmeister mit vor Entsetzen weit aufgerissenen Augen und hinter ihm bleiche Dienerinnen. »Um Gottes willen«, rief er, »Lady Marian ist *fort*!«

»Fort?« brüllte Fitzwater und taumelte auf die Füße, doch schon war der Bräutigam aufgesprungen, fluchend packte er den unglücklichen Kämmerer am Kragen seines Kittels und schüttelte ihn wie eine Ratte.

In der ganzen großen Halle riefen die Gäste aufgeregt durcheinander, doch durch das Stimmengewirr hindurch konnte Robin den stammelnden Bericht einer der Mägde hören: wie der Kämmerer sie geschickt habe, ihre Herrin zu holen, und wie sie das Gemach leer gefunden habe. Und er konnte hören, wie Fitzwater schrie, daß die Burg durchsucht, die Wachen befragt werden sollten und seine Tochter sofort aufzufinden sei. Jedermann schien jetzt laut zu rufen, alles rannte durcheinander, und in diesem Tumult gelang es Robin und Peterkin, unbemerkt herauszuschlüpfen.

Als die zwei zum Tor kamen, erklärten die Wachen gerade einem aufgeregten Knappen, daß während *ihrer* Wache keine Dame, geschweige denn die Braut durch das Tor gegangen sei. Munteren Schritts ging Robin an ihnen vorbei und rief ihnen zu: »Es wird wohl keine Hochzeit morgen geben, wenn es euch nicht gelingt, die Braut wieder einzufangen!« Aber im Licht, das aus der Wachstube drang, sah sein Gesicht grimmig und hager aus.

Wenige Minuten darauf hatten sie ungehindert den Dammweg passiert und gelangten in das offene Wiesengelände. Während sie auf den dunklen Wald zugingen, sagte Robin ruhig zu seinem Gefährten: »Dieser Ausflug hat dir nichts eingebracht, Freund Peterkin. Willst du jetzt zur Dorfschenke gehen oder mit mir kommen und zusammen mit meinen Männern und mir nach meiner Liebsten suchen?«

»Ich lasse nicht gern ein Abenteuer unbeendet«, sagte Peterkin langsam. »Ich will mit Euch auf die Suche nach der Dame gehen. Und wenn wir sie gefunden haben, möchte ich auch weiter bei Euch bleiben, wenn Ihr mich haben wollt.«

»Gewiß wollen wir dich behalten.«

So trat Peterkin der Bruderschaft bei.

Am Rande des Jagdreviers von Locksley stießen sie auf die unter den Bäumen wartenden Männer. Will Scarlets Stimme flüsterte in der Dunkelheit. »Wie steht es?«

»Sie ist fort«, antwortete Robin dumpf. Die Männer scharten sich um ihn, in dem tiefen Schatten waren sie kaum zu sehen. Kurz berichtete er, was geschehen war. »Jungens«, sagte er schließlich, »wir müssen Marian finden, ehe ihr ein Unglück zustößt; sie darf nicht zu ihrem Vater oder diesem Teufel – Roger von Doncaster – zurückgeschleppt werden!«

»Wir werden sie schon finden, Herr, habt keine Sorge«, kam die Antwort aus der Dunkelheit; und Robins Herz schlug seinen Männern warm entgegen, als er nun seine Anordnungen traf.

Diggery sollte sich schnellstens zum Kirklees-Kloster begeben. Da Marian wußte, daß seine Base Ursula dort als Nonne lebte, dachte Robin, daß sie vielleicht bei ihr Schutz suchen könnte. Gilbert schickte er mit dem gleichen Auftrag zu dem Gut von Sir Hugh de Staunton, jenseits des Berges, und trug ihm auf, auch entlang der Straße genau zu suchen, da nicht anzunehmen war, daß sie das Herrenhaus noch in der gleichen Nacht erreichen würde. Obwohl sie eines dieser beiden Ziele aufsuchen mochte, so sagte ihm sein Herz doch, daß sie mit großer Wahrscheinlichkeit auf der Suche nach ihm in östlicher Richtung zum Sherwood oder zum Barnesdale-Wald unterwegs war. Dementsprechend teilte er seine Männer ein. Einer sollte die Nottingham-Straße beobachten, ein anderer den Weg von Doncaster im Auge haben, eine Gruppe sollte südlich durch den Wald von Sheffield gehen, eine andere, unter Will Scarlets Führung, sollte die südlichen Ausläufer des Barnesdale-Waldes durchsuchen. So verteilte er die Suchtruppe in einem weiten Bogen im Walde östlich von Locksley.

Schließlich schickte er Roger Lightfoot, der seinen Namen »der Leichtfüßige« erhalten hatte, weil er ihr schnellster Läufer war, zurück durch den Wald nach Dunwold Scar, um die restlichen Männer zu Hilfe zu holen. Die Männer verschwanden in den ihnen zugewiesenen Richtungen und wurden eins mit der Dunkelheit; Robin stand allein unter den mächtigen Bäumen von Locksley Chase, unter denen er so oft mit Marian geritten oder gewandert war.

Wo mochte sie jetzt sein, fragte er sich, war sie in Sicherheit? Der Wald, für ihn ein treuer und bergender Freund, war voller Gefahren für ein schutzloses Mädchen, das sich in ihm nicht auskannte. Wie verzweifelt und voller Angst mußte sie gewesen sein, ehe sie den Entschluß gefaßt hatte, fortzulaufen! Robin ließ seine mit Bändern geschmückte Laute ins Gras fallen, wandte sich um und tauchte in die Dunkelheit ein.

Im Laufe der Nacht – es waren nur wenige Männer unter Führung von Little John auf der Lichtung zurückgeblieben für den Fall, daß Marian ihren Weg dorthin finden sollte – waren alle Geächteten unterwegs und durchsuchten den Wald von Nottingham bis Barnesley;

sie suchten auch noch den ganzen folgenden Tag hindurch, Robin mit ihnen, aber ohne jeden Erfolg.

Diggery und Gilbert kehrten unverrichteter Sache von ihrem Auftrag zurück – Marian hatte weder das Kloster noch das Gut ihres Vetters aufgesucht. Und wieder wurde es Abend. Seit Beginn der Suche hatte Robin weder geruht noch gegessen, und auch die folgende Nacht ruhte er nicht, sondern suchte im Lichte des Mondes die Wildpfade ab; sein zerrissener ehemaliger Prachtanzug wurde immer schmutziger und zerlumpter, sein Gesicht unter der Kapuze war hager und eingefallen.

In der Morgendämmerung befand er sich auf einem schmalen Pfad zwischen den kleinen Dörfern Sheffield und Worksop, nur wenige Meilen von Dunwold Scar entfernt. Es war ein stiller Morgen, der einen herrlichen Tag versprach; doch Robin, der sonst so empfänglich für die Schönheiten des Waldes war, sah weder die Nebelschleier zwischen den Bäumen noch die blühenden Kätzchen an den Haselzweigen. Erschöpft trottete er den Pfad entlang, er war nun sehr müde. Als er in eine breite Waldschneise einbog, gewahrte er eine Gestalt, die keine zwanzig Meter entfernt auf einem Baumstumpf saß. Trotz der zwielichtigen Dämmerung konnte er erkennen, daß es ein Knabe war. Er war in einen groben Mantel gehüllt, hatte die Kapuze tief heruntergezogen, die Ellenbogen auf die Knie und den Kopf in die Hände gestützt, ein Schwert hatte er an der Seite, ein runder Schild lag im Gras zu seinen Füßen.

Robin hielt einen Augenblick inne, ging dann aber weiter. Er gab sich keine besondere Mühe, leise zu sein, und unter seinen Füßen brach ein Zweig mit lautem Knacken auseinander. Im gleichen Augenblick ergriff der Junge seinen Schild, sprang auf und stand da wie ein in die Enge getriebenes wildes Tier. Das im Schatten der großen Kapuze verborgene Gesicht konnte Robin nicht erkennen, aber ihm gefiel die Behendigkeit des Jungen und seine trotzige Haltung. Freundlich rief er ihm zu: »Nein, mein kleiner Kampfhahn, ich will dir nichts Böses.«

Als Antwort stieß der Junge einen kurzen, seltsamen Schrei aus und ging mit erhobenem Schild und gezücktem Schwert auf Robin los. Robin lachte ingrimmig, zog auch sein Schwert und trat einen Schritt vor. Schild an Schild trafen sie aufeinander, die Schwerter klirrten, der Junge bewegte sich so geschmeidig und behende wie eine wilde Katze, doch er war Robin nicht gewachsen, obwohl dieser nur zu seiner Verteidigung kämpfte und sich damit zufrieden gab, die Schläge des Jungen abzuwehren. Aber schließlich wurde er dieses Kampfes müde; seine Klinge zuckte blitzschnell empor und schlug dem Angreifer das Schwert aus der Hand. Die Waffe flog in einem weiten Bogen und schlug dumpf auf dem Grase auf. Dann geschah etwas Seltsames: der tapfere Kämpe ließ seinen Schild fallen, sank auf die Knie, hielt flehend die Hände empor und bat mit mädchenhafter Stimme: »Gnade, Herr, Gnade, laßt mich gehen!«

Wie gebannt stand Robin und starrte auf die gebeugte Gestalt hinunter; dann warf er sein Schwert weg, bückte sich und schlug die unförmige Kapuze zurück. Langes goldbraunes Haar flutete über seine Hände, und im nächsten Augenblick hielt er seine Geliebte in den Armen. In dem Moment, als er sich über sie beugte, um die Kapuze zurückzuschlagen, hatte sie ihn erkannt, und wie ein ermüdetes Kind schmiegte sie nun mit einem glückseligen Aufseufzen ihren Kopf an seine Brust.

»Liebste«, sagte er schließlich, »was hat dich nur getrieben, so etwas Verrücktes zu tun?«

»Höre, ich bin schließlich kein so armseliger Kämpfer«, sagte Marian zwischen Lachen und Weinen, »denn du hast es mir ja selbst beigebracht, Robin, damals in Locksley. Und wie sollte ich dich in diesen Kleidern erkennen? Und als du so plötzlich vor mir standest, fürchtete ich mich!«

»Und weil du dich fürchtetest, griffst du mich an, mein

tapferes Mädchen?« sagte Robin sanft. »Und was diese Kleider anbelangt: ich zog sie an, um bei deiner Hochzeit den fahrenden Sänger zu spielen. Ich wollte dich entführen und in den Greenwood holen. Aber du warst schon geflohen –, und seitdem suche ich dich.«

»Oh, Robin, wenn ich das nur gewußt hätte! Aber es gab niemanden, den ich um Rat fragen konnte. Ich war so unglücklich seit deiner Ächtung. All die Jahre habe ich nichts von dir gehört, und als mein Vater mir einen Gatten wählte, brauchte ich deine Hilfe so nötig und wußte nicht, wie ich dir eine Nachricht schicken sollte. So habe ich schließlich etwas zum Essen gestohlen, ein Schwert und die Sonntagskleider eines Küchenjungen und lief fort, um dich zu suchen.«

»Geliebte«, sagte Robin ernst, »ich habe dir diese ganzen Jahre hindurch keine Botschaft geschickt, weil ich glaubte, es sei das beste, du vergäßest mich, den Geächteten. Aber nun, da du zu mir gekommen bist, soll Bruder Tuck uns noch heute vermählen.«

So machten sie sich auf den Weg zum Dunwold Scar. Hand in Hand gingen sie und waren so fröhlich wie die Vögel auf den Bäumen, obwohl sie beide sehr erschöpft waren. Und während sie so dahinschritten, sprachen sie miteinander voller Freude, denn sie hatten sich vieles zu sagen nach den langen Jahren der Trennung.

Die Sonne stand noch nicht sehr hoch an dem blauen Himmel des frühen Morgens, als sie in die lange Waldschneise unterhalb des Scar gelangten. Die wenigen Geächteten, die zurückgeblieben waren, liefen hin und her, sammelten Pfeile ein und entspannten die Bogen nach der morgendlichen Schießübung. Als sie Robin erblickten, liefen sie auf ihn zu – blieben aber voller Scheu stehen, als sie seine Begleiterin sahen, unsicher, wie sie eine Dame begrüßen sollten; denn Marians langes Haar fiel noch lose über ihre Schultern, und ihr Gesicht wurde nicht mehr von der Kapuze verdeckt.

Robin, der ihre Unsicherheit bemerkte, rief Little John zu, er möge hervortreten. »Dies ist nun meine geliebte Lady, Little John«, sagte er.

Little John trat vor, kniete vor Marian und führte ihre ausgestreckte Hand an die Lippen. Mit großer Freundlichkeit blickte sie auf ihn nieder und sagte: »Du also bist Little John. Ich habe schon viel von dir gehört in den kurzen zwei Stunden, seit Robin mich fand.«

Little John errötete vor Freude unter seiner Bräune, und von diesem Augenblick an war er ihr treuer Freund und ergebener Diener.

Dann kamen auch die übrigen, beugten einer nach dem anderen die Knie vor ihr, und Marian wandte sich mit großem Ernst jedem zu, dessen Namen Robin ihr nannte. Zuletzt kam der große Mönch, wie üblich von seinen Hunden umringt. Liebevoll ergriff er ihre Hand, während die Hunde mit steifen Beinen und bebenden Nasen um sie herumstanden. Sie sahen so wild aus, daß wohl jedes Mädchen erschreckt wäre vor diesen großen Hunden, und Little John wollte sie fortscheuchen; aber Marian hatte Mut und war an Hunde gewöhnt. Sie hielt ihnen die Hände hin und sprach leise zu ihnen. Mit steil aufgerichteten Ohren kamen sie herbei, beschnüffelten ihre Hände, der Anführer des Rudels begann mit dem Schwanz zu wedeln, Orthros stieß ein leises Winseln aus, – sie hatten sie angenommen.

Robin wandte sich um, rief drei seiner Männer herbei und schickte sie los: Roger Lightfoot nach Süden, George-a-Green nach Westen und Hob-o'-the-Hoar-Oak nach Norden, um die verstreuten Männer von ihrer Suche zurückzuholen.

»Und nun«, rief er, als die drei Männer im Wald verschwunden waren, »bringt uns zu essen, Little John, viel zu essen!«

Dann setzten sich Marian und Robin nebeneinander in das weiche Gras unterhalb der Höhlen: er noch in seinem verschmutzten Spielmannsgewand und sie noch im Sonntagskleid des Küchenjungen. Little John brachte ihnen kaltes Fleisch und Semmelbrot auf einem weißen Tuch aus feinem Leinen. Sie stillten ihren Hunger, während vor ihnen auf der Lichtung die Männer ihren täglichen Verrichtungen weiter nachgingen, obwohl sie öfter innehielten und zu ihrer Lady hinblickten.

Die blasse Februarsonne tüpfelte das Gras, in dem die winzigen grünen Knospen der Primeln anfingen sich zu entkräuseln; der kleine Bach, der durch die Wiese plätscherte, funkelte zwischen seinen mit Binsen bewachsenen Ufern, auf dem obersten Zweig eines Eichbaumes schmetterte ein Rotkehlchen sein Lied, und im ganzen großen Sherwood gab es keine glücklicheren Menschen als Marian und Robin Hood.

Robin und der Töpfer von Wentbridge

Wieder einmal wurde es Sommer. In den Bäumen des Waldes rauschte der Wind, Sonnenstäubchen tanzten über dem Gras und vor den Stämmen. Weiß- und Rotdornbäume blühten, und auf den Lichtungen loderte der Ginster so golden, als stünde er in Flammen.

Drei Monate waren vergangen, seitdem Marian in den Greenwood gekommen war. Zunächst hatten die Geächteten sie voll scheuer Zurückhaltung behandelt, zurückhaltend, weil sie nun eine Frau bei sich hatten und »noch dazu eine vornehme Lady«, wie Hob-o'-the-Hoar-Oak zu Much dem Müllerssohn sagte. Aber Marian hatte sich als wackerer Kamerad erwiesen.

Als Roger Lightfoot sich seine Hand halb abgehackt hatte, hatte sie weder geschrien, noch war sie in Ohnmacht gefallen, sondern hatte die Wundränder aneinandergehalten, so daß Robin sie nähen konnte. Als einmal Alarm vor einem Angriff gegeben wurde, zeigte sie keine Furcht, sondern spannte ruhig ihren Bogen und nahm ihren Platz neben Robin ein. Sie beklagte sich nicht, wenn die Nächte kalt waren. Sie kochte und putzte, wenn die Reihe an sie kam, und mit den jungen Geächteten zusammen nahm sie an den täglichen Schießübungen teil. Und vor allem war sie freundlich: sie lachte mit ihnen und nahm teil an ihren Freuden und Sorgen. So wuchs sie nach und nach mit ihnen zusammen, und besonders Bruder Tucks Hunde liebten sie zärtlich.

An diesem Morgen nun suchte sie zusammen mit Robin die Wachen auf, die an der Nottingham-Straße postiert waren, um einem reichen Kaufmann aufzulauern, der an jenem Tage dort entlang kommen sollte. So stand sie da und blickte die Straße entlang, groß und schlank wie ein junger Birkenbaum in ihrem langen grünen Gewand, das goldbraune Haar eng um den Kopf gewunden. Ihr Kleid war aus dem gleichen Lincoln-grünen Tuch wie die Mäntel der Waldbewohner. Ihren Rock hatte sie aufgeschürzt und durch den Gürtel gezogen, damit er sie nicht behindere, und darunter trug sie Männerhosen und Schuhe aus ungegerbtem Leder. Vier Pfeile steckten in ihrem Gürtel, und sie trug einen Bogen, den Will Scarlet für sie gebaut hatte. Es war ein leichter Bogen mit einem Zuggewicht von dreißig Pfund, nicht zu vergleichen mit den schweren Bogen, die ein Zuggewicht von hundert Pfund hatten und die nur Robin und Little John zu biegen und spannen vermochten, – und sie konnte schon gut mit ihm umgehen.

Angenehm kühl war es unter den Nußbäumen am Wegrand und so still, daß man schon das Klipp-Klapp von Ponyhufen und das Rumpeln der Wagenräder hören konnte, als diese noch weit entfernt waren.

»Ja, aber, wer kommt denn jetzt?« sagte Robin leise, und die Geächteten zogen sich tiefer in den Schatten der Bäume zurück.

Little John blieb, wo er war, und beobachtete die Straße durch das Geäst der Bäume hindurch. Als dann das Klipp-Klapp und Rumpeln näherkamen, lachte er und trat zurück.

»Das ist der stolze Töpfer von Wentbridge. Ich kenne ihn von früher – ein halsstarriger Geselle, und soviel ich weiß, hat er noch nie Wegezoll gezahlt für die Straße hier durch den Wald.«

»Nein?« antwortete Robin. »Dann, bei Gott, soll er es diesmal tun!« Er bog die Haselsträucher auseinander und trat auf die Straße. Ein fettes kleines Pony trabte die Straße entlang und zog einen hübschen kleinen Wagen. In dem Wagen saß, zwischen hochaufgetürmten bunten Töpferwaren, ein großer dicker Mann mit rotem Gesicht. Er trug einen braunen Kittel und in seinem breitkrempigen Hut steckte eine bunte Fasanenfeder.

Robin, der am Straßenrand wartete, ergriff die Zügel des Ponys, als es an ihm vorbeikam. Das fette kleine Tier blieb sofort gehorsam stehen, und Robin lachte dem Töpfer in sein entrüstetes Gesicht.

»Aber Herr Töpfer«, sagte er, »warum so eine saure Miene? Ich will ja nichts weiter, als daß du mir meinen rechtmäßigen Wegezoll in klingender Münze bezahlst; dann kannst du ungehindert weiterfahren.«

Das sonst so freundliche Gesicht des Töpfers wurde dunkel vor Zorn. »Nicht ein Stück meines guten Silbers kriegst du zu sehen!« rief er; dann beugte er sich, plötzlich mißtrauisch, näher herunter zu dem Mann in Grün und fragte: »Wie heißt du denn überhaupt?«

»Man nennt mich – Robin Hood«, antwortete Robin, und wachsam beobachtete er das Gesicht des Töpfers.

»Ach, wirklich?« sagte der Mann, sprang von seinem kleinen Wagen herunter und stürzte sich auf den Geächteten. Doch darauf hatte Robin sich eingestellt, und so fingen sie mitten auf der Straße an, miteinander zu kämpfen. Der Töpfer war ein kräftiger Mann. Obwohl ein wenig kleiner als Robin, hatte er einen so festen Griff wie ein Bär, und sein

Gesicht schien die Schläge nicht zu spüren, die Robin darauf niederprasseln ließ.

Eine Weile schwankten sie hin und her, manchmal einander umfassend, dann wieder auf Armes Länge aufeinander einschlagend. Schließlich landete Robin einen kräftigen Kinnhaken, und der Töpfer sackte einen Augenblick zusammen; aber gleich darauf drang er nur um so heftiger auf Robin ein. Der trat einen Schritt zurück, stolperte dabei über einen halb in den Boden eingesunkenen Stein, fiel flach auf den Rücken und hatte auch schon seinen Gegner über sich. Da er sich beim Fallen den Kopf angeschlagen hatte, war er benommen und dem Töpfer hilflos ausgeliefert. In diesem Augenblick stürzten sich die Geächteten, die bis dahin begeistert den Kampf beobachtet hatten, nun ihrerseits auf den Töpfer.

Little John erreichte ihn als erster, danach Peterkin, und schließlich kamen alle übrigen, einschließlich Marian. Sie zerrten den Töpfer von seinem Opfer weg, schlugen auf ihn ein, um ihm besseres Benehmen einzubläuen, und setzten ihn dann auf, mit dem Rücken an eines der Wagenräder gelehnt. Inzwischen hatte auch Robin sich aufgerichtet, und, noch etwas benommen, betrachteten die beiden einander, während jeder sich seinen Kopf rieb. Dann lächelten sie, Robin erhob sich langsam und reichte dem anderen zur Besiegelung der Freundschaft die Hand. Noch an das Wagenrad angelehnt erwiderte der Töpfer den Händedruck und nickte: »In Acht und Bann mag man dich getan haben«, sagte er, »aber es ist gut kämpfen mit dir!«

»Mit dir auch«, antwortete Robin, »obwohl du nur ein Töpfer bist!«

»*Nur* ein Töpfer«, rief der andere. »*Nur* ein Töpfer? Bei allen Heiligen im Himmel, ich hätte gute Lust, dich so zu verprügeln, wie du das verdienst! Du bist doch der unverschämteste junge Lümmel, der mir je vorgekommen ist!«

Robin schüttelte den Kopf. »Lieber nicht, Freund Töpfer, meine Knochen tun mir noch weh von unserer letzten

Prügelei. Aber ich sehe, daß du einen Bogen im Wagen hast – schlag mich doch statt dessen an der Zielscheibe.«

Jetzt war die Reihe am Töpfer, den Kopf zu schütteln. »Solch ein Narr bin ich nicht, mich mit dem besten Bogenschützen im ganzen North Country messen zu wollen. Wenn du mit deiner Schießkunst protzen willst, dann geh nach Nottingham, mein Junge. Dort veranstaltet der Sheriff heute ein Wettschießen für seine Soldaten und alle, die ihr Können zeigen wollen. Geh nur und hole dir den Preis von 40 Shilling, der ausgesetzt ist.«

»Ein Wettschießen, – ach –?« sagte Robin nachdenklich; dann lachte er. »Gut, ich werde nach Nottingham gehen und will mich sofort auf den Weg machen. Freund Töpfer, willst du mir deine Kleider und deinen Karren leihen?«

»Und was wird mit meinen Töpfen, he?«

»Deine Töpfe werde ich für dich verkaufen, und bestimmt auch so gut wie du!«

Marian wollte es gar nicht gefallen, daß er sich in unnötige Gefahr begab, und als sie Little Johns düsteres Gesicht erblickte, wußte sie, daß auch ihm das nicht gefiel. Aber beide hatten sie mit der Zeit gelernt, daß man Robin von nichts abbringen konnte, was er sich einmal in den Kopf gesetzt hatte. Robin tauschte also seine Kleider mit denen des Töpfers und kletterte auf den Karren. Das kleine Pony, das die ganze Zeit über friedlich still gestanden hatte, trabte sofort an, als er die Zügel ergriff, und so verschwanden Pony, Karren, Töpfe und verkleideter Töpfer um die nächste Biegung der Straße, und das Klappern der Hufe und Rumpeln der Räder wurde schnell leiser und war bald nicht mehr zu hören.

Der richtige Töpfer, die Geächteten und Marian schauten einander an.

»Der Kerl ist verrückt!« rief der Töpfer.

Inzwischen rollte Robin vergnügt die Straße entlang, die Sonne schien, und er pfiff sich und dem Pony etwas vor, so unbeschwert wie eine Amsel auf einem Haselzweig.

Es war noch früh am Morgen, als er Nottingham erreichte; er ließ das Pony und den Karren bei einer Herberge in der Kerzenmachergasse zurück, packte seine Waren in zwei große Körbe und begab sich auf den Markt. Dort schlug er einen Stand auf, stellte die Töpfe um sich herum und fing an, seine Waren anzupreisen.

Bald hatte sich eine große Menge um ihn geschart, die Hausfrauen drängten nach vorn, griffen nach den Töpfen und bewunderten ihre Formen und die fröhlichen Farben der Glasuren. Robin verkaufte billig – fünf Töpfe für drei Pennies – und trieb einen solch schwunghaften Handel, daß er bis zum Mittag nur noch fünf Töpfe übrig hatte. Diese tat er in einen der Körbe und ging durch eine schmale, kopfsteingepflasterte Gasse zum Haus von Ralf Murdoch, dem Sheriff.

Des Sheriffs Haus war ein vornehmes Gebäude: aus schwerem Fachwerk und mit bemalten Schnitzereien über Tür und Fenstern. Robin erstieg die weißgescheuerten Eingangsstufen und schlug mit geballter Faust an die hölzerne Tür. Als auf sein Klopfen hin eine Dienerin erschien, übergab er ihr die Töpfe und trug ihr auf, sie ihrer Herrin als Geschenk des Töpfers von Wentbridge zu bringen.

Das Mädchen verschwand im Inneren des Hauses; Robin blieb vor dem Eingang stehen und bewunderte die geschnitzten und bemalten Girlanden über der Tür, bis einige Augenblicke später die Frau des Sheriffs selber erschien und sehr höflich für sein Geschenk dankte.

»So schöne Töpfe habe ich noch nie gesehen«, sagte sie. »Wenn Ihr das nächste Mal nach Nottingham kommt, Herr Töpfer, bringt mir mehr davon. Ich werde alle kaufen, die Ihr mir lassen wollt – besonders, wenn sie von dieser pfauenblauen Farbe sind wie der größte von denen, die Ihr mir heute geschenkt habt! Dieses Pfauenblau habe ich besonders gern.«

Robin verneigte sich tief und tat so, als ob er weggehen

wollte; doch ein würziger Essensgeruch drang durch die Tür, und er zögerte und schnupperte so auffällig, daß die Frau des Sheriffs, die eine gastfreundliche Seele war, ihn sofort aufforderte: »Wollt Ihr nicht bleiben und mit uns essen, Herr Töpfer? Ihr seid herzlich willkommen, – wegen Eurer Töpfe, aber auch um Eurer selbst willen.«

Robin verneigte sich wieder. »Gerne will ich mit Euch speisen«, sagte er, »ich danke Euch für Eure Gastfreundschaft, Madam.« Er nahm seinen Hut ab und folgte ihr in das Haus.

Der Sheriff war in schlechter Stimmung, weil er bei einem Handel gerade den kürzeren gezogen hatte; überdies war er ein von Natur aus mürrischer Mensch. Doch als Sheriff von Nottingham konnte er sich die Grobheit, einen Gast abzuweisen, nicht leisten. So stieß er einen knurrigen Gruß aus, drehte sich auf der Stelle um und überließ es seiner Frau und Robin, ihm in die Halle zu folgen, wo die langen, bereits gedeckten Tische standen.

Da er nur ein Töpfer war, saß Robin nicht unter des Sheriffs Freunden an der erhöhten Tafel, sondern weiter unten in der Halle bei den Soldaten und einfachen Leuten. Doch das kümmerte ihn wenig, denn die Soldaten waren eine bessere Gesellschaft als die fetten Kaufleute. So speiste er fröhlich und reichlich von des Sheriffs Rinderbraten und frischem Brot, das er mit Bier aus einem Trinkhorn herunterspülte.

Als das Mahl beendet war, standen die Gäste auf, verneigten sich vor der Dame des Hauses, und einzeln, in Paaren oder kleinen Gruppen zogen sie zu den Schießständen außerhalb der Stadtmauern. Alsbald erschienen auch der Sheriff und seine Gemahlin; Robin stand unmittelbar in ihrer Nähe, hinter sich eine große Rasenfläche, an deren Rand die Zielscheiben aus Stroh in einer Entfernung von jeweils hundert Schritt eingepflockt waren. Auch von den Stadtbewohnern hatten sich viele eingefunden; einige nur zum Zuschauen, andere hatten ihre Bogen mitgebracht, um sich an dem Wettschießen zu beteiligen.

Der erste der Krieger trat nun hervor, um zu schießen, und Robin beobachtete gespannt, wie er seinen Pfeil an die Sehne legte und abschoß; doch der Pfeil flog weit am Ziel vorbei. Der nächste Mann trat vor, und wieder sah Robin genau zu. Aber als der Nachmittag fortschritt, die Krieger gegen die Stadtleute schossen, und die Stadtleute gegen die Krieger, begann er das Interesse zu verlieren, denn ihre Geschicklichkeit war gering, und nicht ein einziger Pfeil kam auch nur in die Nähe der Zielscheiben.

»Mir scheint, Herr Sheriff, daß Eure Leute nicht viel Geschick im Bogenschießen haben«, sagte er schließlich.

»Kannst *du* es denn besser?« knurrte der Sheriff verdrießlich.

»Das kann ich, – mit Leichtigkeit«, nickte Robin.

Sheriff Murdoch starrte ihn verächtlich an, dann wandte er sich an einen Soldaten, der neben ihm stand, und trug ihm auf, zwei oder drei Bogen zu bringen, von denen der Töpfer einen auswählen durfte. Als die Bogen gebracht wurden, prüfte Robin sie und legte sofort zwei davon beiseite; den dritten prüfte er nochmals und schüttelte traurig den Kopf.

»Du bist wahrhaftig eine kümmerliche Waffe«, seufzte er. »Aber da es keine bessere gibt, muß ich halt das Bestmögliche mit dir versuchen.«

Ein kleiner Mann mit fröhlichem Gesicht brachte ihm einen Köcher, aus dem er sich den besten Pfeil heraussuchte. Dann trat er vor, und ohne auf die gutmütigen Sticheleien der Zuschauer zu achten, spannte er den geborgten Bogen, legte den Pfeil an die Sehne und zielte über die Zielscheibe hinweg, da der Bogen viel schwächer war als der, den er für gewöhnlich benutzte. Der Pfeil schwirrte davon wie eine riesige Biene im Sonnenlicht, und jedermann hörte das deutliche »zck«, als er das Ziel, kaum eine Handbreit von dem Mittelpfosten entfernt, traf. Unter den rauhen Beifallsrufen der Zuschauer ging Robin langsam zur Zielscheibe, zog den Pfeil heraus, drehte sich um und schoß nun in die andere Richtung; diesmal stichelte keiner. Aber alle, Bauern und Soldaten, jubelten laut, als der Pfeil kurz darauf die zweite Zielscheibe traf. Der Mittelpflock war in drei Teile zerborsten!

Danach wollte niemand mehr schießen, denn keiner konnte hoffen, die Schießkunst des Töpfers zu übertreffen; so wurde ihm der Sieg zuerkannt, und man führte ihn zu der Gemahlin des Sheriffs, die ihm den Preis übergab. Er zog seinen Hut mit der bunten Fasanenfeder und verneigte sich tief vor ihr; als sie ihm den klirrenden Beutel übergab, meinte sie lächelnd: »Ein Töpfer wie Ihr es seid, ist mir noch nie vor die Augen gekommen!«

»Hm!« knurrte der Sheriff verdrossen, als ob es ihm weh täte, ihn loben zu müssen. »Wo hast du so gut schießen gelernt, Mann?«

»Nun, mein Vater war Waldhüter, und schon als Knirps habe ich mit Pfeil und Bogen hantiert«, antwortete Robin. »Außerdem habe ich auch noch mit Robin Hood das Schießen betrieben, obwohl ich ein ehrbarer Töpfer bin.«

Als der Sheriff das hörte, funkelten seine Augen in dem dicken roten Gesicht, denn nichts wünschte er sich sehnlicher, als den berühmten Geächteten henken zu können; und so fragte er: »Robin Hood, der niederträchtige Schurke, – weißt du etwa, wo der Kerl jetzt steckt?«

»Ja«, antwortete Robin. »Er ist im Clumber-Wald, kein Dutzend Meilen von hier, und er hat nur zehn seiner Leute bei sich, – die übrigen sind nach Norden in ihr Sommerlager gezogen.«

Sheriff Murdoch zitterte geradezu vor Eifer, legte die Hand auf Robins Schulter und fragte: »Mein lieber Töpfer, willst du mich zu dem Schlupfwinkel dieses Verbrechers führen?«

Robin tat so, als ob er gründlich überlegte und sagte schließlich: »Einen Mann, mit dem ich zusammen geschossen habe, verrate ich nicht gerne, aber – ich glaube gehört zu haben, daß eine Belohnung auf seinen Kopf gesetzt ist – –?«

»Einhundert Goldstücke«, antwortete Murdoch und fügte widerwillig hinzu: »Wenn du mir hilfst, ihn zu ergreifen, will ich dir für deine Mühe zwanzig geben.«

»Fünfundzwanzig«, sagte Robin kurz, wie ein Handwerker, der einen Handel abschließt.

Murdoch schluckte, und sein Gesicht lief blaurot an. »Fünfundzwanzig«, willigte er schließlich ein. Und damit war die Sache besiegelt.

In jener Nacht schlief Robin in des Sheriffs Haus. Am nächsten Morgen nahm er höflich Abschied von Mistress Murdoch, holte Pony und Karren von der Herberge ab, in der er sie gelassen hatte, und fuhr in heiterer Stimmung los. Der Sheriff folgte ihm auf einem schwarzen Pferd, und zwanzig Soldaten trotteten im Staub hinterdrein.

Sie verließen die Stadt durch das Nordtor auf der Straße nach Doncaster; doch bald nachdem sie den Wald erreicht hatten, kletterte Robin von seinem Karren herunter, ließ ihn mit dem Pony in der Obhut eines der Soldaten und schlug, gefolgt von den übrigen, einen schmalen Saumpfad ein, den er jedoch bald wieder verließ, um ohne Weg und Steg durch den Wald zu gehen, das Pferd des Sheriffs am Zügel führend.

Immer weiter gingen sie, durch dichtes Gestrüpp, lange Wiesen entlang, über sumpfige Lichtungen, auf schmalen, kaum sichtbaren Wildpfaden, denen nur geübte Waldhüter zu folgen vermochten, immer tiefer hinein bis in das Herz des Waldes. Manchmal war der heisere Schrei eines Hähers zu vernehmen, einmal huschte ein roter Schatten in das Dickicht des Unterholzes, dann fegte eine spät noch jagende Eule über ihren Weg, so daß das Pferd des Sheriffs vor Entsetzen schnaubte und wieherte.

Sie waren nun in den ältesten Teil des Waldes vorgedrungen. Hier waren die Bäume alt und eisgrau, mit Flechten bedeckt und in unheimlichen Formen ineinandergewachsen; in dem dämmrigen Licht schien es, als streckten sie krallige Hände aus. Die Soldaten murmelten untereinander und warfen furchtsame Blicke über die Schulter zurück in die tiefen Schatten hinter ihnen. Keiner war jemals so tief im Walde gewesen, und er war ihnen unheimlich. Auch dem Sheriff Murdoch wurde es unheimlich, und schließlich sagte er voller Unbehagen: »Das ist eine seltsame und schreckliche Gegend, in die du uns geführt hast, Töpfer!«

»Glaubt Ihr denn, ein Geächteter hat seinen Schlupfwinkel an der offenen Straße, damit jeder ihn finden kann?« entgegnete Robin höhnisch; und schweigend gingen sie weiter.

Allmählich wurde der Wald lichter, grüner und freundlicher, so daß der Sheriff und seine Leute wieder freier atmen konnten und nur noch selten hinter sich blickten.

Schließlich gelangten sie zu einer großen Wiese, und Robin hielt an. Er schien auf etwas zu lauschen; als der rauhe Schrei einer Aaskrähe dreimal hintereinander aus einem nahen Gebüsch ertönte, konnten die Soldaten nicht ahnen, daß das Little John war und daß es bedeutete: »Wer kommt da?« Und als der Töpfer einen sonderbaren schrillen Pfiff ausstieß, konnten sie wiederum nicht ahnen, daß das bedeutete: »Ich bin es, Robin.« Dennoch fanden sie sein Benehmen merkwürdig, und es begann ihnen zu dämmern, daß sie in eine Falle geraten waren.

Robin drehte sich lachend zu ihnen um, zog ein Horn unter seinem Mantel hervor, blies ein paar fröhliche Töne »Tan-tan-tar-tran-tan«, und unter den entsetzten Blicken des Sheriffs und seiner Leute schien er sich im Walde aufzulösen. Voll schrecklicher Angst wandten sie sich um und versuchten zu fliehen, aber es war zu spät; noch ehe sie zwanzig Schritte weit gestolpert waren, noch ehe es dem Sheriff gelungen war, sein verschrecktes Pferd zu wenden, waren sie von hochgewachsenen, grüngekleideten Männern umgeben, die plötzlich zwischen den Bäumen aufgetaucht waren und sie umzingelten. Von irgendwoher war

Robins fröhliche Stimme zu vernehmen: »Nehmt ihnen die Waffen ab, Freunde, aber tut ihnen nicht unnötig weh.«

Die zwanzig Soldaten konnten gegen die Übermacht von achtzig Waldläufern nichts ausrichten. In wenigen Minuten waren sie entwaffnet und gefangengenommen. Dann wandte sich Robin an den Sheriff, den man vom Pferd gezerrt hatte und der nun vor Wut schnaubend zwischen Will Scarlet und dem grimmigen alten Watkin stand, die Arme auf den Rücken gedreht.

»Diesmal werdet Ihr die hundert Goldstücke nicht zu sehen bekommen, Master Sheriff!« sagte Robin. »Ihr könnt von Glück reden, daß Ihr nach Hause gehen dürft und den Kopf auf Euren feisten Schultern behaltet!«

Der Sheriff war dunkelrot vor Zorn, aber – zu seiner Ehre sei es gesagt – er war kein Feigling.

»Du – du hast mich überlistet!« antwortete er.

»Ja«, nickte Robin, »ich habe Euch fein überlistet. Nun werde ich Euch Eure prächtigen Kleider abnehmen lassen und alles Geld, was Ihr bei Euch habt. Vielleicht wird Euch dann die Erinnerung an Euren Verlust beim nächsten Mal vorsichtiger sein lassen!«

Der Sheriff blickte zu seinen Soldaten hinüber, in der Hoffnung, daß sie ihn befreien würden; doch sie waren ebenso hilflos wie er, jeden Mann hielten zwei stämmige Waldläufer gepackt. Und ohnmächtig hielt der Sheriff still, während Little John ihm sein Geld abnahm, die goldene Kette von seinem Hals, den goldenen Ring von seinem Finger. Dann zog er ihm den prächtigen pelzgefütterten schwarzen Mantel aus und nahm ihm die samtene Kappe ab. Danach stand er armselig da, mit nichts als Hemd und Hose bekleidet.

Robin warf ihm einen spöttischen Blick zu und sagte zu Little John: »Nimm auch das Pferd, John, das ist eine zu edle Stute für einen so jämmerlichen Reiter; bring statt dessen den weißen Zelter, den wir uns letzte Woche genommen haben!«

Als Little John mit dem Zelter zurückkam, half Robin selber dem wütenden, nur mit seinem Hemd bekleideten Sheriff in den Sattel.

»Ach, wütet nur, Herr Sheriff«, sagte er, »das wird Euch warm halten auf Eurem Ritt! Und gebt den Zelter Eurer Gemahlin, mit einem Gruß von Robin Hood und bestem Dank für ihre Gastfreundlichkeit.« Dann, an Little John gewandt, sagte er: »Führe sie den kürzesten Weg zur Nottingham-Straße, John, und nimm zwei Dutzend von den Burschen mit, damit sie auch mit Sicherheit nicht den Weg verfehlen und am Ende gar zurückkommen.«

»Das sollst du mir büßen!« schrie der Sheriff. »Ich werde dich an den Galgen bringen, aufs Rad flechten und vierteilen lassen! Ich werde mich an den König wenden! Ich werde – –«

Little John ergriff die Zügel und führte das Pferd in die Dunkelheit des Waldes; so wurde der Sheriff, noch immer stotternd, fluchend und Rache schwörend, auf den Heimweg geleitet.

Als er und seine Leute zusammen mit ihren Bewachern zwischen den Bäumen verschwunden waren, schickte Robin Much, Peterkin und George-a-Green, um Pony und Karren zu holen; dann ging er mit den übrigen die lange Wiese hinunter, bog ein dichtes Hasel- und Kornelkirschengebüsch auseinander und trat hinaus auf die Waldschneise unterhalb Dunwold Scar.

Marian stand neben dem Küchenfeuer und hielt einen großen eisernen Kochlöffel in der Hand. »Robin!« rief sie aus. »Was ist nur geschehen? Wir hörten dein Horn, und die Jungens rannten davon. Aber ich konnte das Stew nicht im Stich lassen. Warum hast du dein Horn geblasen? Und was bedeutete das Gelächter und Geschrei, das ich dann hörte?«

Inzwischen hatte sich der Töpfer, der auf einem Holzklotz neben dem Feuer saß, erhoben und verlangte zu wissen: »Was ist mit meinem Pony, was ist mit dem Karren, und was ist mit meinen Töpfen?«

Robin beeilte sich, beiden zugleich zu antworten. Schließlich öffnete er des Sheriffs Geldtasche und nahm fünf Goldstücke heraus. »Nun, reicht dir das für deine Töpfe?« fragte er lächelnd.

Schweigend nahm der Töpfer das Geld und schaute Robin durchdringend an. »Man nennt Euch einen Räuber«, sagte er schließlich, »aber mich dünkt, Ihr seid ein ehrlicher Mann und großzügig! Und wenn wir unsere Kleider wieder getauscht haben, möchte ich Euch noch einmal die Hand schütteln, ehe ich mich auf den Weg mache.«

»Das sollst du«, sagte Robin, »aber willst du nicht noch mit uns essen, ehe du gehst?«

Doch der Töpfer zog schon Robins Mantel aus und schüttelte den Kopf. »Nein, nein, ich muß mich auf den Heimweg machen.«

Also zog auch Robin seinen braunen Kittel aus, und nachdem sie ihre Kleider wieder getauscht hatten, drückten sie einander die Hand und trennten sich als gute Freunde.

Robin und Alan A'Dale

Ein Herbststurm trieb das braune Laub vor sich her, als Robin eines Morgens an der Straße stand, die von Sheffield durch den Wald nach Doncaster führte. Als er sie gerade überqueren wollte, hörte er in einer plötzlichen Windflaute, wie jemand fröhlich pfeifend die Straße entlang kam. So wartete er, um zu sehen, wer das sein könnte. Ein junger Mann kam um die Biegung; vergnügt schritt er aus und pfiff vor sich hin. Von Kopf bis Fuß war er in leuchtendes Scharlachrot gekleidet, und sein blondes Haar flog ihm um den Kopf, denn er trug keinen Hut.

Ein paar Augenblicke beobachtete Robin ihn, mit einem Lächeln, das seine Augen mit einem Kranz feiner Fältchen umgab. Als der Bursche näher kam, trat er unter den Bäumen hervor, Pfeil und Bogen schußbereit in der Hand.

»Du scheinst ja mächtig guter Laune zu sein, mein tapferer junger Herr!« sagte er. »Hast du nicht vielleicht ein paar Goldstücke in der Tasche, du kleiner Geck? Wenn das der Fall sein sollte, wirst du sie mir sicher mit Freuden geben, auf daß ich mit meinen Männern auf deine Gesundheit trinken kann.«

»Wenn ich Gold in meiner Tasche hätte«, erwiderte der junge Mann und schien den schußbereiten Bogen gar nicht zu sehen, »würde ich es dir gerne aushändigen, damit ihr auf meine Gesundheit trinkt, denn heute soll meine Hochzeit sein! Aber das einzige Gold, das ich habe, ist der Trauring für meine Braut. Doch halt! Hier sind fünf Shilling. Mehr besitze ich nicht. Nimm sie, du kannst sie gerne haben.« Und er hielt Robin die Münzen in der offenen Hand hin.

Robin schüttelte den Kopf und ließ den Bogen sinken. »Einen Bräutigam auf dem Weg zu seiner Hochzeit will ich nicht berauben. Geh deines Wegs, mein Junge – mögest du glücklich werden und deine Braut auch.« Damit trat er in den dunklen Schatten des Waldes zurück.

Der junge Mann blickte ihm erstaunt nach und ging dann weiter, fröhlich wie zuvor.

Robin verharrte unter den Bäumen, drehte sich um und beobachtete die scharlachrot gekleidete Gestalt, die in der Entfernung verschwand. Dann schritt er über die Straße und ging ebenfalls seines Wegs, ohne weiter an diese Begegnung zu denken. Doch bereits am nächsten Tag um die gleiche Zeit sollte er den jungen Mann wiedersehen.

Im Eingang seiner Höhle in Dunwold Scar saß der Anführer der Geächteten mit Marian an seiner Seite; – er knüpfte eine Angelrute, sie kämmte im durchsonnten Herbstwind ihr Haar. Die Morgenmahlzeit war vorüber, die Köche räumten die Reste beiseite, und einige der Männer machten sich für das Übungsschießen fertig. Dicht neben dem Küchenfeuer lag einer der Hunde und nagte an einem Knochen.

Plötzlich teilten sich die Haselsträucher am anderen Ende der Lichtung, und heraus traten Ket und Will Stukely; zwischen sich führten sie einen abgehärmten und zerzausten jungen Mann, der über die Wiese auf Robin zuschritt.

Robin erkannte ihn nicht gleich, so anders sah er aus als der fröhliche junge Bursche vom Tag zuvor. Fort waren roter Mantel und Hose, fortgeblasen all seine leichtherzige Fröhlichkeit. Er trug eine vom Wetter mitgenommene Lederjacke, darunter ein Kettenhemd, auf seinem blondlokkigen Haupt saß ein leichter Helm, und ein langes Schwert hing an seiner Hüfte. Er machte einen harten und verbissenen Eindruck, aber Robin gefiel er besser so als in dem scharlachroten Gewand vom Tag zuvor.

Ruhig betrachtete Robin ihn, und ebenso ruhig stand der junge Mann und blickte zu Robin hinunter. Ket der Schmied erklärte: »Wir fanden den Burschen auf der Straße nach Doncaster. Er fragte nach Euch.«

Robin nickte. »Was ist denn aus deiner Hochzeit geworden?« fragte er. »Du siehst nicht gerade aus wie ein Neuvermählter!«

»Ich bin nicht vermählt!« sagte der junge Mann schroff. »Als ich das Haus von Sir Simon de Beauforest, dem Vater meiner Braut, erreichte, fand ich die Tore für mich versperrt; und heute soll meine Alice Sir Niger le Bigot angetraut werden, weil der ein mächtiger Mann ist und ihr Vater ihn fürchtet.«

»Niger le Bigot«, sagte Robin nachdenklich. »Der ist doch wohl zu alt als Bräutigam für ein junges Mädchen?«

»Und ein finsterer Schurke obendrein«, fügte der junge Mann wütend hinzu. Robin nickte. Niger le Bigots schlechter Ruf war ihm wohl bekannt. Er hatte schon einmal eine Gemahlin gehabt, die sich umgebracht hatte, weil sie seine Grausamkeiten nicht länger ertragen konnte. Finstere Gerüchte von erschlagenen Leibeigenen und einer Folterkammer in seiner Burg hafteten wie dunkle Spinnweben an seinem Namen, der im ganzen Sherwood gefürchtet und verhaßt war.

Er warf einen Blick in Marians empörtes Gesicht, stand auf, legte seine Hand auf des anderen gepanzerte Schulter und sagte voller Güte: »Und du dachtest, ich könnte dir helfen?«

Der junge Mann nickte, und Robin fuhr fort: »Doch weißt du nichts von mir, außer daß ich dich gestern beinahe beraubt hätte.«

»*Den* Mann kam ich nicht suchen, den ich gestern traf«, erwiderte der andere. »Ich kam, um Robin Hood zu suchen, den Freund meines Vaters. Ich wußte nicht, daß Ihr das seid.«

»Der Freund deines Vaters?« Robin betrachtete ihn aufmerksam.

»Ja, ich bin Alan A'Dale, der Sohn von Sir Richard-at-Lea.«

»Du bist sein Sohn?« rief Robin. »Dann will ich alles tun, was in meiner Macht steht, um dir zu helfen, Alan, um deines Vaters willen. Aber sage mir eines: warum hast du nicht ihn um Hilfe gebeten in dieser Angelegenheit?«

»Mein Vater weiß nichts von dem, was vorgefallen ist, denn seit mehr als einem Jahr lebe ich in meinem eigenen Haus in der Nähe von Newstead und bebaue dort mein eigenes Land. Und ich bin auch deswegen nicht zu ihm gegangen, weil er um meinetwillen schon so viel gelitten hat, wie Ihr wohl wißt, denn Ihr wart es ja, der ihm geholfen hat in dem Elend, das ich über ihn gebracht hatte.« Alan unterbrach sich und blickte zu den braungewandeten Männern, die sich zerstreut hatten und ihren verschiedenen Pflichten und Arbeiten nachgingen. Heftig errötete er bis an den Rand seines Helms und begann unruhig an der Schnalle seines Schwertgurtes zu spielen.

»Ich bin arm«, sagte er schließlich. »Ich kann Euch und Euren Männern nichts bezahlen; aber wenn Ihr mir helfen wollt, meine Liebste zu retten, will ich für immer Euer ergebener Diener sein.«

»Der Himmel bewahre mich davor«, rief Robin, »daß ich je Geld dafür annehme, daß ich dem Sohn eines Freundes helfe. Aber le Bigot ist, wie du sagtest, ein mächtiger Mann und hat mächtige Freunde. Die Normannen werden dich wütend verfolgen – Bischöfe und Barone gleichermaßen –, und der Greenwood wird dann der beste Ort für dich sein. So sollst du zu mir kommen, aber nicht als Diener, sondern als mein Gefährte, und deine Alice soll meiner Marian eine Freundin werden.«

Schon lange hatte Marian aufgehört, ihr Haar zu kämmen, und mit dem Kamm im Schoß lauschte sie aufmerksam auf alles, was zwischen den beiden Männern gesprochen wurde. Nun mischte sie sich ein: »Ich freue mich darauf, deine Lady als Gefährtin zu bekommen, denn unter all diesen Männern sehne ich mich manchmal sehr nach einer Frau, mit der ich reden könnte.«

»Habt Dank für Eure freundlichen Worte, Mistress Marian«, sagte Alan und neigte den Kopf. »Freundlichkeit wird ihr nottun, – sie ist noch sehr jung und das Leben im Greenwood nicht gewöhnt.«

Marian lachte leise und begann wieder ihr Haar zu kämmen. »Was das anbelangt, ich bin ja auch noch nicht gerade ein verhutzeltes altes Weiblein; und auch ich kannte das Leben im Greenwood nicht, als ich kam; aber ich habe gelernt, und auch Alice wird lernen.«

»Beauforest sitzt auf Kirkby Manor, nicht wahr?« fiel Robin ein und schaute zur Sonne, die am östlichen Rand der Lichtung durch die Bäume zu schimmern begann. »Und Kirkby ist fünf Meilen entfernt. Um wieviel Uhr soll die Trauung stattfinden?«

»Zur Mittagsstunde«, erwiderte Alan.

»Dann ist keine Zeit mehr zu verlieren. Warte hier auf mich.«

Robin schwang sich die steile Böschung empor und verschwand in dem dunklen Eingang zu einer der Höhlen, die von herabhängender wilder Klematis wie von einem Vorhang halb verdeckt war. Unsicher sah Alan zu Marian hin, und in seinem Eifer, aufbrechen zu können, trat er von einem Fuß auf den anderen.

Marian blickte auf und klopfte einladend neben sich auf den Rasen. »Er wird gleich wieder hier sein. Setze dich, Freund Alan, und erzähle mir von deiner Lady.« Einen Augenblick zögerte der junge Mann, tat dann aber, wie Marian ihn geheißen hatte. Marian teilte ihr Haar und fing an, es in Zöpfe zu flechten. »Nun«, sagte sie, »ist sie sehr schön? Ist sie blond oder dunkelhaarig?«

Und so – fast gegen seinen Willen – begann Alan zu erzählen, wie schön Alice war und wie sanft und wie sehr er sie liebte. Und Marian hörte zu und hatte Mitleid mit dem armen sanften Mädchen, das – wenn sie sich mit dem Mann ihrer Wahl anstatt mit einem grausamen und bösartigen Tyrannen vermählen wollte – lernen mußte, die Härte des Lebens im Greenwood zu ertragen.

Über und hinter ihnen war ein Geräusch zu vernehmen. Der Vorhang aus wilder Klematis wurde beiseite geschoben, und Robin sprang auf die Wiese hinunter. Er war kein braungewandeter Waldläufer mehr, sondern der dunkelhäutige Spielmann, der damals ausgezogen war, um Marian zu befreien. Er trat zu Alan, der rasch aufgesprungen war, und stieß einen sonderbaren gellenden Pfiff aus. Jeder, der ihn hörte, wandte sich zu ihm um; wer gearbeitet hatte, ließ seine Arbeit fallen, wer müßig gesessen hatte, sprang auf, und von allen Seiten der Lichtung rannten die Geächteten herbei und stellten sich vor Robin auf.

Robins Blick schweifte über sie hin, dann rief er einem kleinen Mann mit blitzenden Augen, der neben Little John stand, zu: »Peterkin, Junge, sehe ich wieder so gut als Spielmann aus wie das letzte Mal, als wir beide auszogen, um eine Lady zu entführen?«

Der kleine Gaukler nickte, seine Augen tanzten. »Jawohl, Master, Ihr seht richtig aus. Und ich? Soll ich wieder meine Narrenkleider anziehen?«

»Nein, behalte diesmal dein waldbraunes Wams an«, antwortete Robin. »Heute ist es deine Geschicklichkeit mit dem Schwert, die ich brauche.« Und sich an die übrigen wendend, berichtete er ihnen schnell, um was es ging. »Männer«, sagte er schließlich, »ich brauche fünfundzwanzig von euch, die mit mir und Alan hier zusammen nach Kirkby gehen. Diejenigen, die mitkommen wollen, halten die rechte Hand hoch.« Sofort schossen alle rechten Hände in die Höhe. Robin lachte. »Brave Burschen«, sagte er. »Doch mehr als fünfundzwanzig brauche ich nicht, so muß ich sie nun selbst auswählen.«

Alle, die er aufrief, traten vor und bildeten eine gesonderte kleine Gruppe: Little John, Peterkin, Gilbert, Watkin, Hob-o'-the-Hoar-Oak und zwanzig weitere, unter ihnen ein großer blonder Däne, den sie – wegen seiner kräftigen Fäuste – Right-Hitting-Brand, »einer, der richtig zuzuschlagen weiß«, genannt hatten und der erst kürzlich zur Bruderschaft gestoßen war.

Alan stand sehr still und blickte in das Gesicht eines jeden, der vortrat. Ihr entschlossenes Aussehen verlieh ihm Hoffnung, aber die ganze Zeit hindurch stieg seine fieberhafte Ungeduld, so wie die Sonne stieg, die sich inzwischen den Baumwipfeln näherte. Er konnte die ruhigen, geordneten Vorbereitungen kaum noch ertragen: wie die Männer die Sehnen ihrer Bogen prüften, sich vergewisserten, daß ihre Schwerter leicht und locker in den Scheiden steckten, und sich die Pfeile holten, die aus dem Vorrat des Bogners ausgegeben wurden. Und dennoch brauchte er alles in allem nicht lange zu warten.

Will Scarlet und Much der Müllerssohn sollten – zu ihrer

größten Entrüstung – zurückbleiben und die Leitung des Lagers übernehmen. Die ausgewählte Gruppe machte sich auf, Robin an der Spitze, neben ihm Jung Alan, die anderen im Gänsemarsch hinterher. In gerader Richtung gingen sie durch den Wald auf Kirkby zu. Behende und lautlos bewegten sie sich zwischen den dichtstehenden Bäumen. Nicht ein dürres Blatt raschelte, kein Zweig knackte, der sie hätte verraten können. Hin und wieder ertönte der keckernde Schrei eines Eichelhähers, ein Rammler trommelte seine Warnung in den Wald, ehe er in die Geborgenheit seines Baues untertauchte; äsendes Wild erhob erstaunt den Kopf, um dann beruhigt weiter das Gras abzufressen.

Die Mittagsstunde hatte noch nicht geschlagen, als sie den letzten bewaldeten Abhang herunterkamen und durch die Bäume hindurch die braunen Äcker von dem Dorfe Kirkby erblickten. Am Waldsaum hielt Robin an, kurz prägte er sich die Lage des Geländes ein und wandte sich dann an seine Männer, die sich schweigend hinter ihm gesammelt hatten.

»Folgt dieser Weidenschonung«, sagte er. »So kommt ihr bis auf einen halben Bogenschuß an die Kirche heran. Dort wartet, bis ihr mein Horn hört, und dann kommt so schnell wie möglich, denn dann werdet ihr zu tun bekommen.« Er packte Alan an der Schulter und sagte in aufmunterndem Ton: »Keine Sorge, wir werden deine Lady retten.« Und schon war er fort und schritt über das Ackerland hinunter auf das Dorf zu.

Auf der langen Dorfstraße begannen die Leute sich zu versammeln; einige standen noch vor ihren Häusern, andere gingen schon auf die kleine Kirche zu, die unter den Linden am Rande des Dorfangers stand. Alle trugen sie Festgewänder, die Männer ihre besten, sorgfältig geflickten Umhänge, die Frauen Sonntagskleider, die mit farbigen Bändern geschmückt waren, so daß das ganze Dorf wie ein Garten voller bunter Blumen aussah. Aber ihre Gesichter waren verbissen und zornig, und sie flüsterten miteinander, während sie den Weg, der vom Herrenhaus herunterkam, nicht aus den

Augen ließen. Vor der Tür der Dorfschenke, mit einem grünen Strauch als »Schankzeichen«, stand eine kleine Gruppe von Dorfbewohnern, die sich leise miteinander unterhielten.

»Oh je, das arme Mädchen«, sagte ein runzliges altes Weiblein. »Das ist bestimmt ein trauriger Tag für sie.«

Der Schankwirt nickte düster. »Und man sagt, daß ihr Herz dennoch dem jungen Alan A'Dale gehört!«

»Warum kommt er dann nicht und rettet sie?« begehrte eine junge Frau auf.

»Wie kann er denn das, du dummes Ding? Er ist ja fast so arm wie wir. Er hat kein Gefolge hinter sich; und der alte Niger le Bigot ist der mächtigste Mann in dieser Gegend – deshalb muß ja unser armer Herr ihm seine Tochter geben, wie wir alle wissen!«

Aber das Mädchen warf nur ärgerlich ihren Kopf zurück. »Wenn ich der Mann wäre, den meine Lady Alice liebt, dann würde ich nicht die Hände in den Schoß legen und zuschauen, wie sie gegen ihren Willen mit einem anderen verheiratet wird, und wenn er noch so mächtig wäre!« rief sie, und ein magerer zerlumpter Spielmann, der gerade vorbeiging, lächelte ihr Beifall zu.

Mit weit ausgreifenden Schritten ging der Spielmann die Straße entlang und schien die finsteren Gesichter der Leibeigenen und Dorfbewohner nicht zu bemerken. Über den Dorfanger ging er, vorbei an Pranger und Richtblock, bis er zum Friedhofstor kam, wo sich schon die Hälfte der Dorfbewohner versammelt hatte und jeder sich den Hals ausrenkte, um von der Ankunft der Braut einen Blick zu erhaschen.

Robin, der Spielmann, stand bequem an die bemooste Friedhofsmauer gelehnt, schaute sich um, zupfte leise an seiner bändergeschmückten Laute und hörte dem zornigen Gemurmel der Dörfler zu. Das Kirchentor stand schon offen, auf dem Altar brannten bereits die Kerzen, und auf einmal gewahrte er eine Gestalt in goldbesticktem Meßgewand, die zwischen ihm und dem Kerzenlicht hindurchschritt.

Einer der jungen Burschen sah auch die prächtige Gestalt

und knurrte mit einem häßlichen Lachen: »Der ehrwürdige Erzbischof von York! Jetzt möchte ich aber wissen, wieviel dieser alte Teufel le Bigot dir bezahlt dafür, daß du ihm hilfst, das Herz unserer armen Herrin zu brechen?«

»Sei still, du Flegel«, sagte eine Frau neben ihm und reckte ihren Hals, um die Straße besser sehen zu können. »Sie muß bald kommen.«

Aber es war der Bräutigam, der zuerst erschien. Von seinen Rittern und Reisigen gefolgt, kam er in leichtem Galopp angeritten. Grob zügelte er sein Pferd vor dem offenen Friedhofstor. Er war ein alter Mann mit einem dünnen grauen Bart, dessen Zotteln auf seinen bunten seidenen Überrock herunterhingen. Rot und fleckig war sein Gesicht: ein grausames Gesicht mit höhnischem, rohem Mund und kleinen bösartigen Augen. Als Robin ihn beobachtete, kamen ihm wieder die häßlichen Gerüchte in den Sinn, die sich an den Namen von Sir Niger le Bigot hefteten.

Die böse glitzernden Augen des alten Mannes schweiften über die Menge der demütig starrenden Dörfler. »Dummköpfe! Tölpel!« schnarrte er. »Ist die Lady noch nicht erschienen?«

Der Schultheiß, der wichtigste Mann des Dorfes, schüttelte den Kopf. »Nein, Herr, noch nicht.«

Sir Niger, schäumend vor Ungeduld, saß noch ein paar Minuten zu Pferde und rutschte dann mit Hilfe eines der Krieger, der die Zügel nahm, steifbeinig aus dem Sattel. Auch die übrige Gesellschaft war abgesessen und drängte sich jetzt um das Tor, die Dorfbewohner grob beiseite schiebend. Sie waren eine üble Bande: die jüngeren Männer von liederlichem Aussehen, die Älteren lasterhaft und grausam. Sie gaben sich lustig, lachten und scherzten miteinander, während ihr Herr an seinem Bart zerrte, fluchte und vor Zorn mit den Zähnen knirschte, wobei sein häßliches Gesicht mit jeder Minute, die verging, vor Wut und Ungeduld finsterer und fleckiger wurde.

Mit der Zeit wurde es den Rittern langweilig: Einige

warfen Seitenblicke auf den tobenden alten Mann. Einer flüsterte hinter vorgehaltener Hand, daß die Braut reichlich viel Zeit brauche, vielleicht sei sie ja in den Greenwood geflohen! Und ein anderer lachte, doch er unterdrückte sein Gelächter schnell wieder, als le Bigot ihn mit einem bösen Glitzern in den Augen anstarrte.

In diesem Augenblick gewahrte ein rotgesichtiger junger Ritter in grünem Mantel den Spielmann, der an der Friedhofsmauer lehnte und den Bräutigam mit grimmigem Vergnügen beobachtete.

»He, du unverschämter Halunke!« schrie er. »Was nimmst du dir heraus, daß du dich über deine Herrschaft lustig machst?«

»Aber nein«, antwortete der Spielmann liebenswürdig, »ich mache mich über meine Herrschaft nicht lustig. Ich warte nur, ob ich der Hochzeitsgesellschaft etwas vorsingen darf. Ich könnte die neuesten Lieder aus London vortragen oder Liedchen, die ich selbst gedichtet habe – ernste oder heitere Lieder, Lieder von Liebe, Krieg oder Jagd. Wollt Ihr, daß ich singe?«

»Ja«, sagte der Ritter. »Irgendetwas, um uns die Zeit zu vertreiben. Los, sing, du verfluchter Kerl!«

Robin hob den Kopf, schlug seine Laute und sang. Ein lustiges Lied wählte er, ein Lied, das Peterkin ihn gelehrt hatte, viel Liebe und Kampf kam darin vor, eines, das gut zu der Gesellschaft paßte. Als er geendet hatte, verlangte man ein weiteres; Robin verneigte sich, schüttelte seine geschlitzten Ärmel zurück und begann von neuem.

Die letzten Töne waren kaum verklungen, als die Menge das Geräusch sich nähernder Pferdehufe vernahm. Alle Gesichter wandten sich dem Weg zum Herrenhaus zu. Der alte Sir Niger hörte auf zu fluchen, ordnete seinen prächtigen Brokatumhang, sein finsteres Gesicht hellte sich auf – er gab sich sichtlich Mühe, freundlich auszusehen.

Zwei Reiter erschienen unter den Nußbäumen an der Wegbiegung und ritten über den Dorfanger auf sie zu. Als die Reiter anhielten, nahmen die Ritter ihre Samtkappen ab, und trotz der zornigen Flüche der Bewaffneten drängten die Dorfbewohner herbei, um ihrer Lady Alice zu zeigen, daß sie ihren Kummer mitfühlten, auch wenn sie nichts tun konnten, um ihr zu helfen.

Langsam saß Sir Simon de Beauforest ab. Sein tiefgefurchtes Gesicht ließ seinen Schmerz ahnen, denn er liebte seine Tochter und verachtete sich selbst wegen seiner Unfähigkeit, sie vor dem bösen alten Mann retten zu können, der jetzt vortrat, sich verneigend und verzerrt lächelnd, um ihr aus dem Sattel zu helfen.

Von seinem Platz an der moosbewachsenen Mauer konnte Robin sehen, wie die Lady auf dem zweiten Pferd zurückschreckte, als er sich näherte, sich dann aber vorbeugte und ihm die Hand reichte; doch sie blickte ihn nicht an, zog ihre Hand zurück, als sie abgestiegen war, und trat an die Seite ihres Vaters, der auf sie niederblickte – seine Augen voller Scham und Schmerz.

Finster betrachtete sie Sir Niger, zuckte mit den Schultern und wandte sich ab.

»Zeig nur deine Verachtung, solange du noch kannst, meine feine Dame«, sagte er böse. »Aber warte nur, *meine* Zeit kommt auch noch!«

Einer der Ritter lachte roh. Das Mädchen schauderte zurück und lehnte sich an ihren Vater; – und das Gesicht des Sängers, der an der Mauer lehnte, zeigte plötzlich erbarmungslose Härte.

Dann ergriff Lady Alice ihres Vaters Arm, und er führte sie durch das Tor. Sie ging ganz nahe an Robin vorbei, so daß er sehen konnte, wie schön, sanft und freundlich sie war, doch in ganz anderer Art als Marian. Ihr Gesicht hatte alle Farbe verloren, selbst ihre Lippen waren weiß, weißer noch als ihr seidenes Gewand und ihr Schleier, und ihre Augen waren blind vor Tränen, die zu vergießen sie zu stolz war. Dann war sie vorbei und ging den Pfad entlang auf das geöffnete Kirchenportal zu.

Sir Niger folgte, seine Ritter drängten sich hinter ihm, zwei der Söldner blieben bei den Pferden, und die übrigen folgten ihrem Herrn in die Kirche. Die Dorfbewohner schlossen sich an, und mit den Dorfbewohnern ging Robin Hood, die Hand am Horn unter dem Mantel. Die Laute hatte er beiseite gelegt.

Das Kircheninnere war in fröhlichen Farben ausgemalt, auf den grünen Wänden erblickte man Heilige und Teufel und Cherubime mit glänzenden Flügeln und goldenen Sternen, und von den Deckenbalken blickten kleine Engel mit karmesinroten Flügeln herab. Die Kerzen auf dem Altar brannten mit blütenförmigen Flammen und übergoldeten mit ihrem sanften Glanz den dicken Erzbischof, der das Meßbuch geöffnet in der Hand hielt, die gramgebeugte Gestalt von Beauforest und das zitternde Mädchen an seiner Seite, und das bösartig grinsende Gesicht des alten Ritters, der vor den Altarstufen auf sie wartete.

Als Robin hereinkam, fing der Erzbischof gerade an, die Messe zu lesen, und der Geächtete verhielt kurz in der Tür und lauschte der öligen Stimme. Dann setzte er das Horn an die Lippen und ließ es so laut erschallen, daß die ganze buntbemalte Kirche widerhallte. Als das Echo verklungen war, herrschte einen Augenblick lang ein bestürztes Schweigen. Jeder drehte den Kopf, um zu sehen, wer da im Gotteshaus ein Jagdhorn blies.

Der alte Sir Niger fuhr herum, seine Hand flog an den juwelengeschmückten Griff seines Schwertes. Beauforest stand still, und Lady Alice neben ihm schien wie aus Stein gemeißelt, so starr stand sie da und blickte in das lange dämmrige Kichenschiff; doch in ihren Augen leuchtete eine plötzliche und verzweifelte Hoffnung auf. Dann trat Robin der Spielmann aus dem Schatten neben der Tür und schritt das Kirchenschiff entlang in den goldenen Glanz des Kerzenlichtes hinein. Aller Augen hingen an ihm; in den Gesichtern der Dörfler leuchtete neue Hoffnung, – die Ritter und Söldner griffen zu ihren Waffen.

»Das ist eine unstatthafte Eheschließung!« sagte Robin mit klarer und deutlicher Stimme, als er vor den Altar trat. »Eine üble Eheschließung, und sie darf nicht vollzogen werden! Das Mädchen soll selbst wählen, wen sie zum Ehegemahl nehmen will; Ihr werdet es gewiß nicht sein, alter Mann!«

»Wer bist du, der du solches zu sagen wagst?« stieß Sir Niger wütend hervor.

»Ich bin Robin von Barnesdale, oder vielleicht habt Ihr von mir als Robin Hood gehört«, antwortete der Spielmann, streifte den Mantel von seinem Schwertarm zurück, und das Schwert flog klirrend aus der Scheide.

Auch der alte Bräutigam zog sein Schwert, doch langsamer, weil sein Alter ihn behinderte, und so drangen seine jüngeren Ritter noch vorher auf den zerlumpten Geächteten ein.

Die Altarwand im Rücken, kämpfte Robin mit ihnen, und da er wußte, daß seine Männer jeden Augenblick kommen würden, fürchtete er nicht, überwältigt zu werden. Seine schnelle Klinge blitzte im Kerzenlicht, als er zuschlug, Ausfälle machte und parierte, und schon lag der erste Tote zu seinen Füßen.

Als der fette Erzbischof den blanken Stahl sah, schrie er laut vor Entsetzen und flüchtete sich in die Sakristei. Auch Beauforest hatte sein Schwert gezogen, aber als er sah, daß der Geächtete seiner Hilfe nicht bedurfte, drängte er Alice in eine sichere Ecke zwischen dem Hochaltar und dem geschnitzten und bemalten Grabmal seines Vaters. Er wollte sich zwischen sie und die Kämpfenden stellen, doch mit einer schnellen Handbewegung hinderte sie ihn daran. Sie schaute in das Kampfgetümmel, die Hände an den Mund gepreßt, aber ihre Augen leuchteten wie Sterne.

Einen kurzen Augenblick schienen die Dörfler wie betäubt von den plötzlichen Geschehnissen, dann kamen sie langsam, lautlos, aber sehr entschlossen das Kirchenschiff entlang und umringten die Ritter und Krieger vor dem

Altar. Zwar waren sie unbewaffnet, aber bereit, mit ihren bloßen Händen und den langen Haarnadeln ihrer Frauen für ihre Lady zu kämpfen, nun, da sie einen Führer hatten, – und wenn es sein sollte, zu sterben. Gleich hätten sie sich in den Kampf gestürzt, und das Ergebnis wäre für die treuen Dörfler übel gewesen; da plötzlich hörte man über all dem Toben und Schreien, dem Stampfen gepanzerter Füße und dem Klirren der Waffen ein tiefes Summen, wie wenn eine riesenhafte Biene in die Kirche eingedrungen wäre. Fast im gleichen Augenblick warf der alte Sir Niger die Arme hoch und stürzte, und ein Pfeil zitterte in seiner Kehle. Robin sah sich nicht um; bei fünf Schwertklingen, die auf ihn zielten, war das nicht geraten.

Ein zweiter Pfeil schwirrte in den Rücken eines Kriegers, der mit weit ausgebreiteten Armen vornüberstürzte; der Pfeil hatte sich zwischen seine Schulterblätter gebohrt. Gleich darauf kamen die zwei Krieger, die die Pferde bewacht hatten, über die Schulter zurückblickend, in die Kirche gerannt. Und wieder ertönte das tiefe Summen, und einer der Männer fiel und rollte zur Seite wie ein abgeschossenes Kaninchen.

Dann verdunkelte sich plötzlich der in das Kirchenschiff hereinfallende Sonnenschein: die Tür war voller braungekleideter Männer, an ihrer Spitze die gepanzerte Gestalt des jungen Alan A'Dale. Mit lautem Gebrüll wandten sich Sir Nigers Männer den Geächteten zu und ließen von Robin ab. Sie drängten und stießen sich durch die Kirche zu den an der Tür Kämpfenden und versuchten verzweifelt durchzubrechen, denn jeder dieser Schurken wußte in seiner schwarzen Seele, daß er von den grimmigen Geächteten keine Gnade zu erwarten hatte.

Schulter an Schulter bildeten die Waldläufer einen dichten Wall, und ihre scharfen, auf- und niedersausenden tödlichen Klingen waren eine unüberwindliche Sperre aus Stahl, gegen die die Krieger mit all ihrer wilden Entschlossenheit nichts ausrichten konnten. Robin und die treuen Dörfler, von denen sich einige mit den Schwertern und Dolchen der Gefallenen bewaffnet hatten, drangen von hinten auf sie ein, so daß es bei der Tür zu einem erbitterten Gemetzel kam.

Und dann, ganz plötzlich, war es vorbei. Nach all diesem Tumult schien es sehr still. Einigen wenigen von Sir Nigers Leuten war es im Getümmel gelungen, doch durchzubrechen und zu fliehen, und die Geächteten machten keine Anstalten, die Flüchtenden zu verfolgen. Die übrigen lagen tot vor dem Altar oder in der herbstlichen Sonne vor der Tür. Das Hornissennest grausamer Ritter, die das Leben in Nottinghamshire zu einer Qual gemacht hatten, war vernichtet. Robin holte tief Atem, wischte sein Schwert an dem Mantel eines gefallenen Ritters ab und steckte es in die Scheide.

Der Erzbischof war geflohen. Er hatte die Kirche durch die Tür der Sakristei verlassen, war auf sein fettes Pferd geklettert und mit einer Geschwindigkeit davongeritten, an die das arme Tier wahrhaftig nicht gewöhnt war. Keinen kümmerte es, als seine Flucht entdeckt wurde, andere und wichtigere Dinge mußten getan werden.

Mehrere von Robins Männern waren verwundet. Hob-o'-the-Hoar-Oak war durch einen Schwerthieb in die Hüfte am schwersten mitgenommen, alles andere waren nur Streif- und Fleischwunden. George-a-Green war die Wange aufgeschlitzt worden; Gilbert saß an das Chorgestühl gelehnt und versuchte, das Blut zu stillen, das aus einer klaffenden Wunde zwischen Hals und Schulter rann. Alan A'Dale blickte kläglich auf den tiefen Schnitt, der seinen ledernen Ärmel vom Ellenbogen bis zum Handgelenk aufgeschlitzt hatte und aus dem das Blut auf seine Hand herunterlief.

Alice hatte sich vom Altar, wo die Frauen um sie versammelt waren, nicht hinweggerührt. Sie schien es nicht zu bemerken, daß ihr Vater den Platz an ihrer Seite verlassen hatte und auf Robin Hood zuging. Ihre Augen suchten Alan, suchten ihn bei den Geächteten an der Tür; als er dann in die Sonne hinaustrat, erblickte sie ihn. »Alan!« rief sie atemlos. »Alan!«

Alan hob den Kopf, sah zu ihr hinüber und ging mit unsicheren Schritten auf sie zu. Sie raffte ihren weißen Rock und lief ihm entgegen; die anderen Frauen traten beiseite, um sie durchzulassen; aber noch ehe sie ihn erreichte, schwankte sie und fiel auf dem steinernen Fußboden ohnmächtig in sich zusammen.

Alan rannte die letzten Schritte, kniete bei ihr nieder und nahm sie in die Arme. Gleich darauf stand auch Robin neben ihnen.

»Geht hinaus zu euren Männern«, forderte er die herbeieilenden Frauen auf. »Es müssen Wunden verbunden werden, man braucht eure Hilfe.« Er ließ sich auf ein Knie nieder und sagte dabei zu Alan: »Gib sie mir, Junge. Du mußt diese Wunde versorgen lassen.« Damit nahm er das bewußtlose Mädchen aus den Armen ihres Geliebten, der sie nur unwillig losließ.

»Es geht mir doch gut«, erwiderte Alan.

»Keineswegs. Du blutest ja wie ein angestochenes Schwein. Womöglich fällst du uns auch noch in Ohnmacht, wie das kleine Mädchen hier. Geh zu Little John und bitte ihn, nach deiner Wunde zu sehen. Um deine Lady werde ich mich kümmern.«

So ging Alan, ein wenig schwankend, durch die Kirche, um seine Verletzung behandeln zu lassen. Bei der großen Kirchentür war Little John, seit jeher der beste Arzt der Geächteten, schon eifrig an der Arbeit. Zwei oder drei jüngere Frauen halfen ihm beim Salben und Verbinden der Wunden seiner Kameraden. Sauberes Leinen und Töpfe mit Wasser hatte man aus den nächstgelegenen Hütten geholt, und eine der Frauen hatte eine kleine irdene Schale mit Salbe gebracht. Hob lag lang ausgestreckt auf dem Friedhofsweg, Little John kniete neben ihm und bestrich seine Wunde mit Salbe; Alan wartete geduldig, bis der große Geächtete Zeit haben würde, auch seinen Arm zu behandeln.

Bald waren alle Wunden der Geächteten gereinigt und verbunden. Sie lagen oder saßen bequem an die Stämme der Friedhofslinden gelehnt, die Dorfbewohner standen um sie herum und gafften sie staunend an.

Inzwischen war auch Alice wieder zu sich gekommen und sah ihren Vater und Robin über sich gebeugt. »Wo ist Alan?« verlangte sie zu wissen. »Eben war er noch hier –«

Robin half ihr, sich aufzusetzen. »Alan ist in Sicherheit«, sagte er. »Er hat eine Wunde am Arm, und ich schickte ihn zum Verbinden. Geh hinaus zu ihm, sobald du magst, denn dein Anblick wird ihm eine größere Hilfe sein als Little Johns ganze ärztliche Kunst!«

Da seufzte Alice, das Blut stieg in ihre Wangen, sie stand auf und schritt mit hoch erhobenem Kopf durch die Kirche, um sich draußen, im goldenen Schein der Oktobersonne, zu ihrem Liebsten zu gesellen.

Robin und ihr Vater blickten ihr nach, wandten sich wieder um und schauten einander an.

»Eigentlich kann ich nicht bedauern, was geschehen ist«, sagte Beauforest leise. »Den jungen Alan A'Dale habe ich immer gern gehabt und hätte ihm auch meine Tochter zur Frau gegeben, wenn ich es gewagt hätte. Doch Niger le Bigot war ein mächtiger Mann, und ich – ach – bin ein schwacher.«

»Und Sir Niger hat mächtige Freunde, auch im Tode noch«, erwiderte Robin; »deshalb muß Alan zu mir in den Greenwood kommen, und auch Alice, denn hier ist sie nun nicht mehr sicher. Wollt Ihr nicht auch Euer Geschick mit dem unseren verbinden, oder wollt Ihr hier in Eurem Hause bleiben?«

»Ich werde hier bleiben«, antwortete Beauforest. »Ich liebe mein Land und liebe meine Leute. Auch bin ich zu alt, um ein neues Leben zu beginnen. So muß ich es darauf ankommen lassen.«

»Vergeßt nicht, daß ich und meine Männer Eure Freunde sind. Wann immer Ihr unserer Hilfe bedürft, schickt nach uns, wir werden kommen.«

»Habt Dank für dieses Versprechen«, sagte der alte

Mann. »Ich werde daran denken. Und was Alice anbelangt, so habt Ihr recht, hier wäre sie nicht sicher; so muß ich sie Alan und Euch anvertrauen.«

Robin nickte. »Ihr habt wohl gesprochen. Und sie soll glücklich werden, das gelobe ich Euch. Noch ehe viele Tage verstrichen sind, wird es im Greenwood eine fröhliche Hochzeit geben, und meine Marian wird sich freuen, sie bei sich zu haben. Das arme Mädchen, sie ist so zäh und tapfer wie ein Mann, aber es ist einsam für eine Frau allein unter lauter Männern, ohne eine andere Frau zur Gesellschaft.«

So wurde es beschlossen, und ehe noch eine weitere Stunde vergangen war, trat die kleine Schar wieder den Rückweg an. Einige ritten auf Pferden, die vor kurzem noch Sir Nigers Leuten gehört hatten, andere gingen zu Fuß, wie sie gekommen waren. Der grimmige alte Watkin nahm Hob-o'-the-Hoar-Oak vor sich auf den Sattel und ging mit dem Verwundeten so zart um wie eine Mutter mit ihrem Kind; und Alice saß hinter Alan auf dem Pferd und hielt sich an seinem breiten Schwertgurt fest.

Hinauf über die Felder und Weiden des Dorfes zogen sie, zerschunden und zerschlagen, und schließlich verschwanden sie zwischen den Bäumen des Waldes.

Bald begann Alice sich im Walde umzuschauen, ein wenig ängstlich noch, weil sie nie zuvor über das offene Gelände des Jagdreviers hinausgelangt war. Das Gewirr der Wildpfade, das Dickicht des Unterholzes, die Dunkelheit der engen Talschluchten schienen ihr fremdartig und Schrecken erregend. Auch fürchtete sie sich ein wenig vor den Geächteten, die sich um sie herumscharten, aber wenn sie in das Gesicht des abgerissenen Spielmanns schaute, der ihr Anführer zu sein schien, wußte sie, daß sie keine Angst zu haben brauchte. Außerdem war ja auch Alan bei ihr, und mit Alan würde sie sich überall geborgen fühlen.

Immer weiter ging es, lange Waldschneisen entlang, die ohne Ende zu sein schienen, durch dichtes Gestrüpp, wo sie den Kopf auf Alans Schulter beugen mußte, um sich vor den zurückschnellenden Zweigen zu schützen. Als sie schließlich unter einer riesenhaften alten Kastanie vorbeikamen, hob Robin Hood den Kopf und stieß einen merkwürdigen leisen Pfiff aus, der von einem gellenden Pfiff aus dem Geäst über ihm beantwortet wurde; wenige Minuten später, nachdem sie sich durch ein dichtes Haselgesträuch gewunden hatten, gelangten sie auf eine große Lichtung unterhalb von steilen Sandsteinfelsen.

Alice schaute hinauf und erblickte junge Bäume auf dem Felsengrat, von dort zog sich der Wald weiter in die Höhe. Auch sah sie Eingänge zu verschiedenen Höhlen, halb verborgen unter Brombeerranken, Waldreben und Eschenschößlingen, die wie mit einem Schleier den rauhen Sandstein überzogen. Auf dem weichen Rasen liefen noch mehr braungekleidete Männer hin und her, und einige saßen bei den beiden Küchenfeuern. Niemand schien über ihre Ankunft erstaunt – als ob die Männer auf der Wiese den genauen Zeitpunkt ihres Kommens gewußt hätten; und Alice mußte wieder an den Pfiff aus dem Geäst der Kastanie denken.

Als Alan sein Pferd zügelte, sah sie über seine Schulter hinweg eine hochgewachsene Frau über das Gras auf sie zukommen – eine Frau in einem grünen Kittel, die leicht und frei ausschritt und ihren Kopf so trug, als ob der Kranz ihres kastanienbraunen Haares die Krone einer Königin sei.

Robin war schon abgesessen, trat nun zu Alice und hob sie vom Pferd. Die große Frau war herangekommen und lächelnd berührte er ihre Schulter mit den Worten: »Schau, hier habe ich dir eine Gefährtin mitgebracht, Liebste. Nimm sie mit dir und sorge für sie, denn sie ist sehr erschöpft.«

Marian wandte sich zu dem Mädchen und nahm deren beide Hände in ihre. »Sei willkommen im Greenwood, kleine Schwester«, sagte sie, und dann zu Robin: »Hob ist verletzt und Diccon und George, und auch Alan. Alice soll auf meinem Lager ausruhen, dann will ich kommen und ihre Wunden versorgen.«

»Das ist schon geschehen«, lachte Robin. »Und Little John wäre schrecklich gekränkt, wenn du dich in seine Wundbehandlung einmischtest!«

»Nicht um alles in der Welt möchte ich Little John kränken!« lächelte Marian. »Nun komm, Alice, wir wollen die Männer sich selbst überlassen.« Sie legte den Arm um Alice und führte sie zu ihrer eigenen kleinen Höhle.

Robin und Jung Alan schauten ihnen schweigend nach, und dann wandte sich der Anführer der Geächteten an seinen jüngsten Gesellen. »Wir wollen nun Bruder Tuck aufsuchen und ihn um das Hochzeitsaufgebot für euch bitten. Danach – Abendessen! Ich wette, du bist ebenso hungrig wie ich!«

Einige Tage später wurde Hochzeit gefeiert in Dunwold Scar. Robin Hood war der Brautführer und Little John stand als Trauzeuge neben dem Bräutigam. Ehrerbietig hatten die Geächteten die Häupter entblößt, und selbst die großen Hunde standen dabei mit gespitzten Ohren und leise wedelnden Schweifen. Vor Bruder Tuck kniend und umspielt von dem goldenen Laub der Birken wurden Alan A'Dale und Alice de Beauforest Mann und Frau.

Der Wettkampf um den Silberpfeil

Tief blaute die Dämmerung eines Sommerabends über die Stane Ley, und hoch oben im Geäst des großen Versammlungsbaumes umschwebten Nachtfalter mit ihren samtenen Flügeln die nach Honig duftenden Lindenblüten. Das Abendessen war vorüber, man ließ die Küchenfeuer zu rot glühender Asche verglimmen, denn es war ein warmer Abend im Juli, und die Geächteten, die sich auf der Wiese lagerten, brauchten kein Feuer, um sich daran zu wärmen.

Neben einem der verglimmenden Feuer saß Robin, neben ihm Marian, und Breon, der größte von Tucks Hunden, hatte den Kopf auf seine Knie gelegt.

Marian hatte einen Welpen in ihrem Schoß. Seine vier Brüder lagen an die Mutter geschmiegt zwischen den Wurzelknorren der Linde; aber diesen, den schönsten des ganzen Wurfes, hatte der Mönch ihr zu eigen gegeben. Er hatte große Pfoten, und seine kleine, rauhe, warme Zunge beleckte Marians Finger. Da er schon halb schlief, war er gerade sehr brav, doch im Laufe des Tages hatte er sich durch Alans beste Schuhe hindurchgebissen, durch ein Paar neue Schildriemen und durch Little Johns Kappe.

Alan hatte sich über den Verlust seiner Schuhe geärgert, aber da er ein gutmütiger Bursche war, hatte er seine Verstimmung bald überwunden. Nun stand er bei dem verglühenden Feuer, schlug seine schon reichlich abgenutzte Laute und wiegte sich dabei auf den Füßen hin und her. Er hatte eine warme Tenorstimme und besaß die Fähigkeit, nach einmaligem Hören Melodie und Worte eines Liedes zu behalten, so daß er die Lieder fahrender Sänger, die gelegentlich bei ihnen vorbeikamen, sogleich auch singen konnte. Das Lied jedoch, das er jetzt sang, war bei allen Geächteten wohlbekannt und beliebt – eine fröhliche, beschwingte Weise: »Die Rose von Woodstock« –, und alle fielen in den Refrain ein.

Während sie im besten Singen waren, teilte sich das Gebüsch am nahegelegenen Rand der Lichtung, und eine erschöpfte Gestalt trat in den Schein des verglimmenden Feuers. Alan brach mitten im Singen ab, und alle blickten den Ankömmling an, der sich mit einem glücklichen Seufzer am Feuer niederließ. Es war Hugh Greenleafe, einer der jüngeren Geächteten.

Der Junge hatte sich vor einigen Tagen Urlaub erbeten, um seinen weiter im Süden lebenden Vater zu besuchen, einen Bauern, der sein Land in der Nähe der Stadt Nottingham bebaute und den er nicht mehr gesehen hatte, seit er vor drei Jahren zur Bruderschaft gestoßen war. Ehe Robin ihn gehen ließ, hatte er ihm eingeschärft, sich nicht in Gefahr zu begeben und auch seinen Vater nicht zu gefährden. Trotzdem hatte er sich um den Jungen gesorgt und war nun froh, ihn heil wieder zurück zu sehen. »Nun, Hugh«, sagte er, »wie geht es deinem Vater?«

»Gut«, antwortete Hugh lächelnd. »Die Lammzeit war gut dies Jahr, und auf den Feldern steht der Weizen dicht und schwer im Halm.«

»Und außer deinem Vater hat niemand dich gesehen?« fragte Robin.

»Nein, Master, dafür habe ich gesorgt. Ich kam und ging im Schutze der Dunkelheit, und während des einen Tages, den ich dort verbrachte, hielt ich mich nur im Haus auf. Und als am Abend die Freunde meines Vaters kamen, um ein Bier zu trinken und miteinander zu reden, lag ich versteckt auf dem Apfelboden über ihren Köpfen, so daß ich – ohne selbst gesehen zu werden – ihrer Unterhaltung und ihrem Gelächter zuhören konnte, und hatte selbst auch einen Krug Bier.« Er lachte. »Sie ahnten nicht, die ehrenwerten Bauern, daß sich an diesem Abend einer mehr als sonst in ihrer Gesellschaft befand.«

»Haben sie irgend etwas Interessantes erzählt?« fragte der alte Watkin, der gegenüber am Feuer saß, und auch ein anderer Mann rief: »Oh ja, erzähle, Hugh, was gibt es Neues in Nottingham?«

Nun raschelte und bewegte es sich in der warmen verschatteten Dunkelheit, als die Männer, angelockt von der Aussicht auf Neuigkeiten, näher herbeikamen und auch die anderen von der zweiten Feuerstelle über den Rasen her sich näherten.

Ket der Schmied, einer der Köche an diesem Tag, hatte seinen Platz sofort verlassen, als Hugh anlangte, und kam nun zurück mit einem Holzteller, auf dem Reste des Abendessens hoch aufgetürmt waren. Diesen reichte er dem Ankömmling und sagte: »Iß, Junge, du wirst wohl hungrig sein«, und zog sich wieder auf seinen Platz auf dem Rasen zurück.

Hugh griff tüchtig zu, denn er war wirklich sehr hungrig. Während er aß, erzählte er und berichtete, was er aus der Unterhaltung der Bauern in seines Vaters Küche erfahren hatte, und auch noch anderes, was sein Vater ihm während ihres Zusammenseins an jenem Tage mitgeteilt hatte. Einige der Geächteten stammten aus Nottingham, andere kamen aus Dörfern, die in der Nähe der Stadt lagen. So lauschten sie begierig den Neuigkeiten aus ihrer Heimat, die Hugh zwischen großen Bissen kalten Wildbratens berichtete. Er erzählte von Geburten, Sterbefällen und Heiraten, von verhafteten Wilderern, von einem Kalb mit zwei Köpfen, das auf einem der Bauernhöfe zur Welt gekommen sei, von einem Kampf auf dem Fischmarkt am vorletzten Samstag, und schließlich berichtete er von einem großen Bogen-Wettschießen, welches der Sheriff plante und das an einem bestimmten Tag der nächsten Woche stattfinden sollte.

»Und ist das allen zugänglich, dieses Schießen?« fiel Robin schnell ein.

»Ja, und der Preis für den Sieger ist ein Silberpfeil, mit Spitze und Schaft aus Gold.«

»Hugh«, fragte Robin, »würdest du wohl gerne das Wettschießen um diesen Silberpfeil mitmachen?«

»Oh ja, das möchte ich wohl, Master Robin«, erwiderte Hugh eifrig.

Robin wandte sich an eine der schattenhaften Gestalten, die größer war als die übrigen, und fragte: »Und *du*, Little John?«

»Nur zu gern!« rief Little John.

»Dann sollt ihr das tun.« Robin schaute die herandrängenden Schatten an und fragte vergnügt: »Wer will noch mit uns kommen? Wer will nach Nottingham zum Wettschießen des Sheriffs?«

»Ich, Master!« rief Much der Müllerssohn.

»Ich auch, Master Robin!« Gilbert beugte sich vornüber in den Schein des Feuers.

»Und ich!« ließ sich Will Scarlet vernehmen.

»Ich auch, Master!« Das war Alans Stimme.

»Und ich!« – »Und ich!« – »Und ich!« Lachende, eifrige Stimmen antworteten ihm von allen Seiten des glimmenden Feuers.

»Ihr Kindsköpfe!« ertönte Marians Stimme aus der Dunkelheit. »Nur, weil ihr genauer und weiter schießen könnt als die Schützen des Sheriffs, müßt ihr damit protzen wie dumme kleine Kinder!«

Robin lachte. »Liebste, du wirst uns doch ein harmloses kleines Vergnügen nicht mißgönnen?«

»Harmlos!« rief Marian, halb lachend, halb verzweifelt. »Harmlos! Und wenn ihr alle vor den Toren von Nottingham in einer Reihe aufgehängt werdet wie Elstern vor eines Waldhüters Scheunentor, dann soll das harmlos sein! – und Alice und ich können dann lachen und guter Dinge sein, weil wir uns nicht länger um eure Sicherheit sorgen müssen!« Dann lenkte sie plötzlich ein. »Nein, ich habe es nicht so gemeint. Geht nur, ergötzt euch an eurem Schießen und bringt den Silberpfeil mit zurück.«

Fünf Tage später wanderte eine kleine Gruppe von Bauern fröhlich auf der Landstraße von Worksop nach Nottingham. Es waren ihrer dreiundzwanzig; handfeste Männer, die mit bunten Kitteln und Hosen aus grobem Tuch bekleidet waren. Jeder hatte einen wohlgefüllten Köcher an der Hüfte hängen und einen Bogen aus rotem spanischem Eibenholz über der Schulter. Ihr Schuhwerk war weiß von dem Staub der sommerlichen Landstraße, denn sie hatten schon eine weite Strecke zurückgelegt. Auch hatte jeder einen Beutel oder ein Bündel, das Brot und Käse, vielleicht sogar gebratenen kalten Speck enthalten mochte.

An jenem Morgen kamen viele solcher fröhlichen Gruppen die Straßen und Waldwege entlang gezogen, von

Worksop, Mansfield, Kirkby und Woodstock und einem Dutzend kleiner Dörfer aus der Gegend von Sherwood Forest, zwischen Clumber und dem Peak, und alle zogen sie nach Nottingham zu des Sheriffs Bogen-Wettschießen, und alle wollten sie am Abend mit dem begehrten Silberpfeil wieder heimkehren.

Auf dem glatten Rasengelände vor der nördlichen Stadtmauer waren die Schießstände mit den neuen Zielscheiben aus Stroh schon errichtet, an jedem Ende des langen Schießplatzes; und ringsherum, dicht unterhalb der Mauern und sogar halb im Tor, waren Buden, Stände und Schautische aufgestellt, so daß das ganze Gelände wie ein großer Jahrmarkt aussah. Aus ganz Nottinghamshire und dem Peak District waren Händler, Gaukler und Taschenspieler gekommen, um den herbeiströmenden Zuschauern ihre Künste zu zeigen und ihre Waren anzupreisen.

Robin und seine Männer schoben sich durch die Menschenmenge, die sich schon eingefunden hatte, und betrachteten mit großem Vergnügen das fröhliche Treiben, das ihnen, die die Waldeinsamkeit des Greenwood gewöhnt waren, so sonderbar erschien. Hier stand eine rot-gelb gestreifte Bude, in der es leuchtend goldenen Ingwerkeks und Pfefferminzbonbons zu kaufen gab; dort waren Buden mit Getränken aufgebaut; hier war ein offener Stand, der gestickte Falkner-Handschuhe zur Schau stellte, rotbuschige Hauben für die Falken und Fußriemen mit silbernen Haken.

Ein Balladensänger war da und ein Jongleur in Grün und Gelb, der Glöckchen, Bälle und frische Rosen wie einen schimmernden Bogen in die Luft warf. Und einen Tanzbären gab es, der hin und her schaukelte im Takt der Melodie, die ein kleiner zerlumpter Junge für ihn blies. Die Geächteten schauten ihm zu, lachten über seine unbeholfenen Sprünge, und als er seinen Tanz beendet hatte, warfen sie ihm Kupfermünzen zu, die der kleine Flötenjunge aufsammelte.

Von einem Stand zum anderen gingen sie, lauschten dem Balladensänger, sahen dem zerlumpten Akrobaten zu, und

Robin ergötzte sich an alledem ebenso wie seine Männer. Überall stießen sie auf andere Bogenschützen, die gekommen waren, um ihr Können auf die Probe zu stellen; doch bildeten diese nur den kleineren Teil der sich vergnügenden Menschenmenge, die jedes Fleckchen zwischen den Ständen ausfüllte und zwischen den Stadttoren hin und her wogte. Ehrbare Bauern mit ihren apfelwangigen Frauen und Töchtern, Kaufherren in pelzbesetzten Mänteln mit ihren Damen in bunter sommerlicher Seide und Satin; magere braungebrannte Knechte mit Schuhen, an denen noch die Ackererde klebte, und ein paar Kupfermünzen in der Tasche; alle waren sie gekommen, um dem Wettkampf um den Silberpfeil zuzusehen, um sich zu vergnügen und die Possen der Gaukler zu bestaunen und von den bunten Ständen die hübschen Sachen zu kaufen. Um die Füße der vielen Menschen spielten und tollten kleine Kinder und große Hunde.

Das Schießen sollte eine Stunde vor dem Mittag beginnen, und da, nach dem Sonnenstand zu urteilen, diese Stunde naherückte, machten Robin und seine Männer sich auf den Weg zu den Schießständen. Von einigen Waldhütern freigehalten, lag die weiche grüne Rasenfläche leer und still zwischen der fröhlichen Menge und den bunten Jahrmarktsbuden, die sie umgaben. An der einen Seite war eine Tribüne aufgeschlagen, von der aus der Sheriff und seine Gäste dem Schießen zuschauen würden. Das rauhe Holz war bemalt und vergoldet und mit rotem Stoff verkleidet, und davor ruhte der Silberpfeil auf zwei gegabelten Haselästen. Er funkelte und glänzte in der Sonne, von zwei kräftigen Kriegern bewacht.

»Da ist er, Freunde«, sagte Robin. »Ein hübsches Spielzeug. Es lohnt sich, darum zu schießen!« Er ließ seine Stimme sinken und murmelte: »Sechs von euch sollen mit mir zusammen schießen, die übrigen bleiben hier, für den Fall, daß es Schwierigkeiten gibt.«

»Erwartet Ihr Schwierigkeiten?« fragte Little John.

»Nein, John, aber Vorsorge zu treffen ist wichtig. Du kommst also mit mir – und Much – und Gilbert – und Hugh.« Er zögerte, seine Augen schweiften über die eifrigen Gesichter seiner Leute, dann fuhr er fort: »Und du, Will Scarlet – und du, Reynold.«

Die Seitenstreifen des Feldes begannen sich zu füllen, als die ersten die Stände und Gaukler verließen und herbeiströmten, um sich gute Plätze zum Zuschauen zu sichern. Die grün gekleideten Waldhüter hatten es jetzt schwer, den glatten Rasen des Feldes freizuhalten; Robin und die Seinen wurden von den nachdrängenden Bogenschützen, die alle nach vorn wollten, hin und her gestoßen.

Kraft ihrer Ellenbogen gelang es den Geächteten, ihre Plätze ganz vorne zu behaupten. Da sie den ganzen Weg vom Barnesdale-Wald gekommen waren, um das Schießen zu sehen und daran teilzunehmen, hatten sie nicht die Absicht, sich in den Hintergrund drängen zu lassen, von wo aus keiner von ihnen – außer vielleicht Little John – etwas würde sehen können.

Bald erschien auch der Sheriff mit seiner Lady am Arm, und mit ihm kamen noch einige Kaufherren mit ihren Frauen. Sie stiegen die hölzernen Stufen der rot verkleideten Tribüne hinauf, nahmen auf den mit Kissen bedeckten Bänken Platz, und die Damen breiteten sorgfältig ihre damastenen Röcke aus. Der Sheriff lehnte sich in die Kissen, faltete die Hände über dem Bauch und drehte sich zu einem Mann zu seiner Linken, einem mageren Mann, der vornübergebeugt saß und sich mit scharfen Augen umsah. Sein Gesicht lag tief im Schatten der nach vorn gezogenen Kapuze, – irgendwie machte er nicht den Eindruck eines Kaufmannes.

Über die Mauern reckten und streckten sich die Köpfe der Schaulustigen immer weiter vor; Hunde, die zwischen den Beinen der Leute herumrannten, wurden schnell am Halsband ergriffen, kleine Kinder wurden auf die Schultern ihrer Väter geschwungen, damit sie über die Köpfe der

Menge hinweggucken könnten. Endlich trat ein Krieger vor die Tribüne, hob sein Jagdhorn an die Lippen und ließ einen hellen, durchdringenden Ton erschallen.

»Diejenigen, die an dem Wettschießen um den Silberpfeil teilnehmen wollen«, rief er, »mögen ihre Bogen nehmen und vortreten.«

Sofort fing das Stoßen und Schieben wieder an, als die Schützen sich durch die Menge drängten und auf das offene Feld heraustraten. Zusammen wurden sie dann zu einem Platz geführt, der an dem einen Ende der Wiese wie ein Schafpferch eingezäunt war. Unter ihnen befand sich auch Robin mit seinen auserwählten sechs Männern. Die übrigen blieben, wo sie waren, zwanglos an ihre Bogen gelehnt und dennoch wachsam, bereit einzugreifen, falls eine Schwierigkeit entstehen sollte.

Wieder ertönte das Jagdhorn. Der erste Schütze trat vor, aber er schoß schlecht und zog sich, rot vor Verlegenheit, unter dem spöttischen Gelächter der Zuschauer zurück, um dem zweiten Schützen Platz zu machen. Das war ein kleiner verhutzelter Mann mit einem zerzausten flachsfarbenen Schopf, der in Strähnen unter seiner Kapuze hervorschaute; er hob seinen Bogen und ließ den Pfeil losschnellen mit einer Leichtigkeit, die kaum einer von Robins Männern hätte übertreffen können; der Pfeil schwirrte über die Wiese und prallte knapp eine Handbreit vom Pflock entfernt in das Ziel. Dreimal schoß der kleine Mann, und es waren gute Schüsse, wenn auch nicht so genau wie der erste. Dann trat er beiseite und ging seine Pfeile holen, die ein Waldhüter, der auch die Punkte zählte, aus der Zielscheibe gezogen hatte.

»Ein guter Schütze war das, John«, sagte Robin leise, »ich wünschte, den hätten wir bei uns.«

»Vielleicht wird das eines Tages der Fall sein, Master«, erwiderte Little John beiläufig und beobachtete den nächsten, der hervortrat, um zu schießen. Doch Robin schaute dem kleinen Schützen nach, und da sah er etwas Seltsames:

als dieser nämlich an seiner eigenen kleinen Gruppe vorbeiging, hob er plötzlich den Kopf, zögerte, als ob er einen von ihnen ansprechen wollte, ging dann aber weiter; im gleichen Augenblick blickte Alan A'Dale hoch, sah ihn und schaute sofort wieder weg. Selbst aus dieser Entfernung konnte Robin sehen, daß die beiden sich erkannten, das aber sofort wieder zu verbergen verstanden.

Als nächster trat ein Krieger hervor, spannte den Bogen und schoß auch gut; danach aber war eine ganze Weile kein Schuß mehr zu sehen, den zu beobachten sich gelohnt hätte.

Um zwei Uhr mittags wurde eine Pause eingelegt, die Menge zerstreute sich, die reicheren Leute suchten die Gasthäuser und Schenken von Nottingham auf, die ärmeren ließen sich an der Stadtmauer nieder und stillten ihren Hunger mit Schwarzbrot und gelbem Käse, die glücklicheren unter ihnen mit fettem Speck.

Der Sheriff und seine Gäste entfernten sich durch das Tor, um ein Mittagsmahl – kalte Hammelpastete und buntes Marzipan – unter den blühenden Rosen im Garten des Sheriffs zu verspeisen; und auf dem Rasen unterhalb der Stadtmauer, von den anderen ein wenig entfernt, streckten sich Robin und seine Männer aus, verzehrten ihr mitgebrachtes Essen und beredeten gemächlich die Ereignisse des Vormittags.

Endlich rief das Jagdhorn wieder zu den Schießständen, und wieder hob das Drängeln und Stoßen an. Mehrere herrenlose Hunde mußten vom Feld entfernt werden; ein kleiner Junge, den man schlafend im Schatten eines Schießstandes gefunden hatte, wurde seiner Mutter übergeben; und nachdem auch der Sheriff und seine vornehmen Gäste sich wieder auf der Tribüne niedergelassen hatten, fing das Schießen von neuem an.

Schläfrig verstrich der lange heiße Sommernachmittag, ein Mann nach dem anderen trat hervor, um seine drei Pfeile abzuschießen, die träge über das Feld summten, und wenn ein Pfeil das Ziel traf, erklang das scharfe »zck« in der warmen Luft. Wie ein verzaubertes Blütenblatt tanzte ein gelber Schmetterling über die Köpfe der Menge, und aus den Wäldern bei Linden Lea erklang hin und wieder das leise Rufen eines Kuckucks.

Schon wurden die Schatten länger, als endlich die sieben Geächteten an die Reihe kamen. Jung Gilbert machte den Anfang. Weich und gut schnellte der Pfeil von der Sehne, und sein dritter Schuß saß drei Finger vom Pflock entfernt. Robin nickte Beifall, und Reynold trat an des Jungen Stelle.

Jeder der Geächteten schoß hervorragend, und Robin beobachtete jeden einzelnen voller Stolz: den schlanken jungen Gilbert, den untersetzten ergrauten Reynold; Will Scarlet, der in dem groben Wolltuch gerade so schmuck aussah wie früher in seinem Samt; den kleinen, braunen, drahtigen Much; Hugh Greenleafe, frisch und kräftig; und schließlich den riesigen Little John mit seinen freien, lockeren Bewegungen. Ein jeder hob den Bogen, spannte und schnellte los mit einer einzigen geschmeidig-kraftvollen Bewegung; und als Pfeil auf Pfeil in die inneren Kreise der Zielscheibe traf, drängten sich die Zuschauer immer weiter nach vorn und verliehen leise murmelnd ihrer Bewunderung Ausdruck, denn nie zuvor hatte man derartiges Können gesehen.

Als letzter an jenem Nachmittag ergriff Robin seinen Bogen und trat auf das Feld hinaus. Aller Augen waren auf ihn gerichtet, als er den Bogen hob und den Pfeil einspannte. Die Sehne summte ihren tiefen Ton, als er den Pfeil losschnellen ließ; der Pfeil surrte über das besonnte Feld und blieb, einen Fingerbreit neben dem Pflock, zitternd in der Scheibe stecken. Er spannte und schoß wieder, und sein zweiter Pfeil streifte den Pflock auf der anderen Seite. Atemlose Stille lag über der Menge, als er den großen Bogen zum dritten Mal spannte. Aller Augen verfolgten den Flug jenes dritten Pfeiles, der über das Feld sauste, in der Sonne wie ein Feuerstreif aufglänzte und mit dumpfem

»plop« ins Ziel traf. Die Menge brüllte auf; die Damen auf der Tribüne beugten sich vor und klatschten in die Hände, und selbst der Sheriff setzte sich auf und schnaubte Beifall. Robin war das gleiche gelungen, wie schon einmal zuvor an jener Stelle: er hatte den Pflock gespalten!

Die Menschenmenge wogte vorwärts und ergoß sich auf das Feld. Zwei Waldhüter untersuchten die Zielscheibe, gingen zur Tribüne und flüsterten mit dem Sheriff. Dieser sprach mit seiner Gemahlin, die sich von ihrem Sitzkissen erhob, ihre Röcke glättete und den glänzenden silbernen Pfeil von dem Platz aufnahm, auf dem er den ganzen Tag geruht hatte.

Robin wurde zu den Stufen der Tribüne gedrängt. Er stieg sie empor und beugte das Knie vor der Gattin des Sheriffs, die sich freundlich lächelnd vorlehnte, den Silberpfeil in der Hand. Als er zu ihr aufblickte, drangen die schrägstehenden Strahlen der untergehenden Sonne unter seine Kapuze und erhellten mit ihrem Glanz sein mageres braunes Gesicht. Der Mann mit der tief heruntergezogenen Kapuze, der neben dem Sheriff stand, beugte sich plötzlich vor und starrte ihn an. Aus den Augenwinkeln heraus erhaschte Robin diese plötzliche Bewegung, drehte sich um und blickte in die zu Schlitzen verengten dunklen Augen von Guy von Gisborne, dem Rentmeister vom Gut Birkencar.

Einen Augenblick lang blickten die beiden Männer einander in die Augen, und ihr gegenseitiger Haß stand wie ein blankes Schwert zwischen ihnen; dann lachte Guy von Gisborne überschwenglich und rief: »Ein guter Schütze warst du seit jeher, aber diesmal hast du deinen letzten Pfeil abgeschossen – *Robin Hood*!«

Mit einem Satz war Robin auf den Füßen und sprang die Stufen hinunter. Hinter sich hörte er den Sheriff überrascht und wütend aufbrüllen und dazwischen die Stimme seines alten Feindes, der den Kriegern zurief, sie sollten ihn festhalten. Am Fuße der Treppe stellte er sich ihrem

Angriff; das Schwert blitzte in seiner Hand, und er wußte, daß seine Männer sich hinter ihm zusammenschließen würden. Zu den sechs, die mit ihm geschossen hatten, stießen rasch die übrigen, die sich durch die Menge der Zuschauer einen Weg bahnten, ihre Bogen über der Schulter, die blanken Schwerter in der Hand.

Die ganze Menschenmenge um die Geächteten geriet in Aufruhr, von der Seite rückten die Krieger und Bogenschützen des Sheriffs heran. Robin und die Seinen wichen stetig zurück: eine kleine Schar ingrimmiger, verwegener Männer, deren Schwerter tiefe Wunden schlugen. In diesem Menschengewühl wagten es die Leute des Sheriffs nicht zu schießen, so drängten sie in dicht geschlossener Reihe vor, konnten aber gegenüber der drohenden Gefahr dieser auf und nieder sausenden Schwertschneiden nichts ausrichten. Die Geächteten, dicht aufgeschlossen, zogen sich unaufhaltsam weiter zurück und schienen ihnen geradezu durch die Finger zu schlüpfen.

Der Sheriff schrie der Volksmenge zu, sie sollten die Gesetzlosen nicht durchlassen und ihnen den Fluchtweg abschneiden; doch die Stadtleute fürchteten die blitzenden Klingen, und die Leute vom Lande waren im Herzen auf der Seite der Männer aus den Wäldern; und anstatt sie in ihrer Flucht zu behindern, bildeten sie eine Gasse, um sie durchzulassen und drängten sich dann wieder aneinander wie verschreckte Schafe.

Kurz darauf hatten die Geächteten die Menge hinter sich gelassen, und als die Krieger, die in großer Überzahl waren, sie wie Jagdhunde ihre Beute einzukreisen begannen, drehten sie sich um und rannten. Sie rannten im Zick-Zack über das Feld, Pfeile schwirrten hinter ihnen her, doch keiner traf; und den schnellfüßigen Männern aus dem Wald gelang es, zwischen sich und die wohlgenährten Krieger eine immer größer werdende Entfernung zu legen.

Im Laufen zerrten sie die Bogen von der Schulter, und als sie sich wieder umdrehten – dem Wald schon um zweihundert Meter näher –, hatte jeder der Männer einen Pfeil eingespannt. Wie ein Schwarm zorniger Hornissen schwirrten diese tödlichen Pfeile auf die Krieger zu, und mehrere stürzten und rollten zur Seite.

Doch die übrigen kamen immer schneller, hielten an, schossen, rannten weiter. In guter Ordnung zogen sich die Geächteten in Richtung auf den entfernten Wald zurück, drehten sich um, schnellten ihre tödlichen Pfeile los, zogen sich weiter zurück, schossen wieder. Mehrere Male fiel einer der Krieger oder Waldhüter, die Geächteten waren bisher unversehrt geblieben; in einem Kampf dieser Art – wenn jeder rannte – vermochten die Krieger nicht so sicher zu schießen wie am Schießstand, wo der Schütze sich zum Zielen auf eine feststehende Scheibe Zeit nehmen kann. Ganz langsam kam die dunkle Mauer des Waldes näher, – aber würde die kleine Schar der aufs äußerste entschlossenen Männer den Schutz der Bäume erreichen, ehe es zu spät war?

Einige Krieger, die sich von der Hauptgruppe abgespalten hatten, waren ihrer linken Flanke gefährlich nahe gekommen. Nur wenige Pfeile hatten sie noch übrig, und der Wald schien noch immer weit. Nach rechts blickend, sah Robin, daß ganz in der Nähe sich ein Tal öffnete und zwischen niedrigen Hügeln entlangzog. Und nur wenig weiter als ein Pfeilschuß von den Kämpfenden entfernt stand eine kleine feste Burg auf dem grünen Talboden; ihre grauen Mauern erhoben sich aus dem schimmernden Dunkel des mit Wasser gefüllten Burggrabens und waren von schönen Gärten und Obstbäumen umgeben.

Es war die Burg von Sir Richard-at-Lea, das wußte Robin. Er wußte auch, daß man ihm und seinen Männern bereitwillig Zuflucht hinter jenen Mauern gewähren würde; doch ebenso wußte er, daß er den Untergang von Sir Richard, seinem Freund, heraufbeschwören würde, wenn er diese Zuflucht in Anspruch nähme. In Sekundenschnelle stellte er diese Überlegungen an, und fest entschlossen wandte er sich wieder dem Walde zu, der so weit entfernt schien wie zuvor.

In diesem Augenblick ertönte ein tiefes gefährliches Brummen und ein Schwarm von Pfeilen sauste teils zwischen die Flüchtlinge, teils über sie hinweg. Sie richteten keinen Schaden an und bohrten sich ins Gras – bis auf zwei: Diggery taumelte, erblickte einen klaffenden Riß in seinem Arm und versuchte weiterzurennen; gleichzeitig schwankte Little John, stürzte vornüber und rollte zur Seite, ein Pfeil steckte in seinem linken Knie.

Sofort hielten alle an, und ehe er noch still lag, kniete Robin bereits an seiner Seite. Little John stützte sich auf die Hände, betrachtete sein unbrauchbar gewordenes Bein und blickte Robin dann in die Augen. Sein Gesicht sah plötzlich sehr jung und sehr ernst aus.

»Robin«, sagte er eindringlich, »Euren Dolch! Bereitet mir ein schnelles Ende, laßt mich nicht in die Hände des Sheriffs fallen!«

»Verlieren soll ich dich? Nein, John«, antwortete Robin. Er stand auf, bückte sich und nahm alle seine Kraft zusammen für eine gewaltige Anstrengung. »Hinauf mit dir, Junge! – Gilbert, hilf mir.«

Gilbert eilte ihm zu Hilfe, und im nächsten Augenblick stand Robin aufrecht, zitternd vor Anspannung unter dem Gewicht seines Freundes, der auf seiner Schulter lag.

Der ganze Aufenthalt hatte nur kurze Zeit in Anspruch genommen, die Männer, die um Little John herumstanden, hatten ihre Pfeile gegen die sich schnell nähernden Krieger nur einmal abgeschossen; und dennoch hatten sie ihren Vorsprung zum großen Teil eingebüßt, als Robin wieder aufbrach. Wäre Little John nicht kampfunfähig gemacht worden, so hätten sie den Wald vielleicht erreichen können; doch jetzt würde es ihnen nicht mehr gelingen, – zu nahe waren die Männer des Sheriffs gekommen, und sie selbst waren behindert durch die Last des Verwundeten.

Robin rief seinen Männern zu, ihm zu folgen, wandte

sich nach rechts und lief taumelnd das Tal entlang auf die kleine feste Burg zu. Jetzt hing alles davon ab, ob die Zugbrücke heruntergelassen war und ob die Bewohner der Burg sie erkennen und schnell einlassen würden. Schon die kürzeste Kontrolle würde genügen, sie ihren Verfolgern auszuliefern – und die waren eins zu vier in der Überzahl. Atemlos rief Robin Alan A'Dale zu: »Alan, lauf schnell – die Zugbrücke!«

Ohne ein Wort zu verlieren, rannte Alan los. Er war von ihnen allen der schnellste Läufer, und die Reisigen seines Vaters würden ihn natürlich erkennen.

Verbissen lief Robin weiter, durch das Gewicht des Verwundeten auf seiner Schulter stark behindert. Seine Männer schlossen sich um ihn zusammen, und außer dem Stampfen ihrer Füße auf dem schmalen Pfad, außer dem tiefen Dröhnen ihrer Bogensehnen konnte er hören, daß die Verfolger immer näher und näher kamen.

Auch Little John hörte sie und verlangte hartnäckig: »Setzt mich ab, Robin, ich bringe den Tod über euch alle – besser einer als alle!«

»Sei still, du Narr«, keuchte Robin und taumelte weiter. Das Blut dröhnte in seinen Ohren, er brach unter seiner Last fast zusammen, doch die Burg war jetzt ganz nahe, und als er um die letzte Biegung des Pfades bog und das Tor vor sich hatte, sah er, daß es weit offen stand und daß einige Bewaffnete sich an den Ketten der Zugbrücke bereithielten. Und mitten auf der Zugbrücke stand Alan A'Dale und neben ihm die vertraute, graugepanzerte Gestalt seines Vaters.

Bei ihrem Anblick jubelten die Männer vor Freude, ein gellendes Wutgeschrei der Verfolger war die Antwort. Knapp ein Dutzend Schritte von der Zugbrücke entfernt, drehten sich die Männer noch einmal um und schossen ihre letzten Pfeile ab. Dann rannten sie weiter, hohl dröhnte die Zugbrücke unter ihren Füßen, und kaum war der letzte Mann drüben, begann sie sich mit einem schrillen Quietschen der Ketten zu heben.

Dann stand Robin im Außenhof der Burg und Sir Richard-at-Lea half ihm, Little John von seiner Schulter zu heben. Auch Scarlet kam zu Hilfe, und miteinander legten sie den Verwundeten auf das Pflaster, so behutsam wie möglich, um seinem verletzten Knie nicht weh zu tun. Aber Little John fühlte keine Schmerzen mehr: als Robin ihn über die Zugbrücke trug, hatte er das Bewußtsein verloren.

Hinter ihnen wurde die Brücke immer höher gezogen, die Ketten kreischten, die Bolzen rumpelten. Und von jenseits, von der anderen Seite des Grabens, hörten sie das wütende Geschrei der Leute des Sheriffs.

In dem stillen, von der Abenddämmerung überschatteten Burghof standen Sir Richards Männer und die keuchenden Geächteten und schauten einander an. Dann trat aus der Tür der zu den Wohngemächern führenden Treppe eine großgewachsene Frau in einem Kleid aus verblichenem goldenem Damast. Sie blieb stehen, und fragend blickte sie jeden einzelnen der Geächteten an. Aus der Reihe seiner Kameraden trat Alan A'Dale auf sie zu, fragte: »Mutter, erkennst du mich nicht?« und warf seine Arme um sie.

Halb lachend, halb unter Tränen hielt sie ihn von sich ab und betrachtete ihn.

»Dich nicht erkennen?« rief sie aus. »Du bist gewachsen, seit ich dich zuletzt sah, mein kleiner Sohn. Aber ich erkannte dich. Ja, und auch Diccon erkannte dich. Er sah dich heute morgen bei den Schießständen, kam zurück und erzählte uns, daß du dort seiest.«

»Ja.« Sir Richard wandte sich an Robin, der bei seinem verwundeten Kameraden kniete. »Er erzählte uns, daß Alan mit einer Gruppe von Bogenschützen dort sei, und das übrige habe ich erraten. So stellte ich eine Wache auf und ließ die Zugbrücke bemannen, für den Fall, daß ihr, jung und – töricht – in Schwierigkeiten geraten würdet und eine Zuflucht brauchtet.«

»Und daß Ihr das tatet, war unsere Rettung«, sagte Robin, der Little Johns Wunde untersuchte. Er blickte auf:

»Denn, jung und – töricht – *sind* wir in Schwierigkeiten geraten, wie Ihr seht.«

Die Zugbrücke war eingerastet und wieder gesichert worden; und in der Stille hörte man deutlich das wütende Geschrei der Verfolger, die um ihre Beute gebracht waren. Doch keiner achtete auf sie.

Diggery saß auf einer Bank bei der Tür der Wachstube, ein grauhaariger Krieger beugte sich über ihn und untersuchte die Wunde in seinem Arm; der kleine verhutzelte Bogenschütze vom Vormittag war zu Alan getreten, schüttelte ihm die Hand, lachte über sein ganzes verwittertes Gesicht und rief immer wieder: »Ach, Master Alan, bin ich aber froh, Euch wieder zu Hause zu sehen.«

Little John hatte man in die große Halle getragen und auf eine niedrige Bank vor dem Feuer gelegt. Allmählich kam er wieder zu sich, bewegte sich und versuchte sich aufzurichten; aber Robin beugte sich über ihn, drückte ihn sanft wieder auf die Bank nieder und sagte: »Bleib still liegen, alter Junge.«

Sir Richard, der am Fußende der Bank stand, fragte: »Wollt Ihr den Pfeil herausschneiden, oder soll ich es tun?«

»Ich will es tun«, antwortete Robin, »wenn Eure Lady mir warmes Wasser und frisches Leinen bringt.«

Lady Elisabeth, Sir Richards Gemahlin, war ihnen in die Halle gefolgt und stand nun neben ihm. »Ich werde euch alles bringen«, sagte sie, wandte sich um und verschwand in den Schatten der Halle, während Robin sein Messer herauszog und das blutgetränkte Tuch von Little Johns Beinkleid rund um den im Knie steckenden Pfeilschaft wegschnitt. Gleich darauf kehrte die Burgherrin zurück, trug eine Schale und einen Krug in den Händen und über dem Arm saubere weiße Leinenstreifen zum Verbinden. Dann machte Robin sich an die Arbeit. Little John lag steif und unbeweglich, Sir Richard hielt sein Knie fest und beobachtete, mit welch sicheren Bewegungen seiner Hände Robin die quälenden Widerhaken herausschnitt.

Noch war die Operation nicht beendet, als Jung Alan, der mit den übrigen Geächteten in der Wachstube geblieben war, hereinkam und zu seinem Vater trat.

»Der Sheriff ist gekommen, Sir«, sagte er, »jenseits des Burggrabens steht er und stampft und brüllt vor Wut. Er verlangt, daß Ihr die Geächteten ausliefert, denen Ihr widerrechtlich Schutz gewährt.«

»Sagt er das?« erwiderte Sir Richard. »Dann werde ich besser hinaus auf die Brustwehr gehen und mit dem Kerl reden, ehe er sich in einen Schlaganfall hineinbrüllt. Komm, Alan, nimm meinen Platz ein. Halt das Knie fest, – so.«

Alan kam um die Bank herum, tat ihm wie geheißen, und Sir Richard verließ die Halle.

Jenseits des Burggrabens stand der Sheriff, schüttelte seine beiden Fäuste und verlangte mit lauter Stimme, daß Sir Richard herauskommen solle. Guy von Gisborne stand neben ihm, ebenso schweigsam wie der Sheriff lautstark. Da erschienen Kopf und Schultern von Sir Richard über der Mauer der Brustwehr, dicht neben der Wachstube, und der Sheriff verdoppelte die Lautstärke seines Gebrülls. »Verräter! Schurke!« bellte er. »Ihr habt ein Dutzend oder mehr übelster Räuber in Euren Mauern – alles Banditen und Mörder! Ich befehle Euch, sie mir innerhalb einer Stunde auszuliefern, wenn Ihr nicht auch gehenkt werden wollt!«

»Ich bin kein Verräter, sondern ein dem König treu ergebener Ritter, wie ihr wohl wißt!« rief Sir Richard zurück. »Und krank vor Kummer würde der König werden, wenn er wüßte, wie ungerecht sein Bruder während seiner Abwesenheit regiert. Ich werde keinen einzigen der Männer ausliefern, die jetzt in meinen Mauern Schutz suchen.«

Während der Sheriff über diese Antwort noch vor Zorn geiferte, warf Guy von Gisborne glattzüngig ein: »Vielleicht ist Euch nicht bekannt, daß der Anführer dieser Männer der berüchtigte Robin Hood ist?«

»Das ist mir wohlbekannt«, erwiderte Sir Richard, »habt Ihr sonst noch etwas zu sagen?«

»Nur das, mein Freund, daß der Tag kommen könnte, an dem Ihr Eure Weigerung bitter bereuen werdet!«

Der Sheriff begann von neuem: »Wenn Ihr diese Männer nicht ausliefert, werde ich die Burg belagern lassen und sie mit Gewalt herausholen!«

Sir Richard lehnte sich weiter über die Mauerbrüstung, schüttelte den Kopf und lächelte liebenswürdig: »Es ist gegen das Gesetz, daß einer wie Ihr einen Ritter in seiner Burg belagern laßt, und das wißt Ihr wohl!« sagte er. »Fordert bei dem Bruder des Königs die ›Königliche Vollmacht‹ an, wenn Ihr wollt; und inzwischen wünsche ich Euch einen guten Abend!« Er trat zurück und wurde durch die Mauer sogleich ihren Blicken entzogen.

Auf der anderen Seite des Burggrabens starrten der Sheriff und seine Leute verblüfft einander an, während Guy von Gisborne sich auf die Unterlippe biß und den Burgmauern finstere Blicke zuwarf. Sie wußten, daß Sir Richards Worte der Wahrheit entsprachen. Es war gegen das Gesetz, wenn jemand ohne die »Königliche Vollmacht« einen Ritter in seiner Burg belagerte, und sie wagten nicht, sich den Zorn von Johann, dem Bruder des Königs, zuzuziehen, der das Land mit eiserner Faust regierte, während Richard Löwenherz sich auf dem Kreuzzug befand. Sie konnten um die »Königliche Vollmacht« einkommen, sicher, doch lange ehe sie gewährt werden konnte, würden die Geächteten, sich wieder in der Sicherheit ihrer Wälder befinden.

Mit einem häßlichen Lachen zuckte Guy von Gisborne die Schulter, legte die Hand auf des Sheriffs Arm und zog ihn mit sich fort. Als sie sich entfernten, gefolgt von den Kriegern und Waldhütern, die enttäuscht hinter ihnen hertrotteten, steckten der Sheriff und Guy von Gisborne die Köpfe zusammen, und es sah aus, als ob sie bereits ein gar böses Komplott schmiedeten.

In der großen Halle der Burg wurde an jenem Abend ein fröhliches Fest gefeiert. In ihren eisernen Haltern flackerten Fackeln an den Wänden, im offenen Kamin brannten knisternde Kiefernkloben, und die rot und gelb züngelnden Flammen loderten bis in das Halbdunkel unter den Dachbalken empor. An langen Tischen saßen die Geächteten zwischen Sir Richards Reisigen, speisten fürstlich und tranken viel nußbraunes Bier, das in den ledernen Schankkrügen reichlich bereit stand.

An der erhöhten Tafel am anderen Ende der Halle saß Robin zwischen Sir Richard und seiner Lady, bei ihnen saßen Alan A'Dale und Sir Richards Schildknappe, ein angenehmer, dunkeläugiger Bursche mit Namen Simon D'Aubernoun. Auch Little John saß an der erhöhten Tafel, da er Robins »Schildknappe« war; er saß seitlich auf der Bank und hatte das verletzte Bein vor sich ausgestreckt. Der Blutverlust hatte ihn geschwächt, so daß sein sonst so braunes Gesicht im Lichte der Fackeln sehr weiß aussah, und obwohl er fröhlich umherblickte und über die Scherze des jungen Knappen lachte, rührte er sein Essen kaum an, weil er sich von den Schmerzen krank und elend fühlte.

Robin machte einen ebenso vergnügten Eindruck wie alle anderen in Sir Richards Halle an jenem Abend, doch in seinem Herzen fühlte er sich bedrückt und besorgt; als er sah, daß Lady Elisabeth in ein Gespräch mit ihrem Sohn vertieft war und ihn wohl nicht hören würde, sagte er zu Sir Richard: »Ich wünschte, daß ich und meine Leute heute nacht nicht unter Eurem Dache wären, denn ich fürchte sehr, daß der Schutz, den Ihr uns gewährt, schlimme Folgen für Euch haben wird.«

»Wenn das der Fall sein sollte«, sagte Sir Richard ernst, »ist nichts daran zu ändern. Wer hätte ein größeres Anrecht darauf, Euch Schutz und Hilfe zu gewähren als ich, der ich Euer Freund bin?«

»Das ist wahr. Aber ich will meinen Freund nicht ins Verderben stürzen. Und wenn Little John nicht den Pfeil in sein Knie bekommen hätte, würde ich mein Rudel Wölfe gewiß nicht vor Euer Tor, sondern in den Wald geführt haben, der eine passendere Zufluchtsstätte für unsereins ist.«

»Mit dem jungen Riesen auf Euren Schultern hättet Ihr den Wald niemals erreichen können«, meinte Sir Richard und schaute zu Little John hinüber, der vor seinem unberührten Teller saß. »Ihr tatet das einzig Mögliche. Und wenn Unheil daraus entstehen sollte, werde ich es um Euretwillen gerne ertragen, Freund Robin. Und sollte das Schlimmste eintreten, so kann ich ja Alans Beispiel folgen und zu Euch in den Greenwood kommen.«

»Und Lady Elisabeth, Eure Gemahlin?« fragte Robin.

Sir Richard lächelte. »Ihr habt ja schon zwei Ladies in Eurer Bruderschaft. Wäre da kein Platz für eine dritte?«

»Mit Freuden!« antwortete Robin. »Aber auf jeden Fall will ich mit meinen Jungens Eure gastliche Burg morgen verlassen, denn je länger wir hier bleiben, desto größer wird die Gefahr für Euch.«

Und bei diesem Entschluß blieb er, trotz allem, was der gute Sir Richard und seine Lady sagen mochten, um ihn umzustimmen.

Die Befreiung von Sir Richard

Am Morgen nach dem Wettkampf um den Silberpfeil war Little John fiebrig und unruhig, und als Robin seine Wunde untersuchte, fand er sie rot und entzündet.

Sie befanden sich in der großen Halle der Burg, wo in jenen Tagen alle, außer dem Herrn und der Dame des Hauses, zu schlafen pflegten. Eingehüllt in Mäntel und grobe Decken lagen sie auf dem dick mit Binsen bedeckten Boden, und zwischen ihnen rollten sich auch die Hunde zusammen.

Die Vorbereitungen für die Morgenmahlzeit waren im Gange, aber außer den Dienern, die Trinkbecher aus Horn und Schüsseln mit frischem Brot auf die Tische setzten, befanden sich nur wenige Menschen in der Halle; die Reisigen hatten sich an ihre verschiedenen Arbeiten und Aufgaben begeben, und die meisten der Geächteten waren mit ihnen gegangen, da sie den schönen Morgen lieber im Freien verbringen wollten.

»Eine häßliche Wunde, mein Junge«, sagte Robin und runzelte die Stirn. »Und sie muß verteufelt schmerzhaft sein.«

»Ja, sie tut weh«, stimmte Little John zu und hielt dann den Atem an, als Robin ein Stück Leinen in eine neben ihm stehende Schüssel mit Wasser tauchte und die Wunde zu reinigen begann.

Sir Richard war leise in die Halle gekommen und trat nun neben den Verletzten.

»Das bedeutet, daß Ihr Euren schönen Plan, meine Burg heute zu verlassen, nicht durchführen könnt, – und zwar noch für einige Tage nicht«, sagte er ruhig.

Robin schaute auf und blinzelte, weil ihn die Sonne blendete, die, schräg durch ein schmales Spitzbogenfenster fallend, ihm gerade in die Augen schien. »Nein, mein Freund, der Bursche da wird in unserer eigenen Festung genausogut wieder gesund werden.«

»Und wie wollt Ihr ihn dorthin bringen?«

»Nun«, sagte Robin lächelnd, »Little John ist sicher ein bißchen groß und schwer, aber doch nicht so schwer, als daß ihn nicht vier von uns auf einer Tragbahre tragen könnten.«

Und auf einer Tragbahre aus frisch geschnittenen grünen Ästen, getragen von Scarlet und Brand, von Gilbert und Robin Hood, wurde Little John alsbald aus Burg Linden Lea fortgeschafft. Sir Richard und seine Lady taten ihr Bestes, Robin dazu zu bewegen, bei ihnen zu bleiben, bis Little John wenigstens kein Fieber mehr hätte. Doch Robin war entschlossen, die Burg sobald wie möglich von seiner gefährlichen Anwesenheit zu befreien, und an diesem Entschluß hielt er fest.

Die Sonne war schon hoch über die Mauern gestiegen, als die Schar der Geächteten mit Little John, flach ausgestreckt auf seiner Tragbahre, durch den Rosengarten der Burg hinunter zu dem schmalen Pfad stieg, der zur nächstgelegenen Waldzunge führte.

Als sie das offene Gelände zwischen Burg und Waldsaum überquerten, hielten sie Augen und Ohren offen, ob irgend etwas darauf hindeutete, daß die Männer des Sheriffs in der Nähe seien. Doch es war kein menschliches Wesen zu sehen außer einem vor sich hinpfeifenden Leibeigenen, der hinter einem schweren von acht Ochsen gezogenen Pflug herging und sie angrinste, als sie vorbeizogen. Bald hatten sie den Schutz des Waldes erreicht und waren von seinen dicken alten Stämmen umgeben. Immer tiefer drangen sie ein in das Herz des Clumber Forest. Sie liefen in gleichmäßigem Trab, hielten nur hin und wieder an, um die Bahrenträger auszuwechseln, denn es war schwül und drückend im Walde, weil durch das dichte Geflecht der Zweige wohl die Sonne, aber auch die Luft ferngehalten wurde.

Gegen Abend erreichten sie die große Lichtung von Dunwold, und Alan, Reynold, Hugh und Will Stukely, die Little John trugen, setzten ihre Last dankbar neben der Feuerstelle ab und wischten sich die Stirn. Die steinerne Feuerstelle war sauber gefegt und dunkel, und auch trockenes Holz lag bereit, da die Geächteten die Nacht vor dem Wettschießen hier in ihrem Winterquartier verbracht hatten und hier auch auf ihrem Rückweg gen Norden zum Barnesdale-Wald halt machen wollten. So konnte schnell ein Feuer entzündet werden, grobes Mehl und Salzfleisch wurden aus dem verborgenen Vorrat geholt, und die Köche machten sich an die Arbeit. Die Abenddämmerung senkte sich, und das goldene Licht des sommerlichen Vollmondes schien herunter auf die züngelnden Flammen des

Lagerfeuers und auf die Männer, die – ihre Bogen neben sich – um das Feuer herum saßen.

Ihre bunten wollenen Bauernkittel hatten sie wieder mit dem üblichen Lincolngrün vertauscht, sie hatten gekochtes Pökelfleisch und kleine heiße Weizenkuchen gegessen und genossen nun den stillen Abend, ehe es Zeit war, auf das trockene Farnlager oben in den Höhlen zu kriechen und zu schlafen.

Little John saß bequem mit dem Rücken an die Rasenböschung gelehnt, schaute verträumt in den Mond, neben ihm saß Robin vornübergebeugt, die Hände um die Knie geschlungen, und starrte in das Feuer.

Die übrigen unterhielten sich leise, beredeten noch einmal die Geschehnisse des vergangenen Tages und schmiedeten Pläne für die kommende Zeit im Wald von Barnesdale. Diggery fingerte von Zeit zu Zeit an seinem verbundenen Arm herum; Will Scarlet hatte eine zerbeulte Büchse mit Würfeln hervorgezogen und würfelte mit Goldsbrough um Spielmarken aus Birkenrinde.

Nach einiger Zeit stand Much auf, gähnte und reckte sich und kletterte zu dem Eingang der nächstgelegenen Höhle hinauf. Robin und Will Scarlet hoben Little John miteinander auf, trugen ihn in die Höhle und legten ihn behutsam auf eine der Lagerstätten aus trockenem Farn.

Die Glut des Lagerfeuers erlosch zu grauer Asche, und es wurde still auf der großen Lichtung.

Am nächsten Morgen machte sich Gilbert auf den Weg nach Norden, um der übrigen Bruderschaft von den Geschehnissen zu berichten. Und als er fort war, richtete man sich im Lager von Dunwold Scar darauf ein, so lange zu bleiben, bis Little Johns Wunde verheilt war und er wieder laufen konnte. Es sah allerdings so aus, als ob das noch lange dauern würde.

Einige Tage hindurch war Little John schwer krank; er hatte hohes Fieber und warf sich ruhelos auf seinem Farnlager hin und her. Robin pflegte ihn so liebevoll, wie keine Frau es besser hätte tun können, und auch Much und Scarlet wichen kaum von seiner Seite. Als das Fieber schließlich nachließ, fühlte er sich – wie er angeekelt feststellte – so schwach wie ein halbertrunkenes Kaninchen.

Seit dem Schießen um den Silberpfeil war mehr als eine Woche vergangen, als die Geächteten eines Abends auf der Dunwold-Wiese versammelt waren und auf das Nachtmahl warteten. Eigentlich war es erst später Nachmittag, und sie hatten noch einige Stunden Tageslicht vor sich. Am Tage zuvor waren sie auf der Jagd gewesen und brauchten erst morgen wieder zu jagen; sie hatten es auch nicht nötig, irgendeinen wohlhabenden Reisenden seines Goldes oder seiner Habe wegen zu überfallen; und es war ein schwüler, drückender Tag – Gewitter lag in der Luft –, die Art von Tag, an dem es angenehmer ist, sich ruhig zu verhalten, als sich zu bewegen. So zogen die Reisenden, sofern es welche gab, ungehindert die lange gerade Straße von Nottingham nach Doncaster entlang, während die Geächteten es sich bequem machten und sich auf dem warmen Rasen ausstreckten. Die meisten von ihnen waren nur mit einem groben Kilt bekleidet, der um die Mitte mit einem Streifen aus Rohleder festgehalten wurde.

In der drückenden Luft unter den Bäumen summten zahllose Insekten, und im Gras zirpten unaufhörlich die kleinen grünen und goldenen Grillen. Die Geächteten fühlten sich so wunderbar faul, daß sie nicht einmal denken mochten. Unter einer jungen Birke, die sich im Eingang zur Haupthöhle eingewurzelt hatte, lag Little John flach auf dem Rücken, starrte auf das Muster, welches die Blätter vor den blauen Sommerhimmel zeichneten und pfiff verschlafen vor sich hin. Much und Scarlet hatten zwei Grillen gefangen und ließen die Tiere um die Wette springen. Hin und wieder schlug einer der Männer nach einer Pferdefliege oder legte sich noch ein wenig bequemer zurecht als zuvor. Und ganz gelegentlich begab sich einer der Köche zum Feuer, um in dem Wild-Stew zu rühren. Auf der ganzen weiten Lichtung bewegte sich sonst nichts.

Da plötzlich durchschnitt der scharfe Schrei eines jungen Waldkäuzchens die warme Stille. Sofort horchten alle auf. Jenseits des Haseldickichts, das die Lichtung abschloß, war Reynold auf Wache, und was sie hörten, war sein Warnruf. Jemand näherte sich.

Robin hob den Kopf von den Armen und antwortete mit dem Ruf »Kiewitt, kiewitt«. Dann setzte er sich auf, sprang rasch auf die Füße und lauschte auf das nächste Signal. Einen Augenblick herrschte Ruhe, dann kam das Klopfen eines Spechtes, der an einem Stamm hämmerte. Zweimal klopfte es, nicht mehr. Das bedeutete: zwei Menschen. Nun stieß Robin einen leisen Pfiff aus, der in einem seltsamen Triller endete, und das bedeutete: »Laß sie passieren.«

Nun regten sich die Männer über die ganze Lichtung hin, sprangen auf die Füße und griffen nach ihren Bogen. Vorbei war es mit dem schläfrigen Abendfrieden, jeder war hellwach und in Alarmbereitschaft.

Zwischen den dicken Stämmen der Eichen schimmerte es blau und weiß, ein blaues Frauenkleid und die weiße Mähne eines Zelters; gleich darauf ritt Lady Elisabeth, die Gemahlin Sir Richards, auf die Lichtung heraus mit Diccon, dem Bogner, der, sich an ihrem Steigbügel festhaltend, nebenher lief. Schnell glitten ihre Augen über die grüngekleideten Gestalten der Geächteten, und als sie Robin erblickte, trieb sie ihren Zelter in rasender Eile auf ihn zu. Rasch lief er ihr entgegen, um ihr beim Absitzen zu helfen, doch sie wartete nicht auf seine stützende Hand, glitt aus dem Sattel und wandte sich mit einer flehenden Gebärde zu ihm.

»Oh, Dank sei der Heiligen Jungfrau, daß Ihr noch nicht gen Norden gezogen seid!« rief sie. »Robin Hood, wenn Ihr ein wahrer Freund meines Gemahls seid, so errettet ihn vor dem Galgen!«

»Dem Galgen?« rief Robin aus. »Das klingt furchtbar, Madam. Was ist geschehen?«

»Nachdem Ihr uns verließet, ritten wir zu unserer Jagdhütte bei Woodstock, mein Gemahl und ich«, berichtete sie leise und hastig. »Der Sheriff muß uns gefolgt sein und den rechten Augenblick abgepaßt haben. Möge er in der Hölle schmoren dafür, obgleich er auch nur das Geschöpf der verfluchten Mönche und räuberischen Barone ist, die des Königs Bruder im Lande frei schalten und walten läßt! Heute abend, mein Gemahl und Simon D'Aubernoun waren auf Falkenjagd beim Fluß, kamen der Sheriff und seine Leute aus dem Wald und forderten ihn auf, sich zu ergeben. Ich konnte es von meinem Erkerfenster aus beobachten; es war alles sofort vorbei, obwohl Simon noch zwei Männer niederschlug, ehe man ihm die Hände fesselte. Er und mein Gemahl wurden gefangengenommen und nach Nottingham geschleppt. Gleich nachdem sie fort waren, kam ich zu Euch – Diccon kannte den Weg –, um Euch zu bitten, meinen Gemahl zu retten. In der Gewalt jener Teufel hat er keine Gnade zu erwarten, er würde auch keine erbitten!«

Ein gellender Schrei ließ Robin herumfahren, neben ihm stand Alan mit unnatürlich glänzenden Augen und einem bleichen, blutleeren Gesicht. »Ruhig Blut, mein Junge«, sagte Robin schnell und wandte sich wieder zu Lady Elisabeth. »Wie lange ist das her?« wollte er wissen. Sein Gesicht war sehr grimmig geworden, und während er noch sprach, zog er seinen Gürtel fest.

»Kaum zwei Stunden. Sie können nur fünf oder sechs Meilen Vorsprung haben.«

Robin nickte und sprach zu seinen Männern, die sich inzwischen um ihn versammelt hatten. »Bewaffnet euch, Freunde: Bogen, Schwerter und Schilde. Much, du gibst die Pfeile aus. Wir brechen sofort zum Clumber Forest auf!«

Rasch und in guter Ordnung eilten die Männer hin und her, holten ihre Waffen und streiften ihre Kittel wieder über. Alan verweilte noch einen Augenblick, drückte seiner Mutter die Hand und lief dann, um seinen Vorrat an Pfeilen zu holen.

Little John unter seiner Birke hatte sich bolzengerade aufgesetzt und starrte düster vor sich hin. Er liebte den Kampf, und es kam ihn schwer an, zurückbleiben zu müssen. Robin warf ihm einen verständnisvollen Blick zu und wandte sich dann wieder an Lady Elisabeth, die mit fest ineinander verschlungenen Händen dastand und mit gespanntem Eifer die Vorbereitungen verfolgte.

»Madam«, fragte Robin, »wollt Ihr wieder nach Hause reiten, oder wollt Ihr hierbleiben, bis wir zurückkommen? In Dunwold Scar seid Ihr vollkommen sicher – und sollte es notwendig werden, könnt Ihr in den Höhlen Schutz suchen. Vielleicht seid Ihr hier sicherer als in Woodstock.«

»Ich will hier warten«, antwortete sie rasch. »Ehe ich nicht weiß, daß mein Gemahl in Sicherheit ist, könnte ich es nicht ertragen, nach Hause zu reiten.«

»Dann macht es Euch auf dem weichen Rasen und im kühlen Schatten bequem; auch habt Ihr Little John, der Euch Gesellschaft leisten kann.« Er reichte ihr die Hand und führte sie über die Wiese zu dem Verwundeten, der, da er sich wegen seiner Verletzung nicht erheben konnte und keine Kappe zum Abnehmen hatte, höflich seinen blonden Kopf neigte.

Diccon, der die Zügel des Schimmels über einen herabhängenden Ast geschlungen hatte, trat nun zu Robin und sagte ehrerbietig: »Master, ich brauche Pfeile! In meinem Köcher habe ich nur Bolzen, denn ich hatte keine Zeit mehr, Pfeile zu holen, ehe wir aufbrachen.«

Robin schaute den kleinen Mann an: »Kommst du denn mit uns? Was wird deine Herrin dazu sagen?«

Diccon wandte den Kopf und blickte flehentlich zu Lady Elisabeth, die ihm zunickte: »Geh nur mit Master Robin.«

»Geh dorthin zu Much dem Müllerssohn«, sagte Robin; »er wird dich mit allem Nötigen ausrüsten.«

Kaum hatte Robin zu Ende gesprochen, rannte Diccon zu dem kleinen braunen Waldläufer hinüber, der am Eingang zur Vorratshöhle stand und die tödlich gezackten Pfeile an die sich um ihn drängenden Männer verteilte.

Robin verneigte sich höflich vor Sir Richards Lady. »Seid guten Mutes«, sagte er freundlich. »Wir werden Euch Euren Gemahl wiederbringen.« Damit wandte er sich ab und ging zu seinen Männern.

Will-the-Bowman hatte noch Zeit gefunden, den Zelter im Stall unterzubringen, und alle waren nun bereit. Wenige Augenblicke später lag die große Lichtung leer und verlassen; vierundzwanzig Männer waren in die grüne Dämmerung des Waldes eingetaucht, als ob es sie nie gegeben hätte.

Eine Weile noch stand die Lady ganz still, ihren Blick auf das Dickicht gerichtet, hinter dem die Männer verschwunden waren; dann seufzte sie tief auf, raffte die Falten ihres blauen Rockes eng um sich und ließ sich auf der Grasböschung nieder.

»Werden sie meinen Gemahl wohl erretten?« fragte sie verzweifelt.

Little John, der auch den Geächteten nachgestarrt hatte, voller Sehnsucht, drehte sich nun zu ihr und sagte einfach: »Robin hat versprochen, Euren Gemahl zu retten. Solange ich ihn kenne, hat er seine Versprechen stets gehalten.«

In größter Eile marschierten die Geächteten, einer hinter dem anderen, nach Süden. Die Hitze des Tages hatte nachgelassen und die wilden Geschöpfe des Waldes, die die langen heißen Stunden verschlafen hatten, waren erwacht. In den Lichtungen stand friedlich äsendes Wild; bei der Annäherung von Menschen sprang es davon, um gleich darauf zurückzukehren und weiter zu äsen, so friedlich wie zuvor. In den Wipfeln der Bäume flatterten unaufhörlich Schwärme von kleinen Vögeln; und nah und fern, im ganzen großen Sherwood, sangen die Amseln und Drosseln ihr Abendlied, hoch oben in den letzten Strahlen der Sonne, während sich im kühlen Schatten zwischen den Stämmen die Eichhörnchen von Ast zu Ast schwangen und im Gras die Kaninchen herumtollten und -hopsten.

Durch dieses ganze geschäftige Leben und Treiben im Walde zog Robin Hood mit seiner Schar zur Nottingham-Straße, südlich von Worksop.

Noch war es hell auf den Lichtungen, als sie von den Kastanienbäumen des südlichen Sherwood hinüberwechselten unter die großen Eichen vom Clumber-Wald. Dort war es schon dämmrig auf den schmalen Pfaden; nie drang das Tageslicht dort hinein, nicht einmal um die Mittagszeit: So dicht standen da die hohen Eichen beieinander – Eichen, die schon alt waren, als die Römer ihre lange Straße durch den Wald schlugen und sie Irming Street nannten –, so dicht war das Geflecht der Äste und Zweige, daß das Licht der Sonne den Waldboden nie erreichte, außer hier und da in einzelnen Strahlen und Tupfern aus schierem Gold. Und bis auf das Summen der Insekten war kein Geräusch zu hören, denn in jenem Teil des Clumber-Waldes bauten nur wenige Vögel ihre Nester.

Die Geächteten näherten sich nun dem Ende ihres Weges und bewegten sich mit der größten Vorsicht, da sie sich am Rande des Waldes befanden. Lautlos schritten sie über die dicken Moospolster, die den Boden bedeckten; es hätten vierundzwanzig Gespenster sein können, die in vollkommener Stille zwischen den dicht stehenden Stämmen hindurchglitten. So eilten sie schnell und lautlos die dunklen Waldpfade entlang, bis sie schließlich die Nottingham-Straße erreichten. Hier hielten sie an und warteten, inmitten des dichten Gestrüpps von Haselbüschen, Kornelkirschen und Schlingbäumen.

Robin schlüpfte durch das Gesträuch hinunter zum freiliegenden Straßenrand und blickte nach Norden, wo sich die staubige Landstraße wie ein weißes Band durch den Wald nach Worksop zog. Die Sonne war hinter die Bäume gesunken, und die Straße lag im Schatten; doch hier und da drangen Strahlen der untergehenden Sonne zwischen den

Zweigen hindurch und malten goldene Bänder in den Staub der Straße.

Robin blickte zum Himmel empor, um den Sonnenstand zu schätzen. Es würde noch eine Weile dauern, bis der Sheriff und seine Leute den Hinterhalt erreichten, der sie erwartete, und er überlegte, ob es zum Schießen, falls es dazu käme, noch hell genug sein würde. Zum Kampf mit Schwertern brauchte man weniger Licht. Doch eine Stunde noch, schätzte er, würde es hell genug zum Schießen sein; das sollte genügen. Er drehte sich um und kletterte wieder die Böschung hinauf.

Unter den Haselsträuchern erwarteten ihn die Geächteten und Diccon.

»Zwanzig Schritte die Straße hinunter, Männer«, sagte Robin. »Dort bietet das Gesträuch bessere Deckung, und soweit ich gesehen habe, scheint das auch eine bessere Stelle für den Angriff zu sein.«

Schweigend folgten sie ihm zu dem günstig gelegenen Angriffspunkt, den sein geübtes Auge so schnell herausgefunden hatte. Die Straße machte hier eine leichte Biegung, die Männer in ihrem Versteck hatten freie Sicht nach Norden, so daß sie die Straße besser beobachten konnten, auf der der Sheriff und seine Männer bald kommen mußten. Auch wuchs hier, wie Robin gesagt hatte, das Gestrüpp bis zur Straße hinunter wie eine Mauer, die sie vor den Augen eines jeden, der die Straße entlangkam, verbarg, während sie selbst gute Sicht hatten.

Es war ein Platz, der für ihre Zwecke wie geschaffen war. Sie ließen sich bequem nieder, und alle hatten ihre Bogen schußbereit neben sich für den Fall, daß sie gebraucht würden. Doch wenn alles nach Plan ging, würde nur Robin seinen Bogen benützen, und die anderen würden das, was nötig war, mit dem Schwert tun. So hatte jeder Mann die blanke Klinge über seine Knie gelegt. Robin kauerte zwischen ihnen, nahm den Bogen von der Schulter, spannte ihn und befestigte die Sehne.

So warteten sie nun. Diccon rutschte unruhig von einem Knie auf das andere, aber sonst bewegte sich niemand, während die Minuten langsam verstrichen; lange genug hatten sie im Greenwood gelebt, um von den wilden Tieren Geduld gelernt zu haben.

Endlich unterbrach ein leises Geräusch die abendliche Stille. Much der Müllerssohn hörte es als erster. Den Kopf auf die Seite geneigt, lauschte er, nickte dann und stand leise auf. Bald konnten es alle hören – das Klappern von Pferdehufen und das undeutliche Stampfen vieler Füße. Eine Gruppe von Männern kam aus der Richtung von Worksop.

Das Stampfen näherte sich, Robin bog die Äste des Baumes zu seiner Linken auseinander und sah etwa zwanzig Krieger um die Wegbiegung auf sich zukommen, an ihrer Spitze der Sheriff auf einem grauen Pferd. In der ersten Reihe der Krieger ging Sir Richard, die Arme auf den Rücken gebunden, zwischen zwei Männern mit gezückten Schwertern.

Bei diesem Anblick wurde Robins Gesicht hart und grimmig. Ganz vorsichtig ließ er die Zweige des Schlingbaums wieder los, nahm einen Pfeil und legte ihn an die Sehne. Er blickte die lange Reihe seiner auf der Lauer liegenden Männer entlang und sah, daß jeder sprungbereit war, scharfäugig, wachsam, das Schwert in der Hand. Zu ihren Füßen lagen die Bogen bereit, und neben jedem Bogen steckte der Pfeil im Gras, mit der Spitze nach unten. Er brauchte keine »letzten Befehle« zu erteilen; jeder wußte, was er zu tun hatte, wenn der Augenblick zum Handeln kam.

Das Stampfen war nun ganz nahe herangekommen, aber noch warteten sie; die gespannte Sehne von Robins Bogen vibrierte zwischen seinem Daumen und Zeigefinger. Durch das Laub hindurch flimmerten des Sheriffs graues Pferd und schwarzes Gewand immer näher, bis der Reiter auf der Straße fast auf gleicher Höhe mit ihm war; dann schnellte er den Pfeil los. Laut drohend klang das »tweng« der zurückschnellenden Sehne, der Pfeil sauste aus dem Gebüsch, bohrte sich mit scharfem Aufschlag in den Staub der Landstraße und blieb unmittelbar vor den Füßen des Pferdes zitternd stecken.

Sofort brach auf der stillen Straße ein heftiger Lärm aus. Mit entsetzten Augen scheute das erschreckte Pferd, bäumte sich auf, schlug aus und wieherte vor Furcht, während der fluchende Sheriff sich an Mähne und Sattelknauf festklammerte. Die Krieger waren stehengeblieben, mit weit aufgerissenen Augen suchten sie in den Schatten des Waldes; und mit heftigem Ruck versuchte der Gefangene, sich dem Griff der beiden Krieger zu entwinden und starrte in die Richtung, aus der der Pfeil gekommen war.

Aus dem Haseldickicht hinunter auf die Straße sprang nun Robin von Barnesdale, seine Geächteten geschlossen hinter sich. »Herr Sheriff«, rief er, »Ihr habt zwei Gefangene, die ich zu meinen Freunden zähle. Gebt sie heraus, so soll Euch nichts geschehen.«

»Halunke! Mörder! Aus dem Weg!« schäumte der wütende Sheriff, zog sein schweres Schwert aus der Scheide und rief seinen Leuten zu, sie sollten die Gefangenen in ihre Mitte nehmen. Dann warf er sein immer noch scheuendes Pferd herum und wollte den großen Geächteten, der ihm den Weg verstellte, niederreiten.

Mit grimmigem Lächeln sah Robin ihn kommen, auch er hatte das Schwert gezogen, und die Klinge blitzte in seiner Hand. Im nächsten Augenblick war das graue Pferd fast über ihm, und klirrend und knirschend prallten die beiden Schwerter aufeinander; dann sprang Robin unter die Dekkung des anderen, seine Klinge blitzte nach vorn und aufwärts, der Sheriff von Nottingham warf seine Arme in die Höhe, stürzte zu Boden und lag still.

Robin schaute auf den Gefallenen hinunter. Nie würde er den Sheriff getötet haben wegen eines ihm selbst zugefügten Unrechts, doch war es etwas anderes, wenn das Unrecht einem Freund zugefügt worden war. Er trat zu dem zitternden Pferd, schlang die Zügel um einen Ast und lief dann auf das Kampfgetümmel zu, das auf der Straße hin und her wogte.

Sir Richard, die Hände noch immer auf den Rücken gebunden, wankte auf ihn zu, und gleich darauf riß sich eine andere gefesselte Gestalt aus einem verknäulten Haufen von Kämpfenden heraus, taumelte über die Straße und zerrte und zog an den Stricken, die um seine Handgelenke gebunden waren. Es war der junge Schildknappe.

Robin eilte an ihnen vorbei und stürzte sich, das Schwert in der Hand, selbst in das Getümmel. Aber der Kampf war schon fast vorbei. Die Männer des Sheriffs hatten den Mut verloren, nachdem ihr Herr gefallen war, und einige stahlen sich schon davon und verschwanden im Wald. Bald warfen auch die anderen ihre Waffen weg, ergaben sich, und alles war vorüber. Die Geächteten zogen sich zurück, standen keuchend, die Schwerter noch in der Hand, und starrten die Krieger an, die finster zurückstarrten.

Mehrere Männer des Sheriffs waren verwundet. Einer, mit einer klaffenden Wunde im Schenkel, wand sich im Staub der Straße; ein anderer saß und stillte, so gut er konnte, das Blut, das aus seiner Schulter quoll; einem dritten war die Wange von der Schläfe bis zum Kinn aufgerissen, er lag bewußtlos in sich zusammengesunken. Andere hatten geringere Verletzungen davongetragen, aber nur wenige waren unversehrt aus dem Kampf hervorgegangen. Außer dem Sheriff hatte es keine Toten gegeben; sie hatten nur noch geringen Widerstand geleistet, und die Geächteten hatten nicht gekämpft, um zu töten, sondern nur, um sie kampfunfähig zu machen.

Robin wies seine Männer an, die geschlagenen Feinde zu bewachen und schritt hinüber zu Sir Richard und dem Knappen, die noch immer an ihren Fesseln zerrten. Er zog das lange irische Jagdmesser aus dem Gürtel und durchschnitt die Stricke, mit denen ihre Handgelenke gebunden waren.

»Habt Dank, Geächteter«, sagte Simon D'Aubernoun, als seine Fesseln fielen und er die roten Schrammen an seinen Handgelenken zu reiben begann.

Sir Richard legte beide Hände auf Robins Schulter und blickte ihm gerade in die Augen. »Robin, mein Freund«, sagte er, »was kann ich sagen, um Euch für dieses Tages Mühe zu danken?«

»Sagt gar nichts«, erwiderte Robin. »Aber kommt jetzt mit mir zum Dunwold Scar. Dort wartet Eure Lady auf Euch, und sie wird voller Angst sein.«

»Sie kam also zu Euch?« fragte Sir Richard und ging an Robins Seite zu dessen Männern zurück.

»Ja, das tat sie«, antwortete Robin.

Als Alan seinen Vater erblickte, trat er aus der Gruppe seiner Kameraden heraus auf ihn zu und drückte ihm voller Freude die Hand. Robin ließ die beiden allein miteinander und wandte sich an die finster dreinblickenden Krieger.

»Hände hoch! Die Hände bleiben oben! Keiner rührt sich«, sagte er hart. Dann zu seinen eigenen Männern: »Scarlet, Gilbert, Goldsbrough, Much, Will – holt eure Bogen.« Er wartete, bis die fünf Männer von dem Dickicht, hinter dem die Bogen versteckt waren, mit schußbereiten Waffen zurückgerannt kamen. »Zielt auf sie, und jeder, der sich rührt, wird erschossen«, sagte Robin rasch. »Und ihr anderen, durchsucht sie und nehmt ihnen alle Waffen ab, Jungens, und laßt ihnen auch nicht soviel wie eine Nadel.«

Mit ingrimmigem Vergnügen schaute er zu, wie die Geächteten die Reihe der niedergeschlagenen Krieger entlanggingen, Schwerter und Schilde aus dem Staub der Straße aufsammelten und Dolche aus den Gürteln ihrer Besitzer zogen. Bald waren die Waffen am Straßenrand aufgestapelt und die Männer des Sheriffs, ob verwundet oder nicht, hatten ausnahmslos keine einzige Waffe mehr.

»So«, sagte Robin, »diejenigen unter euch, die unverletzt sind, mögen ihre verwundeten Kameraden tragen, und dann macht, daß ihr nach Nottingham kommt. Nehmt den

Sheriff mit, wenn ihr wollt, oder laßt ihn hier liegen, bis der nächste Reisende ihn findet, – mir gilt das gleich.«

Eilig und schweigend hoben die Krieger diejenigen ihrer verwundeten Kameraden auf, die nicht laufen konnten, und ohne einen Blick zurückzuwerfen, zogen sie ab, von dem einzigen Wunsche beseelt, sich wie geprügelte Hunde so schnell wie möglich zu entfernen.

Die Geächteten beobachteten ihren Abzug und blieben mit schußbereiten Bogen so lange stehen, bis auch die letzten von ihnen um eine Biegung der Straße ihrem Blickfeld entschwunden waren.

Dann drängte sich Diccon durch die Bogenschützen, legte seine Hände in die von Sir Richard und weinte fast vor Erleichterung; und der junge Knappe wandte sich zu Robin und sagte mit seinem scheuen Lächeln: »Ich danke Euch, Master Robin, – denn auch ich hatte nicht den Wunsch, vor den Toren der Stadt Nottingham gehenkt zu werden!«

»Ja, erfreulich soll das nicht gerade sein, habe ich mir sagen lassen«, lachte Robin. »Doch nun kommt, wir wollen nicht länger auf der Straße herumstehen; es wird bald dunkel sein, und wir müssen uns eilen, sonst verdirbt unser Abendessen, ehe wir heimkommen!«

So wurden die Bogen abgespannt, einer nahm das Pferd des Sheriffs am Zügel, die erbeuteten Waffen wurden aufgesammelt, und die ganze Gesellschaft kletterte durch das Haselgesträuch die Böschung empor und verschwand im Wald. Robin führte, Sir Richard ging neben ihm, Alan A'Dale und Simon der Knappe folgten mit den übrigen, Will-the-Bowman bildete die Nachhut und führte das graue Pferd, in dessen zuckende Ohren er immer wieder leise Koseworte raunte.

Das Tageslicht war verblaßt, noch ehe sie die freiliegende Straße verlassen hatten; im Walde nun umfing sie blaue Dämmerung, die bald immer tiefer wurde und in dichte Dunkelheit überging. Zwischen den Baumwipfeln funkelten die Sterne vom nächtlichen Himmel herunter, die hin und wieder von rasch dahinziehenden Gewitterwolken verhüllt wurden.

Als sie schließlich in tiefer Dunkelheit in die Nähe von Dunwold Scar gelangten, sahen sie das Licht von rötlich flackerndem Feuer durch die Bäume schimmern. Robin stieß einen leisen Pfiff aus; ein ebenso leiser Pfiff, der wie ein Echo klang, war die Antwort. Sie bahnten sich den Weg durch das Dickicht am Rande der Lichtung und traten auf die offene Wiese hinaus. Fröhlich loderten die Küchenfeuer, und in gelben Schwaden stieg der Rauch empor, den Sternen entgegen. Neben dem Feuer saß Little John, sein Blick auf das schattige Dunkel gerichtet, das Robin und seine Schar noch verbarg. In der Hand hielt er einen Weizenkuchen, den er gerade aus der heißen Asche genommen hatte. Lady Elisabeth stand über den Kochtopf gebeugt; sie hatte in dem würzig duftenden Stew gerührt und hielt den Löffel noch in der Hand. Lauschend hob sie den Kopf und blickte mit großen Augen in die Richtung, aus der die Geräusche kamen, die das Nahen der Geächteten ankündigten.

Als sie endlich auf die Wiese heraustraten, rief Robin ihr voller Freude zu: »Hier ist Euer Gemahl, heil und gesund!«

Mit einem Freudenschrei warf sie den Löffel hin, und im gleichen Augenblick ließ auch Little John seinen Kuchen, der ihm die Hand verbrannte, ins Gras fallen. Sie schürzte ihren Rock, rannte über die Wiese und warf sich in Sir Richards Arme. Doch gleich darauf riß sie sich wieder los, ergriff Robins Hand und führte sie an die Lippen.

»Oh, Master Robin!« rief sie. »Wie soll ich Euch jemals danken? Immer und immer, solange ich lebe, werde ich in meinen Gebeten für Euch bitten.«

Robin schüttelte den Kopf. »Nein«, sagte er weich, »danken braucht Ihr mir nicht. Aber betet für mich, wenn Ihr wollt, das wird mir zugute kommen. Doch jetzt – das Abendessen duftet verführerisch, und wir sind sechsundzwanzig sehr hungrige Männer!«

Sofort eilte sie wieder zu dem großen Topf und rief halb lachend, halb weinend: »Schon über eine Stunde ist das Essen fertig, und Little John und ich hatten alle Mühe, es vor dem Verschmoren zu bewahren. So kommt nun alle und eßt das Stew auf, ehe es zu Kohle verbrennt, mitsamt dem guten Topf!«

Lachend und fröhlich ließ sich die Gesellschaft beim Feuer nieder. Mit angezogenen Knien hockte Robin sich neben Little John, der ihn mit seinem breiten Lächeln anschaute: »Wie war's, Master?«

»Ein tüchtiger Kampf war's, John«, antwortete Robin. »Aber du hast mir gefehlt. Sieh zu, daß dein Bein vor dem nächsten Kampf wieder heil ist!«

Will, der das Pferd des Sheriffs im Stall untergebracht hatte, erschien ein wenig später und setzte sich auch zu ihnen. Das kräftige, fette Stew wurde in die abgenützten Schalen aus Kirschenholz geschöpft, und alle fielen heißhungrig darüber her.

Als die Mahlzeit vorüber war und ein jeder sich seine fettigen Finger im Gras abgewischt hatte, machten die Geächteten es sich bequem, um die friedliche Abendstunde zu genießen.

Jetzt wandte sich Robin an Sir Richard, der, seine Lady neben sich, in der Nähe saß, und fragte ihn: »Nun, Freund Richard, wie denkt Ihr Euch Eure Zukunft?«

Der Ritter zuckte mit den Schultern: »Die liegt in *Euren* Händen«, sagte er.

»Die Barone werden wütend auf Euch sein, weil Ihr das Verbrechen begangen habt, einer berüchtigten Bande von Verbannten geholfen zu haben«, sagte Robin mit schmerzlichem Lächeln. »Und einen neuen Sheriff von Nottingham wird es auch bald geben, und der wird sowohl an Euch wie an mir Rache üben wollen. Ihr müßt in den Greenwood kommen, Richard, – eine andere Wahl bleibt Euch nicht.«

»Was mich anbelangt, ich könnte mir nichts Besseres wünschen«, erwiderte Sir Richard.

»Und Lady Elisabeth, Eure Gemahlin?«

Lady Elisabeth legte ihre Hand auf Sir Richards gebräunte Faust. »Wo immer mein Gemahl hingeht, dorthin gehe auch ich, mit Freuden«, sagte sie mit sehr weicher Stimme.

»Das war wohl gesprochen, Mylady«, sagte Robin und wandte sich an den kleinen flachshaarigen Diccon: »Mein Junge, wie steht es mit dir? Willst du dir einen neuen Herrn suchen oder deinem alten folgen?«

»Ich bleibe bei meinem Herrn«, antwortete Diccon.

Und an Simon, den Knappen, gewandt, fragte Robin: »Simon D'Aubernoun?«

»Ja, Simon D'Aubernoun«, sagte Sir Richard, »was soll mit dir werden? Du kannst zu einem anderen Ritter gehen und ihm dienen, bis du in das Alter kommst, dir deine goldenen Sporen zu gewinnen. Die Menschen werden es bald vergessen haben, daß du einst der Knappe von Sir Richard-at-Lea warst.«

»Aber *ich* könnte es nicht vergessen«, antwortete Simon D'Aubernoun. »Ich bleibe trotz allem Sir Richards Knappe.« Mit großem Ernst blickte er seinen Herrn an, der seinen Blick gütig lächelnd erwiderte; denn zwischen dem Ritter und seinem Knappen herrschte eine tiefe Zuneigung.

Dann erhob sich Robin und blickte auf die vom Feuer erhellten Gesichter seiner Männer. »Freunde«, rief er, »hier sind vier neue Mitglieder für unsere Bruderschaft. Heißt sie bei uns und im Greenwood willkommen.«

Da jubelten die Geächteten, erhoben sich und umringten die vier neuen Ankömmlinge. Sie schüttelten Sir Richard und seinem Knappen die Hand, schlugen dem kleinen Bogner auf den Rücken und beugten das Knie vor Lady Elisabeth.

Als sich schließlich jeder wieder niedergelassen hatte und weitere Birkenkloben das Feuer von neuem auflodern ließen – es war sehr spät geworden, und die Nacht war kühl –, waren die vier als neue Mitglieder der Bruderschaft aufgenommen. Sir Richard und Lady Elisabeth saßen zur Rechten und Linken von Robin, Diccon hatte man auf die gegenüberliegende Seite des Feuers geholt, wo er nun zwischen Alan A'Dale und Will-the-Bowman saß, während Simon, der Knappe, mit einem scheuen Lächeln sich zu Little John setzte und sich nach seiner Verletzung erkundigte.

Eine überaus fröhliche Gesellschaft war da beieinander in jener Nacht auf der Dunwold-Lichtung, und es war ungewöhnlich spät, als sie endlich das Feuer auseinanderzogen und löschten und die letzten müden Waldläufer sich zu ihren Farnlagern schleppten.

Der König zu Gast im Wald von Barnesdale

Im folgenden Frühjahr drang die Kunde nach England, daß Richard Löwenherz als Gefangener in die Hände des Herzogs von Österreich gefallen war. Jedermann kennt die Geschichte, wie Blondel, sein Lieblingssänger, die Festung entdeckte, in der er gefangengehalten wurde, und wie England das Lösegeld bezahlte, das für den König gefordert wurde.

Robin Hood und seine Männer aus dem Greenwood trugen ihren Anteil zur Bezahlung jenes Lösegeldes bei, – und mehr als das. Sie bezahlten in edlen Pferden, in Ballen von Samt- und Seidenstoffen, in Beuteln voller Goldstücke, in Waffen, die eines Königs würdig waren, in Juwelen, die eine Königin hätten schmücken können, und in Silberschüsseln von der Tafel eines Erzbischofs. Die Hälfte ihrer gehorteten Schätze schickten sie in die Hauptstadt, und als die Beamten des Schatzamtes die Packen öffneten, wunderten sie sich sehr darüber, von wem wohl ein solcher Reichtum stammen mochte. Doch sobald die Treiber des

Packzuges die Pferde übergeben hatten, waren sie verschwunden, und so blieb die Sache ein Geheimnis.

Endlich war das Lösegeld bezahlt, und der König kehrte nach England zurück, wo viele Aufgaben seiner harrten. In seiner Abwesenheit war seinem Bruder Johann jedes Mittel recht gewesen, um das Land unter seinen Einfluß zu bekommen, und mit aller Macht hatte er darauf hingearbeitet, dem wahren König die Krone zu entwinden.

Hubert Walter, der Erzbischof von Canterbury, hatte zwar alles ihm Mögliche getan, England dem König zu erhalten, doch war es zu wenig, was er gegen den unbändigen jungen Mann, des Königs Bruder, ausrichten konnte. In ihrem gierigen Streben nach Macht hatten Johann und seine vielen Anhänger das einfache Volk unterdrückt und rücksichtslos mit Füßen getreten, und bei seiner Rückkehr fand Richard Löwenherz ein England vor, in dem der Großteil des Adels und fast alle kirchlichen Herren sich gegen ihn erhoben und darauf aus waren, seinen Bruder auf den Thron zu setzen; und das einfache Volk war durch die langen Jahre der Unterdrückung verdrossen und bitter geworden. Er fand ein Land vor, in dem die Männer die Hoffnung verloren hatten und die Frauen in steter Angst lebten.

Verbissen machte sich König Richard daran, Recht und Ordnung wiederherzustellen. Unbarmherzig verfolgte er die räuberischen Barone, und langsam gewann er seinem England die Freiheit zurück, deren es beraubt worden war.

Es wurde Sommer, und für eine Weile ruhte der König aus von seinen Bemühungen; er wußte, daß er erfolgreich gewesen war. Zwar war vieles noch nicht wieder in Ordnung, doch vieles war gelungen, und für eine kurze Zeit konnte er sich Ruhe gönnen. Da er sich gerade im Norden befand, nahm er für eine Weile Aufenthalt in der Burg von Nottingham, wo ihn Sir Hugo de Razeby freudig willkommen hieß, als rechtmäßigen König und weil eine alte Freundschaft sie verband.

In jenem Sommer, als der König sich in der Burg aufhielt und sein Gefolge alle besseren Gasthäuser der Stadt bis zum Bersten füllte, war Nottingham eine heitere und lebenslustige Stadt. Die Damen der Ritter und die Damen der Kaufherren bestellten sich Seide und Gold- und Silberstoffe aus London und ließen sich neue Kleider machen. Ihre Ehemänner stolzierten in pelzbesetztem Samt umher und trugen die neuesten langen Schnabelschuhe. Und sogar die Halsbänder ihrer kleinen italienischen Windspiele schmückten sie mit Silberglöckchen.

In den engen Gassen ging es tagsüber so fröhlich zu wie auf einem Jahrmarkt, denn auch die ärmsten Leute waren in festlicher Stimmung; und wenn die Nacht dunkelte, schienen die hellerleuchteten Fenster im großen Wohnturm der Burg wie wilde gelbe Mauerblumen, die über den geduckten Dächern der Stadt hingen. Dann schwebten zarte Töne von Gambe und Laute hinunter bis in die Gassen unter den Burgmauern, und das einfache Volk, das diese Musik hörte, hob die Köpfe, um zu lauschen, und sprach untereinander, daß der König es sich wohl sein ließe.

An einem solchen Abend saß der König an seinem gewohnten Platz an der erhöhten Tafel in der Halle der Burg, und um ihn versammelt waren Sir Hugo, die Herren seines Hofes und die vornehmen Bürger von Nottingham. Es war ein stiller, warmer Abend, kein Lüftchen bewegte die Flammen der Wachskerzen, und auch die Fackeln in ihren eisernen Wandhaken brannten, ohne zu flackern. Das Abendessen war vorüber, und bald würde man die Tücher von den langen Tischen nehmen. Adlige, Bürger und Reisige, die gut gegessen und reichlich getrunken hatten, saßen friedlich auf ihren Plätzen und lauschten den traurigen Klängen der Laute, zu der ein großer, hungrig aussehender Spielmann die jammervolle Mär von Elaine sang, der Lilien-Jungfrau von Astelot.

Der König hatte einen Ellenbogen auf den Tisch und das Kinn in die Hand gestützt, müßig wanderten seine Blicke durch die Halle, vorbei an den Rittern und ihren Damen, bis hinunter zu den Reisigen und Bogenschützen, die eng beieinander die Plätze an den unteren Tischen einnahmen.

Sein dichtes braunes Haar war von einem juwelenbesetzten Stirnreif zusammengehalten, ein riesiger Smaragd brannte einer grünen Flamme gleich an seinem Zeigefinger, und auf seinem purpurroten Mantel leuchteten golden die Leoparden von England. Er bot einen prächtigen Anblick, wie er da saß, sein kraftvolles Gesicht vom Glanz der Kerzen erhellt, die vor ihm auf dem Tisch standen, – mit seinen dunklen Augen, dem herrischen Mund und den leicht zusammengezogenen geraden schwarzen Brauen. Wohl schien er der traurigen Sage von der Lilien-Jungfrau zu lauschen, doch in Wirklichkeit vernahm er nicht einmal die Stimme des Sängers; und ehe noch das Lied zu Ende war, wandte er sich an Sir Hugo und sagte in seiner lebhaften Art: »Ich habe heute früh Eure Bogenschützen beim Übungsschießen beobachtet, mein Freund.«

»Gut, Sire?«

»Nein, schlecht!« entgegnete der König, doch um seinen Mund zuckte ein leichtes Lächeln, das seinen Worten etwas von ihrer Schärfe nahm.

Sir Hugos rundliches Gesicht machte den Eindruck wie das eines jungen Hundes, der erwartet, gestreichelt zu werden, und statt dessen geschlagen wird. »Aber, Sire, Ihr seid zu hart in Eurem Urteil.«

»Bin ich das? Vielleicht. Sie mögen nicht besser und nicht schlechter sein als andere auch. Doch habe ich gehört, daß die besten Bogenschützen von England aus dem Sherwood kommen, und so erwartete ich eine größere Treffsicherheit als die, die ich heute morgen zu sehen bekam.«

Ein hagerer alter Ritter mit einer Hakennase, der ein wenig weiter unten am Tisch saß, fiel lachend ein: »Sagt nur dem König, daß hierzulande Robin Hood die besten aller Bogenschützen hat und für den Dienst bei der Krone nur den Abschaum übrig läßt!«

Sir Hugo errötete vor Ärger, gab aber keine Antwort; so wandte sich der König an den hageren Ritter und verlangte zu wissen: »Ist das wahr, Sir Ranulf?«

»Es stimmt, Sire.« Es war wieder ein anderer, der antwortete, ein bedächtig sprechender Mann mit der weißlich schimmernden Narbe einer alten Wunde auf seiner Wange. »Es stimmt insofern, als die besten Bogenschützen aus all den Waldgebieten hier Robin Hood folgen; doch das kommt daher, daß er seine Männer schult, wie ein kluger Falkner einen Geierfalken schult, – als sie zu ihm kamen, waren sie auch nicht besser als andere.«

»Robin Hood«, sagte der König nachdenklich. »Ich habe diesen Namen schon gehört. Doch er wurde nur geflüstert.«

»Und was sagte Euch dies Geflüster, Sire?«

»Bitte, Sire.« Das war wieder Sir Ranulf. »Ich wette, Ihr werdet da eine recht eigenartige Geschichte gehört haben!«

Der König blickte von dem mit der Hakennase zu dem mit der Narbe auf der Wange und gewann den Eindruck, daß der Ritter mit der Narbe das sehr viel ehrlichere Gesicht hatte.

»Ich habe davon reden gehört, daß er das ganze Gebiet von Sherwood und Barnesdale, sogar westlich bis zum Peak, beherrscht«, sagte er. »Ich habe sonderbare Dinge gehört, – daß die Autorität des Königs mißachtet wurde, daß Männer dem Galgen entrissen wurden, Geschichten von kühnen Raubzügen und Überfällen auf reiche Herrensitze; von wiedergutgemachtem Unrecht und von großer Güte gegenüber den Armen. Sagt mir, Sir Ranulf, und auch Ihr, Sir Hugh de Staunton, sind diese Geschichten wahr?«

»Nur allzu wahr!« knurrte Sir Ranulf. »Der Schurke besitzt größere Unverfrorenheit als alle Geächteten, von denen ich je gehört habe. Nichts ist vor ihm sicher und nichts ist ihm heilig. Und sein bloßer Name verbreitet Schrecken im ganzen Norden.«

»Doch nur bei denen, die es verdienen«, sagte Sir Hugh sehr leise, – so leise, daß der König so tat, als habe er es nicht gehört.

»Er scheint kein gewöhnlicher Geächteter zu sein«, sagte Richard. »Sagt mir, Sir Ranulf, ist es wahr, daß er Euch letztes Jahr dreihundert Pfund raubte?«

»Ja, verflucht sei er!« erwiderte der hakennasige Ritter. »Und wenn ich diesen Schurken je zu fassen bekomme . . . !«

»Das werdet Ihr nie«, sagte Sir Hugh. »Und ich, – mir täte es leid, wenn er gefaßt würde.«

Der König wandte sich zu ihm: »Vielleicht seid Ihr nie durch ihn zu Schaden gekommen?«

»Er hat mir nie etwas angetan, Sire, weil ich nicht übermäßig reich bin und weil meine Leibeigenen gut genährt und zufrieden sind.«

»So ist das andere wahr, Sir Hugh?« wollte der König wissen. »Daß er Unrecht wiedergutmacht und den Armen Wohltaten erweist?«

»Das ist wahr. Robin Hood ist ein wahrer Freund der Armen, und kein braver Mann hat ihn je fürchten müssen.«

»Ihr scheint ein zuverlässiger Freund dieses Geächteten zu sein!«

Mit einem hämischen Lachen fuhr der alte Sir Ranulf dazwischen: »Es würde Sir Hugh auch übel anstehen, von seinem Verwandten schlecht zu reden!«

Der König zog die Augenbrauen in die Höhe. »Was soll das heißen, Sir Hugh?«

»Robin Hood ist mein Schwager. Seine Frau Marian ist meine Base«, antwortete Sir Hugh ruhig.

Sir Ranulf lachte rauh. »Ja – er raubte sie ihrem rechtmäßigen Bräutigam am Abend vor ihrer Hochzeit – dieser edle Geächtete!«

»Das tat er nicht. Sie flüchtete freiwillig zu ihm!« Der jüngere Ritter hob seine Stimme nicht, aber die weißliche Narbe auf seiner Stirn wurde plötzlich feuerrot. Der König sah, daß zwischen den beiden Männern gleich ein heftiger Streit entbrennen würde, und in England war in letzter

Zeit gerade genug gestritten worden; so lenkte er das Gespräch in ruhigere Bahnen.

»Mir scheint, ich möchte diesen Robin Hood sehr gerne kennenlernen«, meinte er. »Sagt mir, Sir Hugh, wo kann ich ihn finden?«

»Zu dieser Zeit des Jahres nicht im Sherwood, es sei denn, er käme wegen eines Überfalles nach Süden.«

»Wo dann?« fragte der König ungeduldig.

»Wenn Ihr Robin Hood treffen wollt, Sire, müßt Ihr gen Norden nach Doncaster gehen. Nehmt einen oder zwei Eurer Lords mit, bleibt dort über Nacht und nehmt am nächsten Morgen die Straße, die durch den Barnesdale-Wald nach Norden führt. Geht als Mönche gekleidet, denn auf den kirchlichen Herren lastet Robins Hand am schwersten. Wenn Ihr das tut, werdet Ihr Robin Hood sicher treffen.«

Am nächsten Tag ritten drei schwarz gekleidete Dominikaner – augenscheinlich ein Abt und zwei geringere Brüder – durch das nördliche Stadttor von Nottingham und schlugen die Richtung nach Doncaster ein. Sie verbrachten die Nacht im besten Gasthaus von Doncaster und ritten am nächsten Morgen auf der Straße nach York weiter. Die zwei Brüder murrten, denn es verdroß sie, das angenehme leichte Leben in der Burg von Nottingham hinter sich lassen zu müssen, und außerdem waren sie der Meinung, der König mache sich lächerlich. Doch Abt Richard, der ein wenig voraus ritt, befand sich in heiterster Stimmung, und im Schatten seiner Kapuze aus Zobelfell tanzten seine Augen vor Vergnügen, als er die sonnige Landstraße vor sich beobachtete.

Die Straße hatte tiefe Furchen, und der Staub, der von den Hufen seines Pferdes aufgewirbelt wurde, legte sich auf die unglücklichen Brüder, die hinter ihm ritten, so daß sie bald von Kopf bis Fuß damit bedeckt waren. Ihre schwarzen Kutten schienen nahezu weiß, ihre Augen brannten, und der Hals schmerzte sie. Abt Richard kümmerte das wenig;

die aufwirbelnde Staubwolke befand sich hinter ihm, und vor ihm lag ein Abenteuer. Die Blüten der Holunderbäume längs der Straße erfüllten die Luft mit ihrem süßen Duft, und die goldenen Hörnchen des Geißblattes tanzten in dem leichten Sommerwind, der in den Wipfeln der Bäume rauschte und im Gras am Wegrand wisperte. Von nah und fern ertönten Kuckucksrufe aus dem Gesträuch, die ganze Welt schien heiter und warm, und die weiße Straße winkte: weiter, weiter...

Etwa zehn Meilen waren sie geritten und näherten sich der Seitenstraße von Selby nach Pomfret, als das Abenteuer, das der König suchte, auf ihn zukam.

Aus einem ungefähr vierzig Schritt vor ihm liegenden Weidengebüsch trat ein Mann in Lincolngrün heraus, stellte sich in die Mitte der Straße und wartete auf ihr Kommen. Er war großgewachsen, hager und kraftvoll wie ein Wolfshund, und aus der Kapuze seines Umhangs, die auf seinen Schultern lag, blickte ein schmales Gesicht, tief gebräunt von der Sonne, die auch die Enden seines lockigen dunklen Haares fast zu Silber gebleicht hatte. Er trug keinen Bogen, sein Schwert steckte friedlich in der Scheide, doch als Richard sein Pferd zügelte, sah er, daß plötzlich der ganze Waldsaum von Männern wimmelte, jeder mit gespanntem Bogen, und die Pfeile zielten auf die Gruppe der drei Mönche.

Abt Richard erriet, wer der große Mann war, und lächelte im Schatten seiner Kapuze in sich hinein, als er näher heranritt.

Robin stand ganz still auf der Straße, während die drei Mönche langsam auf ihn zuritten. Große Hoffnung auf reiche Beute aus ihren Satteltaschen hatte er nicht, denn er wußte, daß geistliche Herren, die Gold oder Wertsachen mit sich führten, auf diesen Waldstraßen nicht ohne starke Begleitmannschaft reiten würden. Nichtsdestoweniger machten diese drei schwarzen Mönche den Eindruck, als ob sie zu einer reichen Abtei gehörten, ihre Pferde waren prächtige Tiere, und in jedem Falle widerstrebte es Robin, kirchliche Herren ungehindert durch sein Waldreich ziehen zu lassen; so wartete er.

Der große Mann, der den beiden anderen vorausritt und dessen Kapuze weit heruntergezogen war, strahlte Stolz und Machtbewußtsein aus, er mußte eine bedeutende Persönlichkeit sein; und ihn sprach Robin an, als er nahe genug herangekommen war, und griff in seine Zügel.

»Einen guten Tag wünsche ich Euch, mein Herr Abt!« sagte er. »Wenn Ihr Gold in Euren Satteltaschen habt, so gebt es mir und meinen Leuten als Wegzoll. Ihr werdet dann sicher durch diesen unseren Wald reiten.«

Während er noch sprach, traten zwei Geächtete auf die Pferde der beiden anderen Mönche zu. Die verkappten Lords überließen ihnen die Zügel, wenn sie auch innerlich vor Wut schäumten, doch angesichts der Bogenschützen am Waldrand wagten sie nicht, Widerstand zu leisten. Und Abt Richard ergötzte sich an ihrem Mißbehagen, als er höflich erwiderte: »Wir haben kein Gold; doch wenn Ihr Robin von Barnesdale seid, woran ich nicht zweifle, so habe ich für Euch eine Botschaft des Königs, der von Euch und Euren Männern schon viel gehört hat.«

Robin neigte den Kopf, ohne jedoch die Zügel des Pferdes loszulassen, und sagte ehrerbietig: »Gott erhalte den König.«

»Das klingt merkwürdig aus dem Munde eines Verräters!« entgegnete der andere schnell.

Robin antwortete nicht gleich, starrte in das Gesicht des Abtes und erbleichte unter seiner Sonnenbräune. Dann sagte er, sehr ruhig, doch mit einer unmißverständlichen Drohung in der Stimme: »Wenn Ihr nicht ein Bote des Königs wäret, würdet Ihr dieses Wort bitter zu bereuen haben! Ich bin dem König so treu ergeben, wie kaum einer sonst, und das ist auch jeder einzelne meiner Männer. Wir haben noch nie einem ehrlichen Mann Schaden zugefügt; aber diejenigen, die im Namen des Königs oder seines

Bruders aus unserem England eine Hölle gemacht haben für alle, die schwächer sind als sie, – *die* sehen wir als unsere Feinde an!«

»Dann dürfte die Geistlichkeit vor Euren Überfällen doch wohl sicher sein?«

»Gerade mit den Geistlichen stehen wir am meisten auf Kriegsfuß – denn die treiben es noch schlimmer als die Barone, – das solltet *Ihr* wissen, Herr Abt«, erwiderte Robin. Dann fügte er, weniger bitter, hinzu: »Doch da Ihr des Königs Botschafter seid, so seid mit Euren Brüdern willkommen, dem König zuliebe; und ehe Ihr Eure Botschaft übergebt, sollt Ihr bei uns im Greenwood eine Kostprobe unserer Gastfreundschaft genießen.« Mit diesen Worten wendete er den Kopf des Pferdes und begann es in den Wald zu führen. Die anderen Geächteten folgten mit den falschen Mönchen, und gleich darauf lag die Straße wieder verlassen.

Schweigend zogen sie durch den Wald, und der verkleidete König und seine beiden Lords staunten über die Sicherheit, mit der die Geächteten ihren Weg dort fanden, wo alle Wege einander glichen. Sie folgten verschlungenen Wildpfaden und durchschritten dunkle Hohlwege, die in weite Lichtungen übergingen, sie überquerten große Wiesen und wanden sich durch verwachsenes Gestrüpp, in dem sich die Reiter niederbeugen mußten, um den zurückschnellenden Zweigen auszuweichen, sie gelangten auf sonnenbeschienene Weiden, wo der goldene Ginster dem Sommerhimmel entgegenflammte, vorbei an stillen Waldweihern, über deren schattigen Wassern die Mücken tanzten.

Erst als sie sich dem Ende ihrer Reise näherten, ergriff Robin wieder das Wort. Er blickte über die Schulter zurück und sagte: »Ihr braucht keine Furcht zu haben, mein Herr Abt; auch wenn Eure Satteltaschen mit Gold vollgestopft wären, sie wären ebenso wie Ihr und Eure beiden Brüder sicher vor uns, König Richard zuliebe.«

Die Stane Ley lag nahezu verlassen, als sie sie erreichten,

denn da es noch kaum Abend geworden war, beugten sich nur die Köche über die Torffeuer am anderen Ende der Lichtung, mit den ersten Vorbereitungen für die Abendmahlzeit beschäftigt, und ein paar Hunde lagen schlafend in der Sonne und schnappten träge nach den Fliegen, die um sie herum summten.

Robin sah sich um und hob dann sein Jagdhorn an die Lippen, das an einem abgeschabten ledernen Wehrgehenk an seiner Seite hing, und blies lange und laut, so daß es durch den Wald hallte und Echos hervorrief; in der Nähe und Ferne ließ das Horn seinen fordernden Ruf erschallen: »Tan-tan-tran-trum-te-ran-tran« sang das Horn. »Kommt zu mir – kommt zu mir – in guter Ordnung – kommt zu mir.«

Noch ehe sich Richard aus seinem mit Gold verzierten Sattel geschwungen hatte, erschienen die ersten Männer, die dem Ruf folgten. In leichtem Trab kamen sie auf die Lichtung herausgerannt, einige mit ihren Hunden bei Fuß, und stellten sich zusammen mit dem Dutzend Geächteten, die bereits da waren, in lockeren Reihen auf.

Abt Richard stand neben Robin unter der großen Linde, seine eigenen beiden Männer hinter ihm, und beobachtete die Ankommenden mit dem gespannten durchdringenden Blick eines Befehlshabers, der gewohnt ist, Männer zu beurteilen. Er erblickte solche, die Leibeigene, und solche, die Freisassen gewesen waren, auch einige, die Ritter und Knappen gewesen sein mochten; aber alle, ob hoch geboren oder niedrig, hatten das freie Auftreten von Männern, die sich Training und Disziplin aus eigenem Willen unterwarfen. Die Minuten verstrichen, und immer weitere erschienen auf der Wiese. Robin stand ruhig da, beobachtete ihr Kommen und sprach kein Wort, bis schließlich mehr als hundert Männer sich im Halbkreis, in lockeren Reihen, um die Linde aufgestellt hatten. Dann blickte er seinen schwarz gewandeten Gast an und sagte mit ruhigem Stolz: »Das ist die gesamte Schar, mein Herr Abt.«

Abt Richard ließ seine Augen über die Reihen der Männer wandern, vom riesigen flachsblonden Little John bis zum kleinen, knorrigen dunklen Much, dem Müllerssohn; vom grimmigen, grauhaarigen Will Stukely bis zum kecken, jungen Alan A'Dale.

»Das sind Eure Männer?« fragte er voller Verwunderung. »Von Euch im Waffenhandwerk unterwiesen?«

»Ja, das sind meine Männer«, erwiderte Robin. »Doch geschult wurden sie von vielen Herren. Die wilden Tiere des Waldes haben sie Schweigsamkeit und die Kunde des Waldes gelehrt; Hunger und Gefahr haben ihnen beigebracht, genau zu zielen und weit zu schießen; einiges haben sie von mir gelernt und vieles einer vom anderen. Und von Euresgleichen, mein Herr Abt, haben sie gelernt, Unterdrückung und Ungerechtigkeit zu hassen, – lange schon, ehe sie zu mir kamen.«

»Ihre vielen Meister scheinen sie gut geschult zu haben«, sagte der Abt; »denn noch nie habe ich Kämpfer gesehen, deren Aussehen mir besser gefiel.«

Robin warf ihm einen kurzen, scharfen Blick zu. »Ihr scheint gute Menschenkenntnis zu besitzen, Ehrwürdiger Vater!«

»Auch ein Geistlicher kann die haben«, erwiderte der andere kurz angebunden.

Robin betrachtete ihn noch einen Augenblick, doch das halb unter der Kapuze verborgene Gesicht verriet nichts; so wandte er sich seinen Männern zu und rief: »Freunde, hier ist ein Botschafter, der vom König kommt. Heißt ihn und die Brüder willkommen, König Richard zuliebe. Er wird mit uns speisen, und danach wollen wir seine Botschaft hören.«

Unter Jubelrufen zerstreuten sich die Geächteten, und die Vorbereitungen zum Abendessen wurden sogleich getroffen.

Bald darauf sah Abt Richard eine Mahlzeit vor sich, die in seinem eigenen Palast kaum vortrefflicher hätte sein können. Zu Ehren des königlichen Botschafters hatten die

Geächteten ihre Vorrats- und Schatzkammer geplündert, und auf dem Rasen unter der Linde wurde ein Mahl aufgetragen, das wirklich eines Königs würdig war. Gebratenes Wildbret dampfte auf silbernen Schüsseln, die groß wie der Schild eines Ritters waren, braunes und weißes Brot wurde in sorgfältig gefalteten Mundtüchern gebracht. Goldene und rote Weine des Südens glühten in Silberkrügen neben nußbraunem englischem Bier in einfachen Lederkannen; gebackene Forellen gab es und allerlei Geflügel und mancherlei Süßigkeiten aus den dunklen Nischen ihrer Vorratshöhle.

Als Richard, der über die Üppigkeit dieses Mahles staunte, sich niederlassen wollte, veranlaßte ihn eine Bewegung unter den Geächteten, sich umzuschauen, und da sah er, daß drei Frauen sich zu ihnen gesellt hatten. Die eine von ihnen war nicht mehr jung und sah so aus, als ob sie einst sehr schön gewesen war; sie trat auf einen dünnen, ritterlich aussehenden Mann zu, offensichtlich ihren Gemahl. Die zweite war jung und von lichter, zarter Schönheit; auch sie ging geradewegs zu ihrem Mann, der heiter und jung war wie sie selbst. Aber die dritte war die schönste von allen: hochgewachsen und aufrecht in ihrem Gewand aus Lincoln-grünem Stoff, mit goldbraunem Haar, von keinem Schleier bedeckt, und in den Augen ein fröhliches Lachen; mit raschen Schritten trat sie an Robin Hoods Seite.

Robin ergriff ihre Hand, wandte sich an seinen Gast und sagte: »Mein Herr Abt, dies ist meine liebe Frau.« Dann zu Marian: »Liebste, der Ehrwürdige Vater hier ist ein Botschafter des Königs, der uns, nachdem wir gespeist haben, seine Botschaft übermitteln wird.«

Marian reichte ihm die Hand, bescheiden und ehrerbietig, doch ihr Gesicht umwölkte sich, und das Lachen schwand aus ihren Augen, als sie sich abwandte und neben Robin zwischen die Wurzelknorren der Linde setzte. Was für eine Botschaft mochte es sein, die der König solchen, wie sie waren, schickte? Das konnte nur eine schlimme Nachricht sein. Er würde sie doch wohl nicht begnadigen? Was dann könnte diese Botschaft vom König enthalten?

Die gleiche Frage brannte auch in Robins Herz und in den Herzen aller Geächteten; doch der Wald hatte sie, unter anderem, Geduld gelehrt, und so zeigten sie ihre Begierde nicht. Und es war eine sehr vergnügliche Mahlzeit, die sie da unter der riesigen Linde hielten. Die Geächteten, mitsamt ihren Hunden, saßen in kleinen Gruppen behaglich im kühlen Schatten, in dem es reichlich Platz für alle gab, während über ihren Köpfen in den Blüten der Linde die samtbraunen Bienen summten und auf der Wiese im Abendsonnenschein die Grillen ihr nicht endenwollendes Lied zirpten.

Will Scarlet und Roger Lightfoot hatten die zwei »Brüder« zu sich geholt, die nun, ein wenig abseits, zwischen ihnen saßen. Da sie jung und lebhaft waren, hatten sie schießlich Gefallen an ihrer Umgebung gefunden und vergaßen das feierliche Benehmen, das ihren schwarzen Gewändern zukam. Richard beobachtete sie zuerst ein wenig besorgt, doch dann zuckte er die Schultern und überließ sich dem Vergnügen an dem Festessen und der angenehmen Gesellschaft.

Als das Mahl vorüber war, hob Robin sein Trinkhorn voll schäumenden kühlen Bieres, blickte zu seinen Männern und rief fröhlich: »Freunde, laßt uns auf die Gesundheit des Königs trinken! Lang soll er leben – und Verderben seinen Feinden!«

»Auf die Gesundheit des Königs«, riefen die Geächteten und hoben ihre Becher. »Lang soll er leben!«

»Und Verderben seinen Feinden!« fügte der seltsame Abt hinzu und trank mit den übrigen.

»Nun also«, sagte Robin, als der letzte Zutrunk beendet war, »Eure Botschaft, Herr Abt. Wollt Ihr uns jetzt mitteilen, was der König Euch aufgetragen hat?«

»Noch nicht«, antwortete der Abt geschmeidig. »Zuerst möchte ich noch etwas von der Schießkunst Eurer Männer sehen, denn oft habe ich davon reden gehört, daß es im ganzen großen England keinen Schützen gibt, der sich mit Robin Hood und seinen Männern messen könnte.«

Wieder warf Robin ihm einen prüfenden Blick zu. Das war doch kein gewöhnlicher Kirchenfürst? Könnte er ein Spion sein? Robin glaubte das nicht. Auch er besaß Menschenkenntnis und wußte, daß Spione sich nicht so stolz betragen wie dieser Mann es tat, auch machte er einen ehrlichen und vertrauenswürdigen Eindruck. Nein, ein Spion war das gewiß nicht. Gerne hätte der Führer der Geächteten die Botschaft des Königs erfahren, die seine Ungewißheit beseitigen mußte und die für ihn und seine Männer im Guten wie im Schlechten so viel bedeuten würde. Aber wer immer der Abt in Wahrheit auch sein mochte, er war des Königs Botschafter und ein Ehrengast, und die Höflichkeit verlangte von Robin, daß er ihn nicht weiter bedrängen durfte.

So erhob er sich und rief den zwanglos herumsitzenden Männern zu: »Holt die Bogen herbei! Der Abt möchte eure Schießkunst sehen. Stell die Ringe in einer Entfernung von dreihundert Schritten auf, John.«

»Ja, Master«, antwortete John bereitwillig; doch als er sich entfernte, um die frisch geschälten Haselstangen einzuschlagen, spitzte er die Lippen zu einem langen tonlosen Pfiff. Dreihundert Schritte war eine sehr große Entfernung für genaues Zielschießen.

Den gleichen Gedanken hegten auch die anderen, als sie ihre Bogen holten und spannten. Die Meisterschützen der Bruderschaft hatten sich in einem Grüppchen am anderen Ende der Lichtung versammelt.

»Master Robin will dem Abt und den Brüdern zeigen, was Barnesdale-Schießkunst heißt!« murmelte Will Scarlet zu Much dem Müllerssohn, als er seinen Bogen spannte und die Sehne befestigte.

»Ja«, erwiderte Much, »und außerdem hab ich noch nie einen Abt gesehen, der sich fürs Schießen interessiert!«

»Aber wir haben auch noch nie einen Abt gesehen, der ein Botschafter des Königs ist«, sagte Gilbert, den Kopf dicht neben dem von Scarlet. »Das ist seltsam, Brüder, verdammt seltsam!«

»Jawohl, – ein Bote, der seine Botschaft nicht ausrichten will!« warf Will Stukely ein.

Die Geächteten warfen einander fragende Blicke zu. Wer war dieser Bote? War es wirklich ein Abt – oder irgendein verkappter großer Herr? Und vor allem – was war das für eine Botschaft, die auszurichten er so lange zögerte?

»Zumindest werden wir ihm zeigen, daß die Männer von Barnesdale genauer zielen als die Schützen des Königs!« sagte Scarlet lachend und blickte auf die Pfeile in seinem Gürtel.

Inzwischen hatte Little John die Entfernung abgeschritten und die geschälten Haselpfosten eingerammt; noch immer pfiff er lautlos vor sich hin, als er lange Ranken blühender Wildrosen von einem Strauch abschnitt, der neben dem Fluß wuchs, und sie zu zwei Kränzen wand. Zufrieden betrachtete er die fertigen Kränze, übergab sie Peterkin, der zufällig in der Nähe stand und hieß ihn, sie an den Haselstangen zu befestigen. Er selbst ging hinüber zu der Gruppe der Meisterschützen am anderen Ende der Lichtung.

Die auf der Wiese herumstrolchenden Hunde wurden von ihren verschiedenen Herren zurückgepfiffen, und nun war alles bereit. Unter der Linde hatten sich die drei Frauen zusammengefunden, die beiden verkleideten Lords saßen auf dem schattigen Rasen nebeneinander in ihren schwarzen Gewändern wie zwei Krähen, und auf dem Versammlungsplatz zwischen den Wurzeln der großen Linde standen Robin und sein merkwürdiger schwarz gekleideter Gast und blickten zu den versammelten Bogenschützen.

Auf eine Aufforderung von Robin hin trat der erste Mann vor, um zu schießen. Aller Augen waren auf Will Scarlet gerichtet, als er seinen Bogen hob, doch keiner beobachtete aufmerksamer als der Abt. Der Pfeil surrte über die sonnige Lichtung, flog durch den Kranz, ein Fingerbreit am Pfahl vorbei, und blieb zitternd im Stamm einer Esche stecken. Will Scarlet trat zurück, und sein Platz wurde von Gilbert eingenommen.

Viele Male sausten die Pfeile über die Lichtung und durchschnitten zischend die warme Luft des Sommerabends. Viele Male gingen die Schützen an den beiden Beobachtern unter der Linde vorbei, wenn sie zum Schießen antraten oder ihre verschossenen Pfeile wieder einsammelten, – die gespannte Aufmerksamkeit des Abtes ließ nie nach. Sein Auge ruhte immer auf dem augenblicklichen Schützen, und seine Aufmerksamkeit wurde belohnt: nur zweimal an dem ganzen Abend verfehlte ein Pfeil den Kranz, und nicht weniger als siebenmal wurde der Pflock gespalten, das letzte Mal von Little John.

Schließlich war alles vorüber. Die Schützen spannten ihre Bogen ab, und von den Kränzen fielen schon die Blätter der rasch welkenden Wildrosenblüten.

Dann wandte sich der Abt, der die ganze Zeit schweigend zugesehen hatte, zu Robin und sagte voller Wärme: »Noch nie habe ich Schützen gesehen, die den Euren gleichkämen, mein Freund. Schlimm aber scheint mir, daß Eure und Eurer Männer Kräfte hier in der Wildnis vergeudet werden, während England so dringend treuer und aufrechter Männer bedarf!«

Robin zuckte mit den Schultern. »Nicht freiwillig sind wir hierher in die Wildnis gezogen«, sagte er.

»Ich weiß das«, erwiderte der andere; »und wenn ich Euch und Euren Männern nun des Königs Begnadigung brächte, würdet Ihr ihm treu und ergeben dienen von jetzt an?«

Robin antwortete nicht gleich. Er schaute über die Lichtung, auf der seine Männer in kleinen Gruppen beieinander standen und über das Schießen sprachen, das eben stattgefunden hatte. Langsam wurden die abendlichen

Schatten länger und senkten sich kühl über das sonnenwarme Gras – und plötzlich wurde ihm deutlich, wie sehr er das Leben im Greenwood liebte, dieses Leben mit allen seinen Härten und Gefahren. Dann fühlte er, wie Marians Hand sich in die seine stahl, und sagte: »Ich selbst, ich würde dem König treu ergeben dienen. Doch meine Burschen müssen selber für sich entscheiden.«

»Dann fragt sie«, sagte der Abt.

Und mit lauter Stimme rief Robin: »Ho! Männer! Kommt alle her!« Die kleinen Gruppen lösten sich auf, und von allen Seiten der Lichtung kamen die Männer angerannt, denen wie immer ihre Hunde auf den Fersen folgten, und stellten sich in einem großen Halbkreis vor der Linde auf.

Als alle da waren, sah Robin sie prüfend an. »Meine Gefährten«, sagte er dann, »wenn der Ehrwürdige Vater hier euch, jedem einzelnen von euch, die Begnadigung des Königs brächte, würdet ihr dem König in Zukunft treu ergeben folgen?«

Und laut riefen alle die Geächteten: »Ja! Das würden wir!«

Abt Richard wartete, blickte zu ihnen hinunter, bis alle still waren, dann hob er die Hände, öffnete sein schwarzes Gewand, und als die pelzverbrämte Kutte von ihm abfiel, erblickten sie voller Staunen die golden strahlenden Leoparden von England auf seinem purpurroten Mantel, und als er auch die Kapuze vom Haupt nahm, stand vor ihnen – der König!

In atemloser Stille verharrten sie, bis Robin vor dem König niederkniete. Ihm folgten sie alle, jeder einzelne der Bruderschaft, so daß König Richard sich vor einer Heerschar kniender Gestalten mit ehrfurchtsvoll geneigten Häuptern stehen fand. »Mich dünkt, ich habe ergebene Untertanen an einem unwahrscheinlichen Ort gefunden«, sagte er.

Einige Tage später saß Robin auf seinem gewohnten Platz zwischen den Wurzeln der großen Linde, und vor ihm hockten die Geächteten in mehreren Reihen in einem großen Halbkreis.

Der König hatte Sir Richard seinen Besitz Linden Lea zurückgegeben; Robin Hood hatte er die Herrschaft über Locksley und Malaset verliehen, denn Marians Vater war vor kurzem gestorben. Noch viele andere ähnliche Angelegenheiten hatte er geregelt und ihnen aufgetragen, drei Tage zu warten, so daß ihre Begnadigung im ganzen Norden des Landes bekannt gemacht werden könnte. Dann war er nach Doncaster zurückgekehrt, von einer königlichen Eskorte unter dem Befehl von Little John durch den Wald geleitet.

Jetzt waren die drei Tage des Wartens verstrichen, und es war nun an der Zeit, die Reise in die Zukunft anzutreten. Robin hatte bereits nach bestem Wissen und Gewissen die gehorteten Schätze unter die Bruderschaft verteilt, so daß jeder für den Beginn eines neuen Lebens genügend Geld haben würde. Ziemlich traurig schaute er sie alle an.

»So haben die Tage unserer Ächtung nun ein Ende gefunden«, sagte er schließlich. »Wir sind frei, zu kommen und zu gehen, wie wir wollen, und unsere Wege trennen sich.« Plötzlich sprang er auf und breitete die Arme aus. »Freunde«, rief er, »die ihr meine Waffenbrüder wart, es war ein gutes Leben, dieses Leben im Greenwood, das wir miteinander geführt haben; wir wollen es nicht vergessen, wenn wir jetzt gesetzestreue Untertanen des Königs sind.«

»Wir werden es nicht vergessen«, antworteten sie. »Wir wollen es niemals vergessen.«

Viele hatten Tränen in den Augen. Sie waren nun frei, kein Preis stand mehr auf ihrem Kopf, sie waren frei, zu kommen und zu gehen, wie es ihnen beliebte; und doch waren sie traurig, weil es das Ende ihrer Bruderschaft bedeutete, weil es jetzt hieß: Lebt wohl. Gerne wären sie Robin auch weiterhin gefolgt, aber sie wußten, daß er kein reicher Herr war, der eine Menge Diener und Gefolgsleute ernähren konnte. Und trotz ihrer Trauer stiegen einigen von ihnen schon Erinnerungen auf an ein Stück Erde, an Täler, die sie liebten und zu denen sie jetzt zurückkehren würden, als Freie. Und andere spürten, daß neue Abenteuer winkten.

So drückten sie zum letzten Male Robins Hand, verabschiedeten sich von alten Kameraden, pfiffen ihren Hunden, und in kleinen Gruppen, zu zweien oder allein schritten sie in den Wald hinein. Einige kehrten zu geliebten Dörfern zurück, die sie heimzurufen schienen, während andere in die Ferne zogen, um ihr Glück beim Heer des Königs zu versuchen.

An seinen Bogen gelehnt stand Robin und schaute ihnen nach: Much ging zu seiner Mühle zurück, Bruder Tuck zu seiner Einsiedelei, Will Scarlet machte sich frohgemut auf den Weg nach Süden, um sich den königlichen Bogenschützen anzuschließen, Peterkin, sein Bündel mit Bällen und Dolchen unter dem Arm, suchte nach der nächsten Dorfschenke.

Lady Elisabeth nahm liebevollen Abschied von den zwei jüngeren Frauen, ehe sie ihr bereitstehendes Pferd bestieg, um mit ihrem Gemahl gen Süden zu reiten, mit Diccon an ihrem Steigbügel, und mit Simon, dem Schildknappen, der eine halbe Pferdelänge hinterdrein trabte.

Alice klammerte sich beim Abschied bitterlich weinend an Marian und beteuerte immer wieder, sie oft und oft besuchen zu wollen; schließlich riß sie sich los und vergaß ihre Tränen, um mit Alan zu dem kleinen Waldgut bei Newstead zu ziehen, von dem er ihr so oft erzählt hatte.

Marian stand sehr still neben Robin. Nach einiger Zeit wandte er sich von der verlassen daliegenden Lichtung ab und blickte sie mit traurigem Lächeln an.

»Nun sind nur noch du und ich da, Liebste«, sagte er.

»Du und ich und noch einer«, erwiderte sie. »Schau dich um, mein Robin.«

Erstaunt tat er, wie sie ihn geheißen hatte, und sah eine riesige Gestalt ein paar Schritte weiter weg am Rande der Lichtung stehen. Es war Little John, der geduldig darauf wartete, daß sie ihn bemerken möchten.

»John«, sagte Robin sehr liebevoll, »ich wähnte dich schon auf dem Wege nach Cumberland!«

Langsam trat Little John auf ihn zu. »Und warum sollte ich nach Cumberland, Robin?«

»Weil du von Cumberland kamst, als du zu unserer Bruderschaft stießest, und ich weiß, daß du oft Heimweh hattest nach deinen steinigen Bergen; und wo solltest du jetzt, da die Bruderschaft sich aufgelöst hat, hingehen, außer zurück nach Cumberland?«

Little John legte seine riesige Hand auf Robins Schulter und schüttelte langsam den Kopf. »Ich gehe, wohin Ihr geht«, sagte er einfach. »Wir sind Brüder – Ihr und ich.«

»Wir sind Brüder, du und ich«, antwortete Robin. »Das ist ein wahres Wort. So werden wir also zusammen nach Locksley reiten, wir drei.«

So brachen sie dann miteinander auf, Robin ritt eins ihrer beiden übriggebliebenen Pferde, Marian vor sich im Sattel, und John, auf einer grobknochigen Stute, ritt eine halbe Pferdelänge hinterdrein.

Hinter ihnen blieb die Stane Ley leer und verlassen zurück. Bald würden die kleinen Holzhütten und die mit Rasensoden bedeckten Ställe verfallen; Waldreben, Brombeeren und Efeuranken würden sie überwachsen, junges Gras würde durch die geschwärzten Steine der Feuerstellen sprießen – die Stane Ley würde nur noch eine von vielen Lichtungen im Forst von Barnesdale sein.

Robin kehrt in die Wälder zurück

Am Anfang schien es Robin sehr seltsam, Lord und Besitzer der Herrschaft von Locksley und Malaset zu sein, wo er einen so großen Teil seiner Knabenzeit auf dem Bauernhof seines Onkels verbracht hatte, – und viel seltsamer noch war es, Herr jener großen, grauen Burg zu sein, die über die stillen Täler zwischen dem Wald von Barnesdale und dem Peak wachte. Doch Locksley Village, das Dorf, hatte er immer geliebt, und es schien ihn willkommen zu heißen, als sei er nach Hause zurückgekehrt.

Die Dorfbewohner waren seine alten Freunde, jedenfalls die meisten; die jüngeren Männer waren mit ihm zusammen Knaben gewesen, die alten waren Freunde seines Onkels Stephen, der nun tot war; selbst die Hunde waren Abkömmlinge jener, die er in seiner Kindheit gekannt hatte. Er hatte auch noch andere Freunde, stumme, treue, die ihn willkommen hießen: die grinsenden Wasserspeier über dem Westtor der Kirche, die große Zehntscheuer, in der die weißen Eulen jedes Jahr ihre Nester bauten und ihre Jungen aufzogen, der ausgehöhlte Stamm einer Linde, die am Rande von Locksley Chase stand, – diese und noch manche anderen.

Innerhalb der Burg fühlte er sich weniger glücklich. An weite Lichtungen und schattige Waldwege gewöhnt, fühlte er sich eingeschlossen und eingesperrt hinter den dicken grauen Wällen und Mauern; sogar die Sterne, seine Freunde, die seinen Schlaf neben dem Lagerfeuer in der Stane Ley bewacht hatten, schienen nicht so freundlich, wenn man durch die schmalen Fensteröffnungen in den dicken Mauern des Wohnturms zu ihnen aufschaute. Doch Marian liebte die Burg Malaset, sie war ihr Zuhause; und mit der Zeit lernte auch Robin sie lieben, zuerst um Marians, später auch um ihrer selbst willen.

Der alte Lord hatte während der letzten Jahre seines

Lebens seine Besitzungen stark vernachlässigt; und nun oblag es Robin, seiner Burgherrin und ihrem treuen Helfer Little John, wieder Ordnung zu schaffen, sowohl in der Burg selbst, wie auch auf der Domäne und dem Gutshof. Die Hütten der Leibeigenen wurden ausgebessert, das vernachlässigte Land sorgfältig bebaut, im Jagdgehege wurden junge Bäume anstelle alter, verrotteter angepflanzt und seit langem verkommene Windbrüche mit Schlehdorn und Heckenpflanzen aufgeforstet. Robin, der selbst nach den langen, landlosen Jahren der Verbannung im Grunde seines Herzens ein Bauer war, pflanzte Weiden in feuchten Auen, wo nichts anderes wachsen wollte, und kaufte neue Ochsen, um die überalterten Tiere der Pfluggespanne zu ersetzen; vor allem freundete er sich mit seinen Leibeigenen und der Dorfbevölkerung an, so daß sie gern und willig für ihn arbeiteten, wie sie das für Fitzwater nie getan hatten.

Innerhalb der Burg ging das gleiche vor sich. Vieh- und Hundeställe wurden ausgebessert, Wachstube und Waffensaal wieder in Ordnung gebracht. Mehrere flügge Falken befanden sich jetzt in den großen Käfigen, die seit Jahr und Tag nur noch einen kranken Gänsehabicht beherbergt hatten, der ständig in der Mauser war.

Little John nahm sich die Männer der Wachstube vor, er schimpfte sie faule Schmutzfinken und Taugenichtse, und machte sich daran, ihnen die Disziplin einzuhämmern, über die die Bruderschaft vom Greenwood in so hohem Maß verfügt hatte. Eine Zeitlang grollten sie und weigerten sich mürrisch, ihre trägen Angewohnheiten aufzugeben, die sie in den letzten Tagen des altersschwachen Lords angenommen hatten. Doch mit seiner gutmütigen Freundlichkeit – und seinem starken rechten Arm – gewann Little John sie bald für sich.

Inzwischen füllte Marian die Vorratskammern wieder auf, ließ die verblaßten Wände der Wohngemächer frisch streichen, lindgrün, getüpfelt mit goldenen Sternen, freundete sich mit ihren Hausdienern und Mägden an, arbeitete im Kräutergärtlein und im Rosengarten, die seit ihrer Flucht zu Robin in den Greenwood ganz verwildert waren. Sie verstand sich auf Pflanzen ebenso wie auf Menschen, und unter ihren geschickten Händen begannen die Rosen in dem kleinen Garten unterhalb des Südturmes bald wieder zu blühen.

Die große Burg Malaset war wieder zum Leben erwacht, und wie in den alten Tagen gingen Diener und Reisige ein und aus. Auch übte Robin die Gastfreundschaft, die bei dem angelsächsischen Adel seit altersher üblich war; und es waren viele Gäste, die unter den rauchgeschwärzten Dekkenbalken in seiner großen Halle eine warme Unterkunft fanden und gute Mahlzeiten erhielten.

Manchmal kam Sir Richard-at-Lea, und manchmal Alan A'Dale; öfter noch ritt Sir Hugh de Staunton von seinem eigenen Herrenhaus herüber, um mit Robin im Revier von Locksley ein paar Tage zu jagen. Manch fahrender Ritter erheischte Gastfreundschaft, und stets gab es Gäste von der ärmeren Art: Krieger und Bogenschützen, die aus fernen Ländern kamen und heimwärts zogen, braungebrannte Seeleute, die von einem Hafen zum nächsten unterwegs waren, staubbedeckte Pilger aus dem Heiligen Land, Bauern, die zum Markt fuhren, Mönche, herumziehende Krämer und fahrende Sänger. Ihnen allen war freundlicher Empfang sicher, und wenn es nottat, konnten sie auf Hilfe zählen. Am freudigsten aber wurden wandernde Mitglieder der Bruderschaft aufgenommen, die manchmal erschienen, um an Robins Tisch zu sitzen. Sie pflegten unauffällig zu kommen und bei den Reisigen weit unten an den Tischen zu sitzen, aber keiner kam, den sein ehemaliger Anführer nicht sogleich erkannt hätte. Dann pflegte Robin durch die lange Halle zu gehen, ihm die Hand zu drücken, ihn willkommen zu heißen und nach seinem Ergehen zu fragen. So verlor Robin von Barnesdale niemals ganz den Zusammenhang mit seinem alten Leben und den Männern, die es mit ihm geteilt hatten.

Es waren glückliche Jahre, diese Jahre auf Malaset. Robin und Little John arbeiteten schwer, um die Güter zu Gedeihen und Wohlstand zu bringen. Marian arbeitete nicht minder hart, denn es war keine leichte Aufgabe, Herrin eines großen Besitzes zu sein. Aber alle drei liebten ihre Arbeit; und sie hatten auch ihre Vergnügungen: die Tage der Jagd oder Falkenjagd in Locksley Chase, wenn das welke rotgoldene Laub unter ihren Füßen raschelte und die frostklare Ferne wie dünner blauer Rauch wirkte; oder die langen Winterabende, wenn der Wind um die Mauern heulte und sich in der Wärme und dem flackernden Licht in der großen Halle Gäste, Reisige und Hunde um das lodernde Feuer scharten, während ein fahrender Spielmann seine Laute schlug und ihnen Lieder sang von Liebe und Jagd und Kampf.

Aber das schönste von allem waren wohl die Sommerabende im Rosengarten. Der Rosengarten war Marians Lieblingsplatz, und weil sie ihn so liebte, liebte ihn auch Robin. Er bestand nur aus einem winzigen Stückchen Rasen, in der sonnigen Ecke zwischen Wohnturm und Südturm gelegen. Dort blühten gleich Sternen Ehrenpreis und Thymian, Nelken und Stiefmütterchen, und ringsherum wuchs eine dichte Rosenhecke, mit weißen Rosen, die süß wie Honig dufteten, tiefroten Rosen, deren Duft so dunkel und warm war wie ihre Blütenblätter, und winzigen rosa Blüten, aus denen Marian Rosenwasser herstellte. Mehr war da nicht, aber die Rosenhecke schien die ganze Welt auszuschließen, so daß das kleine Fleckchen Rasen wie verzaubert war, wie das Innere eines Feen-Ringes. Und hier saßen Robin und Marian oft an den Sommerabenden, wenn die goldene Abendsonne der blauen Dämmerung wich und die bunten Schmetterlinge des Tages den fahlen Nachtfaltern Platz machten.

So vergingen sechzehn Jahre; glückliche Jahre für die Menschen in Malaset, aber harte Jahre für England.

Richard Löwenherz war vor den Mauern von Chaluz

gefallen, und die Regierung war nun an seinen Bruder Johann übergegangen. Wiederum wurde das Land von Ungerechtigkeit und Unterdrückung heimgesucht. Schon in den Jahren, als Richard auf dem Kreuzzug war und in Gefangenschaft, war Johann ein grausamer Tyrann gewesen, doch jetzt, da er selbst König war, trieb er es schlimmer als je zuvor. Nach kurzer Zeit auf dem Thron hatte er sich zum bestgehaßten König gemacht, den England jemals gehabt hatte. Das einfache Volk hatte ihn wegen seiner Härte und Grausamkeit schon immer gehaßt, doch nun begannen auch die Kirche und der Adel ihn zu hassen, – die Kirche, weil er ihren Geboten zuwiderhandelte und ihre reichen Besitzungen an Prälaten gab, die er von jenseits des Meeres holte. Die Adeligen, weil er ihnen ihre angestammten Rechte nahm und sie zwang, ihm den Großteil ihres Geldes für seine ständigen Kriege auszuhändigen. Die wenigen Barone, die noch zu ihm hielten, weil sie sich Macht erhofften, verhielten sich genauso wie zu der Zeit, da König Richard in der Fremde weilte. Sie entrissen den Armen auch das Wenige noch, das sie besaßen, und machten dem einfachen Volk das Leben zur Last. Und zwischen ihnen und dem Teil des Adels, der sich gegen den König stellte, begannen ständige Streitereien und kriegerische Auseinandersetzungen.

König Johann scherte sich wenig um das Elend seines Volkes; er holte gedungene Söldner ins Land, um die wachsende Unzufriedenheit der Bevölkerung zu unterdrükken. Doch im Laufe der Jahre nahm der Zorn der Engländer zu und wurde allmählich stärker als die Schreckensherrschaft ihres Königs.

Im Frühjahr 1215 versammelten sich die Barone bei Brackley in Northamptonshire und verfaßten die Magna Charta, die große Freiheitsurkunde der Rechte des Engländers. Wenn es ihnen gelang, den König zu zwingen, diese Urkunde zu unterzeichnen und sich an die Satzungen zu halten, würde seine Gewaltherrschaft für immer gebrochen sein. Durch das ganze Land hin forderten sie alle freien Männer auf, sich mit ihnen zu vereinigen, und von nah und fern folgten die Freien ihrem Ruf. Nachdem sie dann den König von ihrem Kommen unterrichtet hatten, marschierten sie unter den Fahnen von Fitzwater, William Marshal und Stephen Langton nach Süden. Es war ein großes und herrliches Heer von Baronen und Lords, von Rittern und Knappen, jeder von ihnen mit seiner Gefolgschaft von kampferprobten Männern. Und mit ihnen marschierten Robin Hood und Sir Hugh de Staunton.

An einem kühlen Morgen im Mai verließ Robin Malaset, begleitet von Little John; nahezu hundert Kämpfer folgten ihm. Einmal noch blickte er zurück und sah Marian hoch über ihm auf den Wällen stehen. Ihr rotes Gewand leuchtete in der Morgensonne, und der Wind spielte in ihrem Haar. Mit weit ausgebreiteten Armen winkte sie ihm nach, und er winkte zurück. Dann wandte er sich ab, dem Hochmoor zu.

Er sollte sie lebend nicht mehr wiedersehen.

Einige Meilen westlich von Malaset, bei den Mark Stones, erwartete ihn Hugh de Staunton mit einem Trupp tüchtiger Männer, und zusammen ritten sie weiter, um sich dem Heer der Barone bei Brackley anzuschließen.

Mit wehenden Fahnen zog das große Heer gen Süden, von Northamptonshire durch die reichen Täler von Bukkinghamshire und über die Hügel von Berkshire. Ihre Waffen und Rüstungen glänzten in der warmen Frühlingssonne, und Schilde, Waffenröcke und Sattelschmuck – blau und rot, grün und golden, schwarz und silbern –, alles war eingehüllt von den großen Staubwolken, die von den Pferdehufen und den Füßen der marschierenden Männer aufgewirbelt wurden.

Bei Runneymead trafen sie mit dem König zusammen, dessen untergründig schwelende Wut nichts Gutes für die »Charta« verhieß. Es war Juni geworden; die glänzenden Seidenzelte des Königs standen inmitten einer mit blühendem Klee und Wiesenschaumkraut bunt betupften Wiese, die am Ufer der glitzernd dahinströmenden Themse lag, und in den Hainen ringsum ließ der Kuckuck seinen Ruf erschallen. Doch finster drohte des Königs Antlitz, und nur die Furcht vor den Baronen mit ihrem waffenstarrenden Heer ließ ihn die Urkunde mit einigem Anstand unterzeichnen. Die Tinte auf dem Pergament war noch kaum getrocknet, als er auch schon überlegte, wie er die gemachten Versprechungen umgehen könnte.

Die Barone aber kannten ihren König und wußten, daß sie ihm nicht trauen konnten; so blieb ein großer Teil des Heeres im Süden, um über die Magna Charta zu wachen, die für die Engländer eine so große Bedeutung hatte. Unter denen, die im Süden blieben, waren Robin und Sir Hugh.

Doch schnell war König Johann mit Verrat bei der Hand; bereits im Frühherbst ereilte sie die Nachricht, daß Scharen fremder, vom König angeheuerter Söldner in allen Häfen des Nordens landeten: Flamen, Sachsen und Brabanter ergossen sich plündernd und mordend durch die nördlichen Landstriche.

Die im Norden beheimateten Barone machten sich eilends auf, um ihre Ländereien zu verteidigen, unter ihnen Sir Hugh; und zusammen mit Sir Hugh zogen auch Robin und seine Kampfgenossen wieder gen York.

An einem nebligen Oktobertag, das goldene Farnkraut verfärbte sich schon braun, verließen zwei kleine Trupps die Straße nach Sheffield und schlugen den Weg in das Hochmoor zwischen dem Sherwood und dem Peak ein. An ihrer Spitze marschierte Robin; sein Kettenpanzer schimmerte in dem milchiggrauen Licht, sein Gesicht unter dem Helm war hart und grimmig. Sie waren an jenem Morgen durch drei niedergebrannte Dörfer gekommen – totenstille Dörfer, in denen die Leichname erschlagener Männer und Frauen in den geschwärzten Ruinen lagen, und die Angst um Marian drückte ihm das Herz ab. Marian war allein in Malaset und hatte nur Leibeigene und eine Handvoll Reisige zu ihrer Verteidigung.

Little John, genauso grimmig, marschierte neben ihm, und zu seiner Linken schritt Sir Hugh de Staunton; finster war dessen Gesicht und die Narbe auf seiner Wange bleigrau vor Müdigkeit. Unbarmherzig hatten die drei ihre Männer auf dem langen Marsch von London herauf angetrieben, und nicht einen gab es unter ihnen, der nicht aufs äußerste erschöpft war. Nur ihre Zähigkeit ließ sie aushalten, und so legten sie eine beschwerliche Meile nach der anderen zurück. Nun trennte sie nur noch der letzte Bergrücken des Hochmoores von dem Ziel ihres Gewaltmarsches; sie drängten vorwärts, und ihre angestrengten Augen suchten den Abendhimmel nach Rauchwolken ab.

Sie bezwangen auch diesen letzten moorbedeckten Gipfel; auf der anderen Seite stiegen sie ab, einem sandigen Pfad folgend, der sich hinunter in das breite Tal von Malaset schlängelte; auf dem letzten steilen Stück des Pfades beschleunigte Robin seine Schritte, und die ermüdeten Männer hinter ihm fingen an zu rennen.

Wo der Pfad in großem Bogen um den letzten Ausläufer des Hochmoores schwenkte, blieb der Lord von Malaset plötzlich stehen. Vor ihm öffnete sich das Tal, stilles Ackerland zwischen den kahlen moorbedeckten Bergen und dem dunklen Waldsaum von Locksley Chase, unter dessen Bäumen die abendlichen Schatten sich wie zu Rauch verdichteten. Jenseits der Felder lag das Dorf, still, ausgestorben; nichts rührte sich, nur dünner Rauch stieg aus den geschwärzten Ruinen seiner Hütten. Hinter dem Dorf ragte der große Turm von Malaset in den Abendhimmel, scheinbar unberührt von der Verwüstung rings umher. Im schwindenden Licht des Tages sah Robin, daß das offene Gelände vor der Burg von Menschen wimmelte, rot züngelte das Feuer aus dem Gebälk der Wachstube, und leise drang entferntes Lärmen an sein Ohr.

Er stieß einen wilden, gellenden Schrei aus, stürmte davon und zerrte im Laufen den Bogen von der Schulter. Little John und Sir Hugh waren mit einem Satz neben ihm, und die übrigen stürzten hinter ihnen drein. Sie jagten über die Felder, erschöpfte Männer, die ihre Erschöpfung vergessen hatten; unter ihren Füßen knisterten die froststarren Wiesen, knirschten die hart gefrorenen Ackerschollen, und schließlich gelangten sie in das niedergebrannte Dorf. Jeder Mann hatte seinen Bogen gespannt.

König Johanns Söldner hatten den Dammweg zur Burg nach hartem Kampf erobert, hatten die Tore gestürmt, und nun tobte der erbitterte Kampf um das brennende Pförtnerhaus, hinter dem sich die kleine, tapfere Schar der Verteidiger verbarrikadiert hatte. Die Plünderer hatten geglaubt, einen leichten Sieg zu haben, da doch Knechte, Leibeigene und eine Handvoll Reisige in keiner Weise zweihundert schwer bewaffneten Soldaten gewachsen waren. Aber den Engländern wuchsen Kräfte zu durch das Wissen, daß sie ihre eigenen Frauen, ihre eigenen Kinder verteidigten. Als die Warnung vor dem Überfall kam, waren alle Dorfbewohner sofort in den Schutz der Burg geflüchtet, und nun war der innere Burghof voller Kinder, Hunde und Vieh, während sich die Frauen im Außenhof abmühten, die Verwundeten versorgten, den wenigen Bogenschützen auf der Brustwehr Bündel von Pfeilen zutrugen und den Männern an den Barrikaden halfen.

In immer neuem Anlauf versuchten die Fremden, in den Hof durchzubrechen, und immer wieder wurden sie zurückgeworfen. Die Verteidiger kämpften mit dem wütenden, verzweifelten Mut des wilden Ebers, der das Feldzeichen ihrer Ahnen gewesen war. Vor den Barrikaden lagen die Leichname der gefallenen Flamen und Brabanter; aus den Schießscharten über ihnen zischten immer wieder Pfeile herunter und fanden ihren Weg in das Herz eines Fremden.

Doch auch die tapferste Verteidigung konnte einer solchen Übermacht nicht lange standhalten; auch Leichname von Engländern lagen neben denen der Brabanter am Tor, und von denen, die noch lebten, waren viele schwer verwundet.

Und wieder, mit wildem Geschrei, griffen die Söldner an. Im gleichen Augenblick erscholl ein tiefer, sirrender Ton, wie von einem Schwarm aufgestörter, zorniger Hornissen; doch war es kein Hornissenschwarm, sondern ein Schwarm von Pfeilen, die sich in die rückwärtigen Reihen der Brabanter bohrten.

Rasch verblaßte das letzte Tageslicht, aber die Flammen des brennenden Pförtnerhauses erhellten mit ihrem rötlichen Licht den ganzen Schauplatz, so daß die Brandstifter deutlich erkennbare Ziele abgaben. Viele waren tot oder verwundet zu Boden gesunken, von dem ersten Schwarm der Pfeile getroffen, und ehe noch die Herzen der Söldner ein nächstes Mal schlagen konnten, folgte der zweite Schwarm, der ihren Anführer niederstreckte und die übrigen in Verwirrung stürzte. Bevor sie sich umwenden konnten, um der neuen Gefahr ins Auge zu sehen, waren die Angreifer schon mitten unter ihnen.

Robin konnte sich später niemals mehr deutlich an den Verlauf dieses Gemetzels erinnern. Er wußte nicht mehr, daß der Kampf lange und erbittert tobte, daß die Verteidiger von Malaset ihre Barrikaden eingerissen hatten und herausgestürmt kamen, um ihre Kräfte mit den seinen zu vereinen. Er wußte es nicht, bis Sir Hugh ihm später erzählte, daß kaum ein Dutzend von König Johanns Mordgesellen aus der Schlacht dieses Abends mit dem Leben davongekommen war. Ein heißer, roter Nebel schien vor seinen Augen gelegen zu haben, und er erinnerte sich nur noch an das blutig rote Aufblitzen seines Schwertes, das in den Flammen des brennenden Pförtnerhauses aufleuchtete, und an das Gefühl wilder Freude, wenn die Schneide tiefe Wunden schlug.

Dann war alles vorüber, der rote Nebel verschwand, die wilde Freude erstarb, und er fand sich in dem zerstörten Torbogen stehen, in der Hand das blutüberströmte

Schwert. Einige Männer schöpften Wasser aus dem Burgbrunnen, um das Feuer zu löschen, und als die Flammen herunterbrannten, war die Luft erfüllt von einem ekligen, nassen und rußigen Brandgeruch. Es war nun nahezu Nacht geworden, und beim Licht einer Fackel, die jemand gebracht hatte, sah er überall Tote liegen, vor dem Tor und auf dem Damm, Engländer und Flamen, Angreifer und Verteidiger. Wie er da im Torbogen stand, umringt von seinen Knechten, sah er, wie Little John sich über einen gefallenen Kameraden beugte, wie sich Sir Hugh de Staunton an die Mauer lehnte und das Blut zu stillen suchte, das aus der wieder aufgerissenen alten Wunde in seiner Wange quoll. Und er blickte sich nach Marian um, doch er konnte Marian nicht sehen.

In dem Gedränge gewahrte er Rafe, den Befehlshaber der wenigen Reisigen, die er für die Zeit seiner Abwesenheit zur Verteidigung von Malaset zurückgelassen hatte, und von ihm begehrte er zu wissen: »Rafe, wo ist meine Gemahlin?«

Dann sah er den Schmerz in des Mannes Augen; und er wußte Bescheid. Seltsame, kalte Ruhe erfüllte ihn, als er hinter Rafe die schmale Steintreppe zur Brustwehr erstieg. Ein leichter Wind hatte sich erhoben und trieb die Wolken nach Osten ab. Durch die Wolkenfetzen hindurch leuchtete ein kalter grüner Himmel, in dem die ersten Sterne auffunkelten. Durch die dicke, finstere Mauer mit ihren Schießscharten wurde der Wind von der Brustwehr abgehalten, und die Fackel, die einer der Schützen hielt, brannte mit ruhiger Flamme und verbreitete ein gelbliches Licht über die steinerne Mauer, die Holzbretter des Bodens und die Gestalten der Schützen, die vor kurzem noch die Burg verteidigt hatten. Einer saß an die Mauer gelehnt, während ein Kamerad bei ihm kniete und eine Pfeilspitze aus seiner Schulter schnitt; einer stand und starrte durch seine Schießscharte und mit der Hand umklammerte er den Bogen so fest, daß die Knöchel weiß schimmerten. Und die übrigen standen mit gesenkten Köpfen um einen, der still lag.

Schweigend traten sie auseinander, um Robin durchzulassen, und er erblickte Marian. Der Bolzen einer Armbrust hatte ihr Herz durchbohrt. Ihr Bogen lag neben ihr, gekleidet war sie wie die übrigen Schützen, mit ledernem Beinkleid und ledernem Wams; sie hatten ihr den Helm abgenommen, ihr goldbraunes Haar schimmerte warm im Lichte der Fackel und lag weich um Antlitz und Schultern.

Lange stand Robin und sah sie an, schweigend; und schweigend wandte er sich ab. Dann trugen sie Marian in ihre Kammer und legten sie auf ihr Lager; und Robin kehrte zu seinen verwundeten Männern zurück.

Viel gab es zu tun in jener Nacht. Unaufhörlich eilte Robin von einer Stelle zur anderen, unfähig, auch nur einen Augenblick ruhig zu bleiben. In seinem aschgrauen Antlitz glänzten die Augen wie hartes, blaues Glas; die Männer, die ihn in jener Nacht sahen, vergaßen diesen Anblick niemals.

In der dunkelsten Stunde der Nacht kehrte er zu Marians Kammer zurück, kniete neben ihrem Lager nieder und blieb auf den Knien liegen, bis die graue Morgendämmerung in das Gemach drang, bis schließlich heller Sonnenschein durch das schmale Fenster strömte und Marians Leichnam mit seinem goldenen Glanz einhüllte.

Da begann er sich zu regen und erhob sich wie jemand, der entsetzlich müde ist. Er beugte sich nieder, küßte sie auf die Stirn, verließ die Kammer, ging die Wendeltreppe hinunter und hinaus in den Rosengarten, den sie so geliebt hatte. Die Sonne hatte ihn noch nicht erreicht, der kleine Rasenfleck war weiß von Rauhreif, doch in der Rosenhecke begannen die letzten roten Blüten des Sommers sich dem Morgen zu öffnen. Robin schritt zu der Rasenbank, warf sich der Länge nach darauf nieder und vergrub den Kopf in den Armen; wie er dort lag, überfiel ihn ein lautloser, furchtbarer Schmerz.

Einige Zeit später fand Little John ihn dort liegen, blickte auf ihn hinunter, und das Herz wollte ihm brechen. Dann entfernte er sich leise wieder.

Drei Tage danach wurde Marian zu Grabe getragen und fand neben ihrer Familie auf dem kleinen Friedhof zu Malaset ihre letzte Ruhestätte. Noch lange, nachdem die trauernden Dorfbewohner sich davongeschlichen hatten, stand Robin, Little John neben sich, und starrte auf das frisch aufgeschüttete Grab; ein paar Schritte weiter stand Sir Hugh de Staunton, sein Haupt gesenkt, die Hände über dem Schwertgriff gefaltet.

Little Johns Herz sehnte sich danach, Robin zu trösten. Aber er wußte, daß nicht einmal ihm das Recht zustand, in diesen Schmerz einzudringen. So wartete er, stumm, geduldig, wie ein großer Hund, und seine Augen waren auf das Antlitz seines Herrn gerichtet. Dann hob Robin den Kopf, wandte sich um und blickte in die Ferne, weit weg nach Nordosten, dorthin, wo in der Ferne der Barnesdale Forest blaute.

»John«, sagte er leise und sehr ruhig, »ich will mit der Achtbarkeit nichts mehr zu schaffen haben. Das bedeutet, ich muß zurück in den Greenwood.«

»Und was soll aus Malaset werden, Master Robin, und was aus Locksley?«

Robin antwortete nicht gleich; nach einer Weile sagte er: »Die sollen an Sir Hugh übergehen, er ist Marians nächster Verwandter, und bei ihm werden die Güter in guten Händen sein.« Er wandte sich an den Ritter, der in der Nähe stand: »Eine traurige Erbschaft, Hugh, und es wird harte Arbeit erfordern, alles wieder aufzubauen.«

»Das hat keine Bedeutung«, antwortete Sir Hugh rasch. »Aber mußt du hier weggehen, mußt du dein altes, landloses Leben wieder aufnehmen? Bleibe hier und baue das Gut selbst wieder auf.«

Robin schüttelte den Kopf. »Das kannst du so gut wie ich. Im Greenwood aber wartet Arbeit auf mich.«

Die beiden blickten einander tief in die Augen, und Sir

Hugh verstand. Tyrannei und Ungerechtigkeit griffen wieder um sich, gedungene Mörder des Königs streiften durch das Land – Robin wurde wieder gebraucht, in seinen alten Schlupfwinkeln, mit seiner alten Art zu leben.

»So heißt es Lebewohl?« fragte Sir Hugh.

»Gott geleite uns«, erwiderte Robin.

Sie reichten sich die Hände, dort neben Marians Grab, dann wandte Sir Hugh de Staunton sich ab und schritt hinweg.

»Geht Ihr gleich, Robin?« fragte Little John und seine Stimme klang rauh vor Schmerz, als er einen schweren Arm um Robins Schulter legte.

»Ja, gleich. Werde ich allein gehn, John?«

»Nein«, sagte Little John. »Nicht allein. Seit dreißig Jahren bin ich Euer Waffenbruder, Robin, Junge, und das bleibe ich.«

»So sei es denn. Du bist ein sehr treuer Freund, Little John, und nie habe ich deine Freundschaft mehr gebraucht als jetzt.« Er wandte sich ab, und ohne auch nur einmal noch den stillen Platz, wo Marian lag, mit einem Blick zu streifen, verließ er den Friedhof und ging auf das zerstörte Burgtor zu.

Die Sonne stand noch hoch am Himmel, als die beiden zum letzten Mal aus Malaset fortritten. Robin saß auf einem großen schwarzen Jagdpferd, Bogen und Schild auf dem Rücken, und er trug sein altes, verwittertes Lederwams und einen leichten Helm. Er sah weder nach rechts noch nach links. Eine halbe Pferdelänge hinter ihm ritt Little John auf einer schweren Stute, auch gepanzert und in Leder, vor sich auf dem Sattel ein Bündel verblichenes Lincoln-grünes Zeug.

Und die Dorfbewohner, die ihnen nachschauten, wußten tief in ihren Herzen, daß sie Robin von Barnesdale niemals wiedersehen würden.

Sie umritten Locksley Chase im Norden und strebten

dem Ödland zu, das sich dahinter bis zum entfernten Saum des Waldes hinzog. Wie ein braunes Meer wogte der Farn um die Beine ihrer Pferde, der Geruch nach Frost lag in der Luft und ein Duft nach Sonne, und in den kleinen Moorweihern spiegelte sich das blasse Blau des herbstlichen Himmels.

Froh und schön breitete die Erde sich rings um sie; aber die beiden, die durch den blau-goldenen Mittag ritten, hatten kein Auge für die Moorseen und kein Ohr für den Lockruf des Kiebitz.

Immer weiter ritten sie durch den Sonnenschein, nach Nordosten, bis sich endlich die dunklen Schatten des Waldes von Barnesdale um sie schlossen.

Robins Kampf mit Guy von Gisborne

Nicht lange blieben Robin und Little John allein in der Stane Ley; bereits einen Tag, nachdem sie aus Malaset weggeritten waren, erschienen Martin-the-Ploughman und Rafe-the-Archer und baten, in Robins Dienst treten zu dürfen.

Robin saß auf seinem altgewohnten Platz, auf dem grasbewachsenen Hügel zwischen den weit sich ausbreitenden Wurzeln der Linde, und musterte die beiden kräftigen Gestalten, deren ganzer irdischer Besitz in zwei Bündel geschnürt vor ihren Füßen lag.

»Es erwartet euch ein hartes Leben, wenn ihr mir folgt«, sagte er zu ihnen. »Und Sir Hugh de Staunton ist ein guter Herr und wird euch gut behandeln. Wollt ihr nicht nach Hause zurückkehren und ihm dienen?«

»Wir wissen, daß Sir Hugh ein guter Herr ist«, sagte Rafe. »Aber wir wollen keinen anderen Herrn als Euch, Robin von Barnesdale.«

So blieben sie also auf der Lichtung unter der riesigen Linde, und das war der Neubeginn der Bruderschaft.

Als sich die Nachricht im Lande verbreitete, daß Robin Hood wieder in den Greenwood zurückgekehrt war, strömten ihm die Männer zu wie in vergangenen Zeiten, und unter ihnen waren auch einige aus der alten Bruderschaft, die sich vor sechzehn Jahren aufgelöst hatte. Viele der Geächteten von damals hatten Familien gegründet und sich irgendwo angesiedelt, einige waren inzwischen zu alt geworden, um das frühere Leben in der Wildnis wieder aufzunehmen; einige waren gestorben, und andere kämpften in den Heeren König Johanns jenseits des Meeres, in Frankreich. Will Scarlet war bei der Belagerung von Chaluz den Heldentod gestorben, am gleichen Tag, an dem auch Richard Löwenherz gefallen war. Roger Lightfoot und George-a-Green waren Seite an Seite gefallen, jeder mit dem Bolzen einer französischen Armbrust im Herzen. Ket-the-Smith besaß eine schöne Schmiede in der Gegend von Birkland und hatte nicht die Absicht, wieder ein Abenteurer zu werden. Hob-o'-the-Hoark Oak hatte sich in der Nähe von Lincoln für sein zusammengespartes Geld einen kleinen Bauernhof erworben, der einen hübschen Ertrag abwarf, und war zu alt geworden für weitere Dienste im Greenwood.

Aber Arthur-a-Bland kam, und Brand, und Will-the-Bowman, grimmiger und kriegerischer als je zuvor. Eines Morgens erwachte die kleine Schar und fand Much den Müllerssohn in ihrer Mitte, brauner, kleiner, knorriger und noch stärker gebeugt in den Schultern, als sie ihn in Erinnerung hatten, doch blitzenden Auges und drahtig wie stets. Eines Abends betrat Gilbert das Lager und ließ sich neben dem Feuer nieder, als wäre er niemals fort gewesen: Gilbert, von südlicher Sonne gebräunt, auf seinem braunen Arm die weißliche Narbe einer Speerwunde. Und so ging es weiter.

Diese alten kampferprobten Männer bildeten den Kern der neuen Bruderschaft, die unter der großen Linde heranwuchs. Langsam wuchs sie heran, aber stetig, bis Robin innerhalb zweier Jahre nach seiner Rückkehr in den Greenwood an die achtzig Männer befehligte. Sie waren gut bewaffnet, diese Männer der neuen Bruderschaft, und von ebenso treuer Gesinnung, wie es die Männer der alten gewesen waren; und das einfache Volk hatte ihren Schutz und ihre Hilfe bitter nötig. König Johann zwar war gestorben – an einem Giftbecher in Newark; doch der neue König war nur ein Kind, und all das Unheil, das König Johann über das Land gebracht hatte, war ungesühnt geblieben. Flamen, Brabanter, Sachsen und Leute aus Poitou trieben sich noch immer im Land herum – riesige, plündernde Heerscharen. Die Hütten der Bauern fielen ebenso wie feste Burgen den Raubzügen dieser königlichen Soldaten zum Opfer und blieben als rauchende Ruinen zurück; und wo sie auftauchten, hinterließen sie erschlagene Männer, ja auch Frauen und Kinder.

Mit diesen fremden Horden führten Robin und seine Männer nun unaufhörlich Krieg. Wie ein Rudel grauer Wölfe verbissen sie sich in die Flanken der königlichen Armeen und schnitten ihre Stoßtrupps ab, sie taten alles, was in ihrer Macht stand, um die Fremden zu verjagen. Und groß war die Anzahl armer Ritter, freier Bauern, niederer Knechte, groß war auch die Anzahl der verängstigten Frauen, die in diesen schweren Jahren allen Grund hatten, Robin Hood und seine Männer zu segnen.

Robin schien das Kämpfen jetzt zu lieben, mehr als in den Tagen seiner Jugend. In der heißen Erregung, die ihn überkam, wenn tödliche Gefahr drohte, wenn er Schwerthiebe austeilte und einsteckte, wenn er seine List mit der Hinterlist seiner Feinde messen konnte, – einzig und allein darin vermochte er seinen Verlust und seine Einsamkeit zu vergessen. Und zu kämpfen hatte er in jener Zeit mehr, als selbst er es sich wünschte. Auch waren die Söldner des Königs nicht seine einzigen Feinde...

Roger von Doncaster war im gleichen Jahr, als Robin begnadigt wurde, von König Richard seines Besitzes für verlustig erklärt worden. Er hatte England verlassen und war in die Normandie geflohen, wo er noch weitere Ländereien besaß; doch als Johann auf den Thron gelangte, war er auf seine englischen Besitzungen zurückgekehrt. Dort saß er nun, wie ein Raubvogel, und umgab sich mit einer Bande gedungener Räuber und Mörder, die ihre Dienste beim König aufgaben und in die seinen traten, weil er ihnen bessere Bezahlung bot.

Zu jener Zeit war Robin noch in Malaset, mit Marian an seiner Seite; und Roger von Doncaster hörte, was man sich von ihrem Glück, von ihrem Wohlstand erzählte, und seine alte Eifersucht wuchs ins Unermeßliche. Er wagte es nicht, sich mit Robin im offenen Kampf zu messen, denn er wußte, daß der andere über eine große Anhängerschaft beim einfachen Volk verfügte, daß er gut ausgebildete Bewaffnete in seiner Burg hatte und machtvolle Ritter und Barone des Landes zu seinen Freunden zählte. Aber er wartete, – hielt sich zurück und wartete auf den rechten Augenblick und nährte seine Eifersucht, bis sie ihm bitter wie Galle schmeckte.

Zwanzig Jahre und länger brütete er über seinem Haß auf den Mann, der ihm Marian genommen und seine habgierigen Pläne durchkreuzt hatte, sich ihre Reichtümer und Ländereien anzueignen; nun aber, da Robin wieder in den Greenwood gezogen war, hielt er die Zeit für gekommen, seine langersehnte Rache nehmen zu können.

Mit diesem Ziel im Sinn machte er gemeinsame Sache mit Sir Guy von Gisborne, den ein neuer Abt von St. Mary schon vor langer Zeit als Rentmeister von Birkencar abgesetzt hatte. Und gemeinsam schmiedeten sie Pläne, wie sie Robin ins Verderben stürzen könnten. Mehrere Male in den Jahren nach Robins Rückkehr in den Greenwood hatten diese beiden Männer, durch ihre hinterhältigen Absichten vereint, ihre Mordgesellen ausgeschickt, um Robin im Walde aufzulauern. Sie hätten ebensogut versuchen können, einen vom Himmel herabstoßenden Wanderfalken mit dem Netz einzufangen, denn kein Mann hatte Robin in seinem Wald je aufzuspüren vermocht, solange er sich nicht finden lassen wollte. Nur wenn sie dann unverrichteter Dinge wieder zurückkehrten, konnte es geschehen, daß ein Pfeil aus der Tiefe eines Dickichts herausschwirrte, um ihnen zu zeigen, wie nahe sie ihrer Beute gewesen waren.

So verging die Zeit bis zu einem gewissen Tag im frühen Herbst, sieben Jahre nach Robins Rückkehr in den Barnesdale-Wald. Es war ein stiller, goldener Tag, wie es die ersten Herbsttage oftmals sind, wenn das müde Grün des späten Sommers mit dem Gold sich mischt, und der erste Reif das Gras im Schatten der Heuschober, der Bäume und Hecken erstarren läßt. Auf den Feldern war die letzte Ernte eingebracht, in den Gärten leuchteten die Äpfel rot an den Bäumen; in der Tiefe des Barnesdale-Waldes begann das welke Laub von den Bäumen zu fallen, und die Brombeersträucher hingen voller Beeren, die noch grün und purpurn waren.

Robin und Little John wanderten einen Waldpfad entlang, der gerade so breit war, daß sie nebeneinander hergehen konnten. Beide waren mit Kittel und Hose aus abgetragenem grünem Stoff bekleidet, Little John hatte die Kapuze seines Umhangs tief über den Kopf gezogen, in Robins eng anliegender Samtkappe steckte keck die Schwungfeder eines wilden Schwans.

Little John hatte seinen Sieben-Fuß-Bogen in der Hand, in seinem Köcher steckten die tödlichen langen Pfeile; der Bogen in Robins Hand aber war ein kleiner Vogelsteller-Bogen, und die Pfeile in seinem Gürtel waren leicht und kaum halb so lang wie die großen Pfeile. Wenn die beiden auch bis zur Abzweigung des Saumpfades eine gemeinsame Strecke Wegs hatten, so gingen sie doch verschiedenen Unternehmungen nach. Schulter an Schulter wanderten sie dahin, in freundschaftlichem Schweigen, bis der Pfad in ein Dickicht aus Schlehdorn und Schlingbäumen, an denen rote Herbstbeeren reiften, eintauchte und dann auf eine kleine

Lichtung führte, wo er sich nach Wentbridge und Barnesdale Bar gabelte. An der Weggabelung stand ein Holunderstrauch, und als sie sich näherten, flatterte erschreckt eine buntgefleckte Drossel auf, die sich an den dunklen Beeren gütlich tat, um sie dann aus sicherer Entfernung laut zwitschernd zu beschimpfen. Little John lachte leise und schimpfte zurück: »Aber Brüderchen Drossel, warum so grob?«

Die beiden Männer trennten sich, waren kurz darauf im Wald verschwunden, und auf der kleinen Lichtung kehrte die Drossel zurück zu ihrem unterbrochenen Festschmaus im Holunderstrauch, dessen Zweige sich unter der Last der Dolden bogen.

Etwa einen Bogenschuß weit folgte Robin dem Pfad. Dann verließ er ihn und ging in südöstlicher Richtung quer durch den Wald auf ein Heidegebiet zu, das reich an Brachvögeln war.

Little John folgte seinem Pfad noch ungefähr eine Meile und schlug dann quer durch den Wald die Richtung nach Pomfret ein.

Am Tage zuvor waren Barnaby und ein junger Waldläufer namens Andrew nach Pomfret aufgebrochen, um einen gewissen reichen Seidenhändler auszukundschaften, der in Kürze über die Landstraße nach Selby reisen sollte. Jetzt folgte Little John dem gleichen Weg; auf einer bestimmten Lichtung, einige Meilen südlich der Stadt, sollte Andrew ihn um die Mittagsstunde erwarten, um zu berichten, was sie während der Nacht hatten in Erfahrung bringen können.

Heiteren Sinnes wanderte Little John gen Norden und erreichte bald die verabredete Stelle. Andrew war noch nicht da, aber es war auch noch nicht Mittag, und nach einem raschen Blick nach allen Seiten ließ der große Geächtete sich unter einem Kastanienbaum nieder, lehnte sich mit dem Rücken gegen den Stamm und wartete. Zunächst wartete er geduldig, die Daumen in den Gürtel gesteckt, und blickte vor sich hin; als aber die Zeit verstrich, und von dem Jungen nichts zu sehen war, runzelte er sorgenvoll die Stirn.

Schließlich verließ er seinen Platz unter der Kastanie, verharrte einen Augenblick, lauschte, ob irgendein Geräusch das Kommen des Überfälligen ankündigte, schritt dann rasch über die Lichtung und verschwand auf der anderen Seite unter den Bäumen. Er mußte herausfinden, was aus Jung Andrew geworden war, und auch aus dem alten Barnaby, – denn wenn einem von ihnen etwas zugestoßen war, dann wahrscheinlich auch dem anderen.

Nach einigen Meilen erreichte er Kinley Scar, eine tiefe, schmale Schlucht, dicht bewachsen, die zwischen hohen, steilen und bewaldeten Abhängen leicht bergab führte. In diese Schlucht hinunter stieg Little John und bahnte sich einen Weg bis zum Waldrand; dort, unter den wild wachsenden Apfelbäumen hielt er inne und musterte das vor ihm liegende Gelände.

Er erblickte ein breites, flaches Tal, auf dessen offenen, grasbewachsenen Hängen hier und da stattliche Bäume standen; und knapp einen Bogenschuß entfernt von der Mündung der Schlucht, an der er stand, zog die Landstraße zwischen Pomfret und Doncaster in einem weiten Bogen nach Süden. Am Rande der Straße stieg der blaue Rauch eines Lagerfeuers in die Luft. Um das Feuer war eine große Anzahl von Männern versammelt: ein friedliches Bild. Doch während Little John noch da am Waldsaum stand und hinüberblickte, wurde der Friede von einem Aufschrei der Männer am Feuer jählings unterbrochen. Zwei Gestalten lösten sich aus der Gruppe heraus und rannten schwerfällig auf ihn zu, hinter ihnen ein schreiender Haufen von Bewaffneten.

An den Emblemen auf ihren Mänteln erkannte Little John die Verfolger: sie gehörten zu dem Mordgesindel des Roger von Doncaster, alles Söldner aus Poitou. Gleich darauf erkannte er auch die beiden Fliehenden und sah, daß ihre Hände auf den Rücken gefesselt waren. Andrew und

Barnaby waren also in Schwierigkeiten geraten, wie er befürchtet hatte. Er stemmte das Bogenholz gegen seinen Fuß, bog es durch und spannte die glänzende Sehne ein. Im nächsten Augenblick hatte er den Pfeil angelegt und trat unter den Bäumen hervor.

Die beiden Flüchtlinge, durch ihre gefesselten Hände behindert, verloren langsam an Vorsprung. Mit der vollen Kraft seiner Stimme feuerte Little John sie an: »Andrew! Barnaby! Her zu mir, los!«

Als die beiden ihn hörten, gaben sie sich alle Mühe, ihre Geschwindigkeit zu vergrößern, und ließen die Verfolger langsam hinter sich zurück. Dann aber blieb ein Bogenschütze stehen, hob den Bogen und zielte bedächtig auf die Flüchtenden. Und es war ein guter Schuß. Barnaby stolperte, fing sich wieder und lief taumelnd weiter. Ruhig spannte Little John seinen Bogen und schoß; der übereifrige Schütze warf seine Arme in die Höhe, stürzte zu Boden und rollte wie ein erlegtes Kaninchen zur Seite. Der Pfeil steckte in seinem Hals.

Little John lief nun den beiden Geächteten entgegen, wobei er einen weiteren Pfeil anlegte und ihn in den dichten Haufen der Verfolger hineinschoß. Die drei Männer trafen kurz vor dem Waldrand aufeinander, im gleichen Augenblick stürzte Barnaby zu Boden, und Little John sah, daß der Pfeil zwischen seinen Schulterblättern steckte.

Der junge Andrew zögerte einen Augenblick, lief dann aber weiter auf den schützenden Wald zu. Little John verschwendete keinen Blick an ihn, sondern stellte sich breitbeinig über Barnabys Körper, warf seinen Bogen ab – die Verfolger waren so nahe herangekommen, daß er ihm nichts mehr nützte – und zog sein Schwert.

Barnaby bewegte sich, rollte halb auf die Seite und keuchte: »Lauf, John! In Gottes Namen, lauf!«

Little John gab keine Antwort; er hatte keine Zeit dazu. Er hob sein Schwert, und im nächsten Augenblick hatte die Meute der Söldner ihn auch schon umzingelt. Unter den stampfenden Fußtritten der Kämpfenden seufzte Barnaby auf, fiel vornüber auf sein Gesicht und rührte sich nicht mehr.

Einen wütenden Kampf kämpfte Little John, der über seinem gefallenen Kameraden stand. Mit Kopf und Schultern überragte er die Mordbande, die ihn anfiel wie Bluthunde einen wilden Eber. Fünf von ihnen erschlug er an jenem Tag, doch endlich überwältigten und entwaffneten sie ihn. Er blutete aus einer tiefen Schulterwunde und aus weiteren Wunden an Kopf und Schwertarm, doch bis zuletzt leistete er Widerstand. Mehrere Männer warfen sich auf ihn, um ihn festzuhalten, andere zerrten seine Arme auf den Rücken und banden seine Handgelenke aneinander; dann rissen sie ihn auf die Füße und stießen ihn zu einem Ulmenbaum, unweit ihres Lagerfeuers.

An den Stamm dieser Ulme wurde Little John gefesselt, mit langen Seilen, die mehrere Male um den Stamm gewunden und mit komplizierten Knoten befestigt wurden. Er fühlte sich krank und schwindlig; als er versuchte, den Kopf zu heben, schien er ihm sehr schwer zu sein, und das breite Tal verschwamm vor seinen Augen. Ein Ritter mit glattem und bleichem Antlitz, der sich offensichtlich nicht an dem Kampf beteiligt hatte, stand vor ihm und starrte ihm hochmütig ins Gesicht; und mit unendlicher Anstrengung hob Little John seinen Kopf höher und starrte ebenso hochmütig zurück. An dem Wappen an des Ritters Schild und Mantel erkannte er in ihm Roger von Doncaster.

»Deiner Größe nach zu urteilen bist du Little John«, sagte der Ritter mit einer Stimme, die zugleich gallenbitter und glatt wie Seide war. »Einzig und allein deinen Herrn würde ich noch lieber henken als dich, du Ungeziefer! Und henken werde ich dich mit Sicherheit, und das noch heute!«

»Es geschehe, wie Gott will«, antwortete der andere stolz.

»Nein, nein – es geschieht, wie *ich* es will«, sagte Sir Roger von Doncaster, und seine Lippen verzogen sich zu einem Lächeln, das aber einem Zähnefletschen gleichkam.

Sich an die Bewaffneten wendend, befahl er: »Verbindet die Wunden dieses Strauchritters! Er blutet wie ein angestochenes Schwein, und er soll nicht sterben, bis Sir Guy zurückkehrt, um zuzusehen, wie er gehenkt wird.«

So wurden die Fesseln von Little Johns Handgelenken genommen, seine Wunden an Arm und Schulter grob umwickelt mit Streifen von dem Stoff, den man aus seiner Kapuze riß, und danach wurden ihm die Hände wiederum gefesselt, aber nicht hinter dem Rücken wie zuvor, sondern vorne, damit seine Schulterwunde durch die Dehnung nicht wieder aufbrach.

Währenddessen befestigten einige der Söldner unter der Anleitung von Sir Roger ein dickes Hanfseil über einem Ast der Ulme und verknoteten das eine Ende zu einer Schlinge, damit alles bereit sei für die Hinrichtung, wenn Sir Guy von Gisborne da war, um sich daran zu ergötzen.

Nachdem alle Vorbereitungen getroffen waren, ließen sie sich nieder und warteten. Sir Roger setzte sich auf einen dicken heruntergebrochenen Ast, von wo aus er seinen Gefangenen nach Herzenslust betrachten konnte; und seine Leute saßen oder lagen auf dem Rasen herum und schürten das Feuer, das sie entzündet hatten, um ihr Mittagessen darauf zu kochen und sich die Zeit des Wartens zu vertreiben. Sie redeten in ihrer fremden Sprache untereinander, starrten Little John mit unverschämten Blicken an, und diejenigen unter ihnen, die im Kampf verletzt worden waren, versorgten ihre Wunden.

An seinen Baum gefesselt, wartete auch Little John und fragte sich, wie lange es wohl dauern würde, bis Guy von Gisborne von seinen geheimnisvollen Geschäften zurückkäme. Wenn er lange genug säumte, könnte es sein, daß noch rechtzeitig Hilfe käme, denn Andrew würde geradewegs zur Stane Ley laufen und die Geächteten holen, um ihn zu befreien. Aber die Stane Ley war gute zehn Meilen entfernt, und jeden Augenblick konnte die verhaßte Gestalt von Guy von Gisborne zwischen den dicken Stämmen der

Bäume auftauchen. Indem er so die Möglichkeiten gegeneinander abwog, erkannte der Geächtete klar, daß er nur eine verschwindend kleine Chance hatte, die Sonne an diesem Abend noch untergehen zu sehen.

Er hatte ein gutes Leben gehabt, dachte er, und nun war es vorbei. Er hob seinen schweren Kopf und betrachtete das sanft geschwungene Tal, das noch immer seltsam verschwommen vor seinen Augen lag, und auf den Hügeln die herbstliche Sonne, – zum letzten Mal.

An jenem Tag trieb sich ein Eindringling im Wald herum – ein seltsames, phantastisches Geschöpf, das im Unterholz lauerte und durch Gestrüpp und Dickicht schlich wie ein böser Geist oder ein Gespenst aus einem Alptraum.

Viele Male hatte Sir Guy von Gisborne seine Mordgesellen in die Wälder geschickt, auf der Suche nach Robin Hood, doch immer waren sie unverrichteter Dinge wieder zurückgekehrt. Diesmal aber war er selbst gekommen, in einer Vermummung, die ihm das Wegerecht sichern sollte, wo immer er auch hinging, weil jeder, dessen Pfad er vielleicht kreuzte, vor Entsetzen gelähmt sein würde. Denn wer würde dem Geisterpferd von Barnesdale den Weg versperren?

Er war nur als Späher gekommen, um die Geächteten und ihre Schlupfwinkel auszukundschaften, damit Sir Roger von Doncaster und seine Söldner wüßten, wo sie anzugreifen hätten. Für alle Fälle hatte er einen kräftigen, sechs Fuß langen Bogen mitgenommen. Und der sollte ihm bald zustatten kommen.

Denn als er unter den erdverkrusteten Wurzeln eines gestürzten Baumriesen hindurchkroch, bemerkte er plötzlich eine schwache, kaum wahrnehmbare Bewegung zwischen den Bäumen. Er erstarrte, sein Gesicht leuchtete in wilder Freude auf, und leise erhob er sich. Sorgfältig hielt er sich hinter dem Haselstrauch vor den Blicken desjenigen verborgen, der da auf dem schmalen Wildpfad erschien, und legte einen Pfeil an die Sehne seines Bogens.

Es war Robin, der mit seinem leichten Gang den Pfad entlangkam, den Vogelsteller-Bogen in der einen Hand, in der anderen zwei Brachvögel. Er vernahm das »tweng« einer zurückschnellenden Bogensehne im Dickicht zu seiner Linken, und sogleich schien ein Feuerbrand seinen Arm zu versengen. Der mörderische Pfeil bohrte sich in das Unterholz, und fast gleichzeitig ließ Robin sich seitlich in ein dichtes Brombeergestrüpp fallen; er fiel auf den Pfeilschaft, der durch sein Gewicht zerbrach. Es gelang ihm, sich im Stürzen seitlich zu drehen. Er lag still und spähte durch das rot-goldene Laub des Brombeerstrauches nach demjenigen aus, der ihn beinahe ermordet hatte.

Das fürchterliche Geschöpf, das gleich darauf aus dem Unterholz hervorbrach, konnte auch das tapferste Herz vor Entsetzen stillstehen lassen. Das Geisterpferd von Barnesdale! Das Geisterpferd, das in einer seltsamen und schrecklichen Weise zugleich ein Mensch war, und das für jeden, der es erblickte, den sicheren Tod bedeutete!

Als das Geschöpf auf den Pfad heruntersprang, wehte seine schwarze Mähne vor dem grünen und goldenen Laub der Waldbäume; grausame Zähne schimmerten in dem schauerlich aufgebäumten Kopf.

Robin war kein abergläubischer Bauer, dennoch fühlte er sein Herz schmerzhaft bis in den Hals hinauf klopfen, und einen Augenblick lang überkam ihn schauderndes Entsetzen. Gleich darauf merkte er, daß dieses Waldgespenst ein Mensch war, der sich in ein Pferdefell gehüllt und das bösartig aussehende Haupt wie eine Kapuze über den Kopf gezogen hatte. Und als diese wüste Gestalt auf ihn zustürzte, erkannte er in dem dunklen, grausamen Gesicht unter dem Pferdekopf das seines alten Feindes – Guy von Gisborne.

Robin lag sehr still, seine rechte Hand umklammerte den Schwertgriff; als Sir Guy die Stelle erreichte, wo die Füße des Geächteten steif auf den Pfad hinausragten, hielt er in seinem rasenden Lauf inne, blieb stehen und starrte sie an.

Sein Gesicht leuchtete in teuflischer Freude, haßerfüllt glitzerten seine kalten Augen.

»Da liegst du, Robin von Barnesdale!« sagte er mit schnarrender Stimme. »Lange habe ich auf diese Stunde der Abrechnung gewartet, und jetzt, da sie endlich gekommen ist, werde ich des Nachts in meinem Bett um so besser schlafen!« Und er beugte sich nieder, um das Gewirr herbstlich bunter Zweige auseinanderzuzerren, das den Körper seines Opfers verdeckte.

Noch während er damit beschäftigt war, bewegte es sich plötzlich unter dem Brombeergerank, und Robin Hood sprang auf, seinem Feind die Stirn zu bieten, mit blitzenden Augen und grimmigem Mund, das nackte Schwert in der Hand.

Mit einem Fluch trat Sir Guy zurück und zog auch sein Schwert aus der Scheide. »Verbrecher! Strauchdieb!« rief er. »Du hast mich überlistet!« Und wütend stürzte er sich auf Robin, haßerfüllt loderten seine Augen, die Pferdemähne wehte im Ungestüm seines Angriffs.

Leichtfüßig trat ihm der Waldläufer entgegen und sagte voller Verachtung: »So seid Ihr endlich gekommen, Sir Guy von Gisborne. Viele Male habt Ihr Euer Gesindel ausgeschickt, um mich zu morden. Sie schlichen nur hinter Büschen und Hecken herum. Jetzt kommt Ihr selbst, zu sehen, ob Euch gelingt, was ihnen fehlgeschlagen ist. Ihr spracht von einer Abrechnung, Sir Guy, und zu einer Abrechnung soll es heute kommen!«

Sir Guy gab keine Antwort, er fletschte nur die Zähne. Und hier, im Frieden des grünen Wildpfades, traten die beiden alten Feinde zum Kampfe an, und der stille Wald hallte wider vom Getöse der aufeinanderprallenden, klirrenden Schwerter. Sir Guy hatte einen runden Schild zu seinem Schutz, Robin nicht; aber der böse Ritter war von seinem Zorn geblendet, während Robin mit kühlem Kopf und klarem Verstand kämpfte, und das war besser als jeder Schild.

Hin und her wogte der Kampf, leicht und doch fest setzten sie ihre Füße auf, sie schlugen zu, wehrten ab, machten Ausfälle, jeder ingrimmig darauf bedacht, den Tod des anderen herbeizuführen. Durch einen gelungenen Hieb brachte Sir Guy Robin eine tiefe Schulterwunde bei, und Blut strömte über seinen Arm. Robin sprang zurück, und als Sir Guy mit einem triumphierenden Aufschrei erneut auf ihn eindrang, wich er behende zur Seite, und wie ein Blitz zuckte sein Schwert über das seines Feindes. Robins Klinge drang tief in des anderen schwarzes Herz, – Sir Guy röchelte, ließ sein Schwert fallen, taumelte zurück und stürzte zu Boden.

Heftig atmend trat der Geächtete neben ihn und blickte auf den gefallenen Feind hernieder.

»Ein schneller, ritterlicher Tod, – du hättest Schlimmeres verdient!« sagte er ruhig. »Doch hier liegst du nun, Sir Guy von Gisborne. Nie wieder wirst du das einfache Volk quälen, das sich nicht zur Wehr setzen kann. Die Erschlagenen, die Geschändeten, die Gebrandmarkten, die Frauen in ihrer Not und ihren Schmerzen, die verlassenen kleinen Kinder, – sie alle sind nun gerächt, Sir Guy; und dafür danke ich der Mutter Unseres Herrn!«

Als er sich niederbeugte, sein Schwert vom Blut reinigte und es zurück in die Scheide stieß, hörte er einen langgezogenen hohen Schrei, so schwach und so weit entfernt, daß er von den natürlichen Lauten des Waldes fast nicht zu unterscheiden war. Das war der Suchruf der Geächteten! Er rief zurück, und sogleich kam die Antwort.

Wenige Minuten später teilte sich das Gebüsch, und auf den Pfad heraus stolperte Andrew, zerzaust und abgerissen. Mit wildem Blick schaute der Junge nach rechts und links, sah Robin neben dem Leichnam seines Feindes stehen und taumelte auf ihn zu.

Robin sah, daß sein jüngster Mitstreiter der Überbringer schlechter Nachrichten war, daß er erschöpft war vom raschen Laufen, Risse und Kratzer im Gesicht hatte, daß seine Kleider von häufigen Stürzen im Unterholz zerfetzt und seine Hände auf den Rücken gefesselt waren.

»Master Robin!« keuchte er. »Dank sei der Mutter Gottes, daß ich Euch gefunden habe! Ich fürchtete, ich würde keinen der Bruderschaft finden, – auf dieser Seite der Stane Ley!«

»Ruhig, mein Junge.« Robin hatte sein Jagdmesser gezogen. »Deine Hände – so, nun sprich.«

Die Stricke fielen ab, auf den Handgelenken des Jungen waren blutige Striemen zu sehen; er schien sich ihrer nicht bewußt zu sein, ebensowenig wie er die seltsame Gestalt des Toten im Pferdefell zu bemerken schien. Noch immer keuchend und atemlos von der verzweifelten Eile, mit der er gerannt war, hob er an zu berichten, und seine Worte überstürzten sich: wie er und Barnaby durch ein Mißgeschick in die Hände Sir Rogers von Doncaster gefallen waren; wie Sir Roger beschlossen hatte, sie als Lockvögel für einen Angriff auf die Bruderschaft zu benützen; wie sie ihrer Gefangenschaft entronnen waren, als Sir Roger an der Straße nach Doncaster, nahe bei Kinley Scar, ein Lager aufschlagen ließ; wie Little John gekommen war, wie Barnaby erschossen und Little John gefangengenommen worden war.

»Und so eilte ich, so schnell ich konnte, um Euch diese Nachricht zu bringen«, schloß er.

Robin antwortete nichts, aber er setzte sein Jagdhorn an die Lippen. Ein gellender Ton zerriß die Stille des Waldes: die dringende Aufforderung an jeden aus der Bruderschaft, der nahe genug war, sie zu vernehmen: »Her zu mir! Her zu mir! Und geschwind!«

Dann sagte er rasch zu dem jungen Geächteten: »Andrew, lauf geradewegs durch den Wald zu der Stelle, wo der Stane-Weg auf die Straße nach Doncaster stößt. Dort wirst du Much finden, bei ihm sind noch etliche von den Unseren. Sage ihnen, sie sollen so rasch wie möglich zu der großen Eiche auf der Wragthorne-Heide kommen, dort werde ich sie erwarten. David-the-Smith ist der schnellste Läufer von ihnen; er soll die gleiche Nachricht zur Stane Ley bringen und sagen, daß Little John unseren Feinden in die Hände gefallen ist.«

Eilends brach Andrew auf; Robin blieb noch einige Augenblicke stehen und blickte mit gerunzelter Stirn vor sich hin. »Kinley Scar«, flüsterte er. »Das ist gute sieben Meilen von hier entfernt, mein alter Junge, und nur Gott weiß, ob du nicht schon tot bist oder eingekerkert in den Mauern von Pomfret!« Er bückte sich und streifte Sir Guys Leichnam das seltsame Gewand ab. Dann zog er sein verblichenes grünes Wams aus und bedeckte den Toten mit diesem abgetragenen Kleidungsstück.

»Du hast ein hartes Lager heute nacht, Sir Guy, dafür sollst du eine gute Zudecke haben«, sagte er, wandte sich ab, gürtete sich das Fell um und zog sich den scheußlichen Pferdekopf über.

Er nahm Sir Guys Jagdhorn, dessen Bogen und Pfeile; aber er behielt sein eigenes Schwert. Schließlich hob er Sir Guys Klinge auf und legte sie neben den Leichnam.

Und während er das alles tat, betete er leise, unaufhörlich, daß es ihm vergönnt sein möge, noch zur rechten Zeit zu kommen, um Little John, seinen Waffenbruder, zu befreien.

Kaum hatte er diese Vorbereitungen beendet, als Gilbert und drei weitere Mitglieder der Bruderschaft, die den Ruf des Horns vernommen hatten, aus dem Dickicht sprangen. Angesichts der fürchterlichen Gestalt, die sie da erblickten, blieben sie entsetzt stehen. Einer von ihnen fing an sich zurückzuziehen, indem er sich inbrünstig bekreuzigte, und sogar Gilbert, der fremde Länder und manches Wunderliche gesehen hatte, streckte eine zitternde linke Hand aus, den ersten und zweiten Finger gekreuzt, um dieses Blendwerk des Teufels abzuwehren.

Erstaunt schaute Robin sie an. In seiner verzweifelten Angst um Little John hatte er nicht bedacht, welche Wirkung diese Vermummung auf seine Leute haben würde. Er brauchte einen Augenblick, um zu begreifen, was in ihnen vorging; dann warf er die teuflische Kopfbedeckung zurück und sagte: »Ich bin es, Freunde, ihr braucht eure Finger nicht zu kreuzen.«

Gilbert seufzte vor Erleichterung und wischte mit der Hand über die Stirn, als er auf Robin zutrat. »Fff! Wir glaubten schon, der Teufel hätte uns beim Kragen!«

»Nein«, sagte Robin schroff, »es ist Sir Roger von Doncaster, der Little John beim Kragen hat!« So knapp wie möglich berichtete er ihnen, was geschehen war; und während er noch sprach, brachen zwei weitere grüngekleidete Gestalten aus dem Gebüsch, und fast gleichzeitig sprang Arthur-a-Blend auf den Pfad hinunter. Noch drei andere hatten den Ruf vernommen; dann zog Robin den Pferdekopf wieder über sein Gesicht und machte sich auf den Weg zur Wragthorn-Heide. Die anderen folgten im Gänsemarsch.

Rasch eilte die kleine Gruppe gen Norden. Sie liefen in stetigem Trab. Robin, der vorausschritt, den Bogen Sir Guys schußbereit in der Hand, betete im stillen noch immer, daß er rechtzeitig genug kommen möge, um Little John zu befreien.

Much und seine Gruppe warteten schon bei der großen Eiche, als Robin mit seinen zehn Männern eintraf. Der kleine braune Much, hart und verbissen – auch sein Bogen war schußbereit –, trat sogleich auf Robin zu. Nachdem sie einige kurze Worte gewechselt hatten, hastete die Gruppe weiter, im gleichen mörderischen Trab wie zuvor.

Die große Eiche stand am Rande eines offenen Heidegeländes, das die Waldläufer, den Schutz der Bäume verlassend, überquerten. Sie tauchten in ein wogendes, grüngoldenes Meer von hüfthohem Farn, das sich teilte, um ihnen Durchlaß zu gewähren, und sich hinter ihnen wieder schloß. Als sie in den jenseits gelegenen Wald gelangten, waren sie ihrem Ziel nicht mehr fern. Bis hierher war nur

Geschwindigkeit vonnöten gewesen, nicht aber Lautlosigkeit; doch nun begannen sie sich anzupirschen und bewegten sich zwar noch immer schnell, dabei aber lautlos wie Schatten zwischen den Bäumen hindurch.

Als sie Kinley Scar erreichten, stiegen sie hinunter und eilten die enge Schlucht entlang, bis sie durch die Bäume hindurch die Abendsonne auf offenes Gelände schimmern sahen. Noch eine kurze Strecke legten sie zurück, dann bedeutete Robin ihnen, zu warten, und ging allein weiter, nur von Much begleitet, der sein Bote sein sollte.

Bis zu den letzten Bäumen des Waldrandes ging Robin, der kleine braune Mann immer dicht hinter ihm. Die paar letzten Meter robbte er auf dem Bauch, bis er, Brombeergezweig und Geißbartstengel vorsichtig auseinanderbiegend, durch die wilden Apfelbäume hindurch den gesamten Talgrund übersehen konnte. Er erblickte Barnabys Leichnam, der dort noch lag, wo er gefallen war, und fünf tote Söldner, Seite an Seite, die ihre Kameraden ein Stück zur Seite geschleift hatten. Er sah die Männer aus Poitou unter der Ulme lagern, er sah, wie Sir Roger von Doncaster ungeduldig auf und ab schritt und an seinen Fingern kaute – wie an jenem Abend vor langer Zeit, als Marian nicht zu ihrer Hochzeit erschien. Und er sah auch die riesige Gestalt von Little John an den Baumstamm gefesselt, und die leere Schlinge, die dicht neben ihm baumelte.

»Kriech zurück zu den anderen«, flüsterte Robin, »sage ihnen, daß Little John noch am Leben ist und beschwöre sie, sich ganz ruhig zu verhalten, bis ich ihnen ein Zeichen gebe.«

Much nickte und robbte in das Unterholz zurück. Kurz darauf erschien er wieder, so lautlos, wie er sich entfernt hatte, und legte sich neben Robin, seine kleinen funkelnden Augen auf die Bewaffneten unten im Tal gerichtet.

Geduldig warteten die beiden und beobachteten die Gestalten am Feuer und unter der Ulme. Sollten sie irgendwelche Anstalten treffen, um Little John zu henken, würde

Robin seine Männer sofort zum Angriff führen. Doch bis die Verstärkung von der Stane Ley eintraf, hatten sie nur knapp die Hälfte ihrer Stärke, während die Feinde etwa achtzig Mann zählten. Dieses Ungleichgewicht durfte nicht leicht genommen werden. So warteten sie, wie auch die Männer im Tal warteten.

Robin vermutete, daß sie mit der Hinrichtung ihres Gefangenen auf die Rückkehr von Sir Guy von Gisborne warteten; und er lächelte grimmig.

Eine lange Zeit schien zu vergehen, bis er hinter sich im Unterholz eine leise Bewegung wahrnahm, Will-the-Bowman an seine Seite glitt und flüsterte: »Wir sind da, Master.«

»Gut!« gab Robin flüsternd zur Antwort und wandte sich dann an Much: »Bleib du hier als Beobachter und gib mir Nachricht, wenn sich dort unten etwas tut.«

Er kroch langsam zurück, gefolgt von Will, bis sie vom offenen Tal aus nicht mehr gesehen werden konnten. Dann erhob er sich und ging lautlos die Schlucht hinauf zu seinen weiter oben wartenden Männern. Rasch hatte er seine Anordnungen getroffen: Die Hälfte von ihnen, unter der Führung von Will Stukely, schwärmte die steilen Abhänge der Schlucht hinauf und verschwand oben im dichten Gebüsch; die anderen bezogen Posten unter den Bäumen unmittelbar am Waldrand.

Dann hob Robin, der zwischen ihnen stand, das Jagdhorn von Sir Guy von Gisborne, setzte es an die Lippen und ließ das »Morte« erschallen, den Ruf, den der Jäger ertönen läßt, wenn die Beute erlegt ist.

Im Tal unten sprangen die Männer auf, Sir Roger hielt in seinem ungeduldigen Hin-und-Her-Gehen inne, und eines jeden Gesicht wandte sich dem Waldrand zu.

»Das war doch Sir Guys Horn«, sagte einer der Männer. »Ja, und es ist das ›Morte‹, was er bläst«, fügte ein anderer hinzu. »Das bedeutet doch sicher, daß er Robin Hood umgebracht hat.«

Sir Roger sagte nichts; doch das bösartige Frohlocken auf seinem Antlitz zeigte deutlich, daß er der gleichen Meinung war.

Little John in seinen Fesseln versuchte, sich zu bewegen, und sah die schreckliche Gestalt im Pferdefell unter den wilden Apfelbäumen hervortreten; dem Jubel der Poitou-Söldner entnahm er, daß es Sir Guy von Gisborne war. Da er noch immer benommen war von seinem Blutverlust, wunderte er sich nicht weiter über die Vermummung des bösen Ritters. Sein einziger Gedanke war: das ist Sir Guy von Gisborne, und Sir Guy hat das »Morte« für Robin geblasen.

So war Robin also tot. Was bedeutete das schon, da auch er, Little John, bald sterben und sich im Tode wieder mit ihm vereinen würde.

Robin Hood schritt den flachen Abhang hinunter und hielt sich immer so, daß er die Sonne im Rücken hatte und sein Gesicht im Schatten lag. Und indem er die Stimme des toten Ritters nachahmte, rief er: »Was für einen Vogel habt Ihr da gefangen, Freund Roger? Das ist doch wohl nicht Little John?«

»Jawohl, eben dieser Schurke und kein anderer«, antwortete Sir Roger und lachte niederträchtig. »Wir haben auf Euch gewartet mit dem Henken. Ihr sollt uns nicht selbstsüchtig schelten, weil wir den Spaß für uns alleine haben wollten!«

»Und das hätte ich bestimmt getan!« erwiderte Robin. »Ich habe seinen Herrn erschlagen, geliebter Roger, und nun werde ich mir das Vergnügen machen und den Kerl da anspucken!«

Sein Gesicht noch immer sorgfältig im Schatten haltend, schritt er durch die Menge der Söldner, die nur widerwillig auseinandertraten, um ihn durchzulassen.

Erst als er ganz nahe war, wandte Little John den Kopf, um ihm ins Gesicht zu sehen; was der riesige Geächtete da erblickte, erschütterte ihn so, daß der Nebel in seinem

Gehirn wich, wie der Schlaf weicht durch einen Guß kalten Wassers. Seine Gestalt straffte sich, in seinen Augen leuchtete wie ein winziges Fünkchen das Erkennen auf, doch unmittelbar darauf drückte sein Gesicht nichts wie Verachtung aus.

»Ja, ich bin's«, murmelte Robin. Er beugte sich vor, wie wenn er seine Drohung, den Gefangenen anzuspucken, wahrmachen wollte. Little John streckte ihm seine gefesselten Hände hin, und im Schatten zwischen ihnen blitzte Robins Jagdmesser zweimal auf, als er erst die Stricke um des anderen Handgelenke durchschnitt und danach das Seil, mit dem er an den Stamm der Ulme gebunden war.

Zwischen dem ersten und zweiten Aufblitzen des Messers brüllten die Söldner vor Wut laut auf, und Robin konnte gerade noch sein Schwert ziehen und sich mit dem Rücken zum Stamm der Ulme drehen, als sie auch schon von allen Seiten über ihn herfielen. Little John schien seine Wunden vergessen zu haben. Mit einem kurzen rauhen Lachen warf er seine Fesseln ab, sprang den am nächsten stehenden seiner Angreifer an, entriß ihm das Schwert und schleuderte ihn derart gegen seine Kameraden, daß zwei oder drei weitere krachend zu Boden stürzten.

Kaum hatte er das getan, als in den hintersten Reihen des Gesindels ein Geschrei und Gebrülle anhob: Männer im Lincoln-grünen Kleid drangen, einer Pfeilspitze gleich, auf die französischen Söldner ein, – ihre auf und ab sausenden Schwerter bahnten ihnen den Weg.

Von panischem Schrecken erfüllt, wichen die Soldaten vor diesem heftigen Angriff zurück; doch als sie sahen, wie klein die Anzahl der Grüngekleideten war, stürmten sie laut schreiend wieder auf sie ein. Sie wollten Blut sehen. Dreifach an Zahl waren sie den Geächteten überlegen, doch diese kämpften voll bitterer Leidenschaft, und ihre blitzenden Schwerter schienen ein selbständiges Leben zu führen, derart schnell, derart bedrohlich waren sie. Auch Robin und Little John sprangen unter der Ulme, die ihren

Rücken geschützt hatte, hervor und warfen sich in das Handgemenge. Schulter an Schulter kämpfend, gelang es ihnen, zu ihren Männern durchzustoßen.

Und nun begannen die Geächteten ihren Rückzug. Schritt für Schritt zogen sie sich zurück, schwer bedrängt von den Söldnern, doch sie kämpften weiterhin mit dem gleichen verbissenen Eifer. Immer weiter ging es zurück, bis die Bäume des Waldes sich um sie schlossen. Mehrere Feinde lagen tot auf dem von der Sonne beschienenen Gras, aber auch drei grüngekleidete Gestalten lagen dort, und viele der Geächteten waren verwundet. Als die Männer aus Poitou das sahen, stießen sie ein gellendes Triumphgeheul aus, drängten hinter ihnen her in die Schatten des Waldes und vergaßen alle Vorsicht in ihrem Blutrausch.

Sir Roger blieb am Waldrand zurück. Er war es zufrieden, zuzuschauen, wie andere für ihn Rache nahmen; er brauchte sein Leben dabei nicht aufs Spiel zu setzen.

Die Geächteten kämpften sich von Baum zu Baum weiter zurück, bis die Abhänge der Schlucht zu beiden Seiten steil über ihnen aufragten. Indem sie so zurückwichen, drängten die Feinde vorwärts und verbissen sich in ihre Flanken wie ein Rudel Wölfe.

Dann aber kam der Tod über sie, – aus den bewaldeten Abhängen des Scar summte es wie ein Schwarm Hornissen hernieder, und elf der Söldner fielen. Noch ehe die übrigen die Gefahr erkannten, flog der nächste Schwarm erbarmungsloser Pfeile unter sie, todbringend und Verwirrung stiftend. Und einen Augenblick später folgte den Pfeilen ein halbes Hundert Waldläufer, die mit großen Sätzen zwischen Bäumen und Gesträuch heruntergesprungen kamen und sich auf die verstörten Soldaten stürzten.

Überrumpelt und überlistet, versuchten die französischen Söldner voller Verzweiflung, sich ihren Weg zum offenen Gelände wieder freizukämpfen. Doch nicht einer von ihnen erreichte es. So sehr haßten die Engländer diese fremden Teufel, daß sie keine Gnade walten ließen. Mit jedem Schwerthieb, der ein arglistiges Herz traf, nahmen sie Rache für alte Verbrechen. Und viele alte Verbrechen waren zu rächen.

Als alles vorüber war, war von Sir Roger von Doncaster nichts mehr zu sehen; er war geflohen und hatte seine Kreaturen ihrem Schicksal überlassen. Blaue Dämmerung senkte sich über die kleine Schlucht, in der so viele Tote lagen, dicht übereinander oder einzeln ausgestreckt, in seltsamen Verrenkungen, unter den mit Beeren beladenen Dornensträuchern. Und jenseits der Schlucht lag das offene Land im honigfarbenen Licht der untergehenden Sonne.

Die Geächteten sammelten ihre Toten, hoben eine große, flache Grube im weichen Erdreich am Waldsaum aus und betteten sie hinein, Seite an Seite, jeden mit seinem Bogen neben sich, und deckten die grünen Rasenstücke über sie.

Die blaue Dämmerung war in tiefe Dunkelheit übergegangen, ehe sie mit alledem fertig waren. Robin und Little John standen beieinander am Eingang zur Schlucht, während die übrigen Geächteten sich für den langen Heimweg bereit machten.

»Was heute geschehen ist, wird nicht so schnell vergessen werden, wenn die Menschen erst einmal davon erfahren.«

»Nein«, sagte Robin nach kurzem Zögern. »Es war gut, was heute geschehen ist, denn wenn auch der Feigling Roger von Doncaster seine Haut gerettet hat, so werden doch die Menschen hier nun ruhiger schlafen, weil sein übles Gesindel verschwunden ist. Es war ein guter Tag, John, aber er ist uns teuer zu stehen gekommen.«

»Sieben Männer haben wir verloren«, erwiderte der andere. »Gott rette ihre tapferen Seelen.«

Eine Weile noch blieb Robin schweigend stehen. Der Verlust eines jeglichen seiner Männer betrübte ihn zutiefst, und Barnaby war der letzte der vier Bauernburschen, die mit ihm in den Greenwood gezogen waren an jenem lang vergangenen Tag, als Trusty erschlagen wurde.

Anstatt bis zum nächsten Morgen ein Lager aufzuschlagen, wollten die Geächteten lieber den langen Marsch zurück zur Stane Ley noch in der gleichen Nacht antreten, denn sie hatten nichts zu essen, und auch nichts, um ihre Verwundeten ordentlich zu versorgen. Und noch ehe der Mond hoch genug gestiegen war, um auf die Toten in der Kinley-Schlucht herabzuscheinen, hatten Robin und seine Männer schon ein gutes Stück ihres Heimwegs zurückgelegt.

Und Sir Roger von Doncaster eilte mit halsbrecherischer Geschwindigkeit gen Süden, seinem Herrensitz entgegen. Bei jedem Schritt stieß er Verwünschungen aus und kaute auf seinen Fingern, bis sie blutig waren. »Tod und Verderben über diesen Robin von Barnesdale! Kein Sterblicher kann gegen ihn an. Er ist ein Teufel! Ein Teufel!« rief Sir Roger, und seine blutige Faust reckte sich drohend dem aufsteigenden Mond entgegen.

Robins letzter Pfeil

Nie wieder ließ Sir Roger von Doncaster einen Anschlag auf Robin Hood in dessen Waldrevier verüben. Aber die Hoffnung auf Rache gab er nicht auf; im Laufe der Jahre klammerte er sich immer zäher an seine Rachegedanken und brütete über ihnen, bis er an nichts anderes mehr denken konnte.

Wenn er da in seinem düsteren Herrenhaus saß, wurden ihm von Zeit zu Zeit über Robin und seine Geächteten Geschichten zugetragen: er hörte von der einen oder anderen waghalsigen Befreiung, von dem gerechten Lohn, der einem tyrannischen Baron zuteil wurde, und er hörte von offenen Schlachten zwischen den Geächteten und irgendwelchen plündernden Horden des königlichen Heeres. So erfuhr Sir Roger, wie die Waldläufer den Junker Stephen von Thurgoland dazu gebracht hatten, seine Mutter nicht länger zu mißhandeln; wie sie drei junge Brüder vor der Nase des Sheriffs von Nottingham weg befreit hatten; wie sie gegen die Banditen, die von jenseits der Grenze herüberschwärmten, regelrecht Krieg geführt und die stolzen Douglase und Armstrongs zurück nach Schottland getrieben hatten. Und er hatte auch eine Geschichte vernommen, über die das gesamte Gebiet lachte: wie Robin Seiner Gnaden, dem Bischof von Hereford, aufgelauert und ihn gezwungen hatte, ohne Schuhe zu tanzen.

Alle diese Berichte über seinen Feind machten Sir Roger von Doncaster vor Wut fast wahnsinnig, und dennoch hatte er immer wieder das Verlangen, mehr zu hören. Denn, ganz gleich ob er beim Essen in seiner düsteren Halle saß oder auf Falkenjagd ritt, er konnte an nichts anderes denken als an Robin Hood und an seinen glühenden Wunsch, Rache an ihm zu nehmen.

Eines Tages brachte ein vor Angst schlotternder Leibeigener, in der Hoffnung auf Belohnung, Sir Roger die Nachricht, daß der Anführer der Geächteten in einem Kampf gegen räuberische Schotten aus Westmoreland eine böse Wunde am Oberschenkel davongetragen hatte und nun schwer krank darniederlag. Sir Roger belohnte den Mann mit einer Goldmünze, saß dann bis tief in die Nacht über seinem Wein und starrte vor sich hin in die große Halle. In seinen Zügen spiegelte sich bösartiges Frohlocken, wenn er an die Notlage seines Feindes dachte, oder er biß sich auf die Finger, wenn ihm einfiel, daß die Nachricht falsch sein könnte.

Aber die Nachricht war nicht falsch. In seinem Sommerlager in der Stane Ley lag Robin mit einer großen Wunde am Schenkel; eine Zeitlang sah es so aus, als ob er sterben müßte, trotz der liebevollen Pflege von Little John. Die Wunde heilte schließlich, aber von jener Zeit an stand es nicht gut um Robin von Barnesdale. Monatelang konnte er sich so gesund und stark fühlen wie zuvor; zuzeiten aber brach die Wunde auf, entzündete sich, und hitzige Fieberschauer schüttelten ihn.

Manchmal war die Krankheit leicht und ging schnell wieder vorüber, unter Little Johns rauher, aber geschickter Pflege; dann wieder dauerte sie viele Tage, und lieber, als seine Männer mit einem Kranken zu belasten, der Pflege brauchte, begab er sich dann zum Nonnenkloster Kirklees, wo seine Base Ursula jetzt Äbtissin geworden war. Sie war wohl bewandert in Kräuterkunde und Medizin, sie ließ ihn zur Ader, gab ihm kühlenden Kräutersud gegen sein Fieber zu trinken und strich lindernde Salbe auf die alte schmerzende Wunde. Nach wenigen Tagen erholte er sich dann und konnte zu seinen Männern zurückkehren, die im Greenwood auf ihn warteten.

Das alles war Sir Roger von Doncaster bekannt, und so begann in seinem ränkevollen Hirn ein böser Plan Gestalt anzunehmen.

Eines Tages im frühen Sommer begab er sich zum Kloster Kirklees, um der Äbtissin einen Besuch abzustatten. An einem schönen und lieblichen Ort lag das Kloster; in weitem Bogen umfaßte der dunkle Wald stille Felder, auf denen hoch der Weizen stand, und grüne Wiesen, auf denen die Heuernte noch nicht begonnen hatte. Das mit Schindeln gedeckte Verwalterhaus sowie die Hütten der Leibeigenen mit ihren Dächern aus Farnstroh drängten sich nahe bei den grauen Klostermauern aneinander, jedes mit Kräutergärtchen und Bohnenbeeten, und nicht weit davon lag der rings von gestutzten Weiden umgebene Fischteich, in dessen silbrigem Wasser sich der Himmel spiegelte.

Sir Roger ritt in den flachen Talgrund hinunter, übergab sein Pferd der Obhut eines Leibeigenen und schritt auf eine kleine feste Tür zu, die tief in die Mauer des Klostergartens eingelassen war. Einlaß begehrend, schlug er mit dem Knauf seines Schwertes dagegen, und auf sein Klopfen hin erschien eine Pförtnerin, die ihn durch ein Gitter musterte und eintreten ließ. Zwischen den süßduftenden Rosen und Nelken des Gartens hindurch geleitete sie ihn zum Tor der Halle. In einer schmalen, weißgetünchten Kammer, in der es nach Bienenwachs duftete, empfing ihn, neben dem Fenster stehend, die Äbtissin Ursula. Die Äbtissin war eine alte Frau von hohem Wuchs. Auf ihrem glatten, bleichen Antlitz lag, als Frucht langjährigen Bemühens, ein frommer Ausdruck, doch ihre Augen glänzten hart und kalt wie Glas, und ihre Hände, durch die unaufhörlich die Perlen des Rosenkranzes glitten, waren gierig und grausam wie die Krallen eines Raubvogels, trotz ihres weichen und weißen Aussehens.

Sie tauschten förmliche Begrüßungen aus, und Sir Roger bat um Vergebung, daß er sich erkühne, bei ihr einzudringen. Endlich begann er mit artigen Worten über den fruchtbaren und ertragreichen Landbesitz des Klosters zu sprechen.

Die Äbtissin hörte ihm höflich zu, dann sagte sie: »Die Ländereien von Kirklees sind bekannt für ihre Fruchtbarkeit, so wie unser Garten berühmt ist wegen seiner Kräuter. Und trotzdem, das Land reicht nur knapp für die Erhaltung eines so großen Ordenshauses.«

»So würdet Ihr den Klosterbesitz vielleicht gern vermehren, Ehrwürdige Mutter?« fragte Sir Roger und fügte langsam hinzu: »Ich besitze dreißig Morgen guten Ackerlandes, keine drei Meilen von hier, und vielleicht könnte ich sie erübrigen.«

Äbtissin Ursula gab keine Antwort, blickte ihn nur durchdringend an und wartete darauf, daß er fortfahre.

»Hättet Ihr nicht Lust, den Klosterbesitz um dreißig Morgen Ackerland zu vergrößern?«

»Oh, mein Sohn«, erwiderte die Äbtissin mit salbungsvoller Stimme, »der Segen der Heiligen sei mit Euch für ein solches Geschenk!«

Sir Roger schüttelte den Kopf und lächelte hinterhältig. »Dies ist kein Geschenk, das ich für das Heil meiner Seele darbringe, Ehrwürdige Mutter, sondern Bezahlung für einen gewissen Dienst.«

»Einen gewissen Dienst?« fragte die Äbtissin lauernd. »Und was für ein Dienst könnte das wohl sein?«

Der alte Ritter senkte das Haupt und fuhr fort: »Ich habe gehört, daß ein gewisser Vetter von Euch gelegentlich hierher kommt, um eine alte und quälende Wunde behandeln zu lassen.«

»So ist es.«

»Und wird er wieder kommen?«

»Ganz gewiß kommt er wieder«, antwortete die Äbtissin. »Niemand außer mir kann ihn heilen, da niemand so kräuterkundig ist wie ich.«

»Zweifellos habt Ihr ihn auch des öfteren zur Ader gelassen«, sagte Sir Roger hastig. »Ein Aderlaß ist das beste Mittel, um hitziges Fieber zu kühlen, habe ich gehört. Ich habe auch gehört, daß dabei manchmal *zuviel Blut fließen und der Patient sterben kann.*« Als er dies sagte, warf er einen Blick über die Schulter, als fürchte er, jemand könne ihn belauschen.

Der Rosenkranz in den Händen der Äbtissin bewegte sich nicht mehr; sie wandte sich vom Fenster ab, und mit einem leisen Rascheln ihres schwarzen Gewandes trat sie näher auf ihren Besucher zu.

»Dreißig Morgen Ackerland für den Tod Eures Feindes?« sagte sie.

Sir Roger erbleichte, wich einen Schritt zurück und bekreuzigte sich. »Das sagte ich nicht!«

»Nein, *gesagt* habt Ihr es nicht«, erwiderte die Äbtissin voller Verachtung. »Ihr seid so feige, daß Ihr den Wunsch, Euren Feind ermordet zu sehen, nicht einmal in Worte zu fassen wagt, aus Angst, die Wände könnten Euch hören!

Die Wände haben keine Ohren und sind so dick, daß draußen keiner hören kann, was in diesem Raum vor sich geht!«

Der alte Ritter fuhr mit der Zunge über seine trockenen Lippen und versuchte ein Lächeln. »Ach, Ihr seid zu hart mit mir. In solchen Dingen ist es nötig, Vorsicht walten zu lassen. Aber – gilt der Handel?«

»Vor dem Altar der Heiligen Katharina in unserer kleinen Kapelle würden sich zwei goldene Kerzenleuchter gut ausnehmen«, gab Äbtissin Ursula zur Antwort und beobachtete ihn mit ihren habgierigen Augen. »Fügt sie zu dem Ackerland hinzu – um Eures Seelenheils willen – und der Handel gilt.«

»Ein sehr kostspieliger Handel, Ehrwürdige Mutter! Ich bin kein reicher Mann!« verwahrte sich Sir Roger.

»Darauf kann ich keine Rücksicht nehmen. Wenn Euch der Tod Robin Hoods dreißig Morgen Ackerland *und* zwei goldene Kerzenleuchter wert ist, so sagt es. Wenn nicht, so sucht Euch einen anderen, der diesen Mord für Euch begeht!«

Einige Augenblicke lang schwieg Sir Roger von Doncaster, starrte vor sich hin auf den Fußboden und biß auf seine Finger.

Schließlich sagte er: »Nun gut, das Land *und* die goldenen Leuchter«, und er dachte dabei: ›Mögest du dafür in der Hölle braten, du habgierige alte Hexe!‹

Die Äbtissin lächelte scheinheilig, aber ihre Augen unter den schweren Lidern glitzerten. »Kommt, wann immer Ihr wollt, um Euch Nachricht zu holen. Ich werde keinen Boten mit der Mitteilung, daß Euer Wunsch erfüllt ist, zu Euch schicken; denn sollte er Robins Männer in die Hände fallen, könnte unser Haus in Verdacht geraten.«

Sie nahm eine kleine silberne Glocke vom Tisch und läutete. Eine junge Novizin erschien und wurde angewiesen, den Besucher zum Tor zu geleiten. Sir Roger folgte der schwarzen Gestalt durch einige lange Gänge, die Pförtnerin öffnete ihm das Tor, und er befand sich wieder vor den Mauern des Klosters Kirklees.

Im ganzen war er mit dem Erfolg seines Besuches recht zufrieden, als er nach Hause ritt. Die Äbtissin hatte ihm zwar einen hohen Preis abgefordert, aber in seinem tiefsten Innern wußte er, daß er für den Tod dieses Mannes, den er so erbittert haßte, nahezu all seinen Besitz hergegeben hätte.

Herbst im Greenwood, später Herbst. Die letzten braunen Blätter wirbelten von den Bäumen, der hohe Himmel war von zartem Blau, und die kahlen Äste tanzten zum wilden Gesang des Sturmes. Der ganze Wald schien zu tanzen; ein letztes Mal bäumte der Sommer sich auf, ehe er in die Froststarre des Winters überging.

Einen Tag wie diesen hatte Robin seit je geliebt, und in den alten Zeiten hätte er sich hineingestürzt in dieses Tosen, wäre mit dem Bogen in der Hand dem roten Hirsch gefolgt oder hätte nur ziellos den Wald durchstreift. Eines war so gut wie das andere, wenn der Sturm das Laub vor sich hertrieb, die kahlen Äste knarrten und das Licht der blassen Wintersonne eilig durch den Wald huschte.

An diesem Tag aber lag Robin, auf den Ellenbogen gestützt neben dem Feuer in der großen Höhle, die Augen glänzten übermäßig, die Wangen waren vom Fieber gerötet.

Robin von Barnesdale war gealtert: sein krauses dunkles Haar war grauscheckig wie das Fell eines Dachses, seine gebräunte Haut spannte sich allzu straff über die Schläfen und Kieferknochen; doch sein magerer Körper hatte sich kaum verändert seit seinen ersten Tagen im Greenwood, und abgesehen von dem ergrauten Haar und den vielen feinen Falten um seine Augen, die vom Alter herrührten, von Wind und Wetter und dem vielen In-die-Ferne-Blikken, schien er noch immer ein junger Mann zu sein.

Hart und starr, von Schmerzen gezeichnet war sein

Antlitz, wie er da neben dem Feuer lag und in die flackernden Flammen blickte. Hin und wieder versuchte er seine Lage zu ändern, um seinem Bein Erleichterung zu verschaffen, in dem die alte Wunde klopfte und ihn peinigte.

Ein riesiger Schatten verdunkelte den Eingang zur Höhle und Little John trat herein, schüttelte welkes Laub von seiner Kapuze und kauerte sich neben Robin.

»Wird es besser, Robin?« fragte er.

»Nein, John. Mir ist heiß und kalt zugleich, und die alte Wunde brennt wie Feuer. Es wird wohl das beste sein, wenn ich mich noch heute zum Kirklees-Kloster begebe und meine Base Ursula bitte, mich zur Ader zu lassen und die Wunde zu behandeln.«

Furcht stand in Little Johns Augen, und Furcht schwang in seiner Stimme, als er antwortete: »Robin, lieber alter Freund, geh nicht nach Kirklees. Es heißt, Roger von Doncaster habe das Kloster in diesen letzten Monaten des öfteren aufgesucht, und mein Herz sagt mir, daß diese Besuche Unheil für dich bedeuten. Bleib hier bei uns, und die Krankheit wird vorübergehen, wie auch früher schon.«

Aber Robin lachte nur. »Roger von Doncaster ist ein alter Mann, und ich zweifle nicht, daß er Kirklees aus demselben Grunde aufsucht wie ich auch«, sagte er. »Und was soll mir denn in einem Nonnenkloster schon zustoßen? Und ist die Äbtissin Ursula nicht verwandt mit mir? Geh und sattle mein Pferd, alter Freund, je eher wir aufbrechen, desto eher werde ich wieder gesund sein.«

Langsam erhob sich Little John. »Seit vierzig Jahren und mehr sind wir zusammen, du und ich«, sagte er. »Und nur zu gut weiß ich, daß nichts auf Erden dich von dem abbringen kann, was du dir einmal in den Kopf gesetzt hast. Aber eines sage ich dir, Robin von Barnesdale, wenn du heute nach Kirklees gehst, so werden achtzig Männer aus dem Greenwood dich begleiten!«

»Bis zum Rande des Waldes mögen sie mitkommen«,

erwiderte Robin, »und du wirst mich an der Klosterpforte verlassen, John. Nun geh und sattle mein Pferd.«

Und damit mußte Little John sich zufriedengeben, als er zu den mit Rasensoden überdachten Ställen ging.

Bald darauf brachen die Geächteten auf; Robin ritt einen sanften, grauen Zelter, denn er war so schwach und krank, daß er mit dem feurigen Jagdroß, das er sonst immer ritt, nicht mehr fertig werden konnte. Little John schritt neben seinem Steigbügel her, und die Schar der Geächteten folgte.

Um die Mittagszeit erreichten sie den Rand des Sherwood, der an das reiche Ackerland des Klosters Kirklees angrenzte. Hier ließ Robin seine Männer zurück und ritt allein, nur von Little John begleitet, weiter. Der Wind hatte sich seit dem frühen Morgen gelegt, und es war sehr still in dem friedlichen Tal, als sie auf die Gruppe der grauen Klostergebäude zuritten. Ehe Robin vor dem Tor absaß, machte Little John einen letzten verzweifelten Versuch, ihn umzustimmen.

»Robin, kehre mit mir um, jetzt und hier, denn über diesem Ort liegen dunkle Schatten, die Unheil für dich bergen!«

»John, John«, antwortete Robin, »du gackerst wie eine Henne, die nur ein Küken hat, das noch dazu ein Entlein ist! Wenn mir im Kloster eine Gefahr droht, werde ich mein Jagdhorn erschallen lassen, wie schon so oft, wenn ich deinen Beistand brauchte. Nun hilf mir vom Pferd, ich fühle mich schwach, und alles verschwimmt vor meinen Augen.«

So half Little John ihm absitzen und stützte ihn mit seinen starken Armen, als er vom Pferd glitt. Der Anführer der Geächteten wandte sich zu dem schweren Tor in der Mauer, und kraftlos pochte seine Faust dagegen.

Nach einer Weile waren schlurfende Schritte zu vernehmen, und das Gesicht der Pförtnerin erschien hinter dem Gitter. Als sie sah, wer Einlaß begehrte, schob sie rasch die Riegel zurück und stieß das Tor weit auf.

Robin ließ den Arm seines großen Freundes los und

sagte: »Geh mit den anderen zum Dunwold Scar, John, und beschwere dir das Herz nicht mit dunklen Ahnungen. In drei Tagen werde ich wieder bei euch sein.«

Die beiden Freunde schüttelten einander die Hand, dann folgte Robin der Pförtnerin in den Klostergarten, und das schwere Tor schlug hinter ihm zu.

Little John blieb wie angewurzelt davor stehen, bis er hörte, wie die Riegel zugestoßen wurden und die Schritte auf der anderen Seite verhallten; dann ergriff er die Zügel des grauen Zelters, wandte sich um und stapfte schweren Herzens zum Waldrand zurück, wo seine Kameraden auf ihn warteten.

Robin folgte der Pförtnerin, langsamen und unsicheren Schrittes, denn der mit Steinen gepflasterte Weg schien unter seinen Füßen zu schwanken. Der Klostergarten war durch hohe Mauern vor Wind und Frost geschützt, und so schien der Sommer noch zu verweilen, obwohl es schon fast Winter war: vereinzelte, duftlose Rosen hingen hier und da an den Sträuchern, und die Reseden standen in voller Blüte. Robin schien es sehr lange zu dauern, bis er endlich das geöffnete Tor zur Halle erreichte und die Äbtissin selbst kam, um ihn willkommen zu heißen.

»Nun, Base Ursula«, sagte Robin und nahm seine Kappe ab, »wie du siehst, muß ich dich wieder einmal bemühen.«

Die Äbtissin setzte ein frommes Gesicht auf und lächelte süßlich. »Es ist keine Mühe, Robin, nicht die geringste«, sagte sie. »Im Gegenteil, wenn man älter wird, so wird man einsam, und dann bedeutet es eine Freude, das Gesicht eines Verwandten zu sehen.« Und sie reichte ihm den Arm, um ihm die steile Wendeltreppe hinaufzuhelfen, die von der großen Halle zu den im oberen Stockwerk gelegenen Schlafräumen führte.

Sie geleitete ihn durch mehrere lange Gänge und brachte ihn schließlich zu einer kleinen weißgetünchten Kammer, deren Fußboden mit süßduftenden Binsen bestreut war und die weit ablag von den übrigen bewohnten Räumen. In einer Ecke stand eine altertümliche, geschnitzte Truhe, verziert mit den grinsenden Fratzen von Unholden, und an der Wand stand ein schmales Bett, das mit einer Schaffelldecke bedeckt war und dem Kranken sehr einladend schien.

Robin legte seine Kappe auf die Truhe, ließ den Bogen von der Schulter gleiten, stellte ihn in die Ecke und den Köcher daneben. Während er damit beschäftigt war, brachte Äbtissin Ursula Salben, sauberes Leinen und eine schöne Bronzeschale, die sie auf den Fußboden neben dem Bett stellte. Als alles bereit war, lockerte Robin die Verschnürung seines Strumpfes und zog ihn herunter, damit sie an die Wunde herankonnte. Dann ließ er sich mit einem Seufzer der Erleichterung auf das Bett sinken.

Die Äbtissin bestrich die alte Wunde mit einer stark riechenden bräunlichen Salbe, die wunderbar kühl war und den Schmerz linderte, und bedeckte sie danach mit den Leinenbinden. Darauf streifte Robin den locker sitzenden Ärmel seines Wamses und Hemdes zurück und hielt ihr den dünnen braunen Arm hin, damit sie ihn zur Ader lassen konnte.

Äbtissin Ursula zog ein kleines scharfes Messer aus der Tasche, die an ihrem Gürtel hing, nahm Robins Hand, drehte sie mit der Handfläche nach oben und schnitt tief in die dicke blaue Ader an seinem Handgelenk. Langsam rann das Blut in die Bronze-Schale, die sie daruntergestellt hatte, um es aufzufangen. Sanft schob sie ihren Arm unter Robins Kopf und half ihm, sich aufzurichten.

»Trink dies«, sagte sie. »Es wird dein Fieber kühlen. Ich werde mich hier an das Fenster setzen, bis es Zeit ist, die Ader abzubinden.«

Robin trank das bittere, stark nach Kräutern riechende Gebräu, legte sich aufseufzend wieder zurück und sagte: »Ich danke dir, Base Ursula, du bist sehr gut zu deinem geächteten Verwandten.«

Ohne ein Wort wandte sie sich ab, stellte den Becher auf die geschnitzte Truhe mit ihren grinsenden Unholden und schritt zum Fenster, wo sie sich auf der tiefen Fensterbank niederließ.

Robin lag sehr still. Schläfrig blickte er in die Strahlen der winterlichen Sonne, die durch das Fenster drangen und das dicke Glas grün färbten, so grün wie das Laub seiner geliebten Linde im Frühlingssonnenschein. Und sanft glitt er in den Schlaf: Die Droge, die in dem Kräutersud enthalten war, begann zu wirken. Langsam schlossen sich seine Augen, und er trieb hinaus auf das dunkle Meer tiefer Betäubung.

Sehr still und aufmerksam saß die Äbtissin auf ihrer Fensterbank und lauschte auf Robins Atemzüge, bis sie tief und regelmäßig wurden. Dann erhob sie sich, trat neben das Bett und blickte eine Weile auf den Schlafenden hernieder, ehe sie zur Tür ging, sie öffnete und jemandem winkte, der draußen im Gang wartete.

Sir Roger von Doncaster schlich verstohlen herein, und die Äbtissin deutete auf das Bett. »Da liegt er. Es war ein glücklicher Zufall, der Euch heute hierher geführt hat!«

Der alte Ritter trat zum Bett und blickte auf sein Opfer herab; abscheuliche, hämische Freude verzerrte seine Züge. »Wann wird er sterben?« fragte er leise.

»Wenn das Blut so weiterfließt, wird er bis zum Abend tot sein«, antwortete die Äbtissin. Aus den Augenwinkeln warf sie ihm einen kurzen Blick zu und zischte: »Warum noch so lange warten? Warum nehmt Ihr nicht Euren Dolch und macht ein Ende, – jetzt?«

Sir Roger schüttelte den Kopf und wich zur Tür zurück. »Nein, – nein, nicht ich!« murmelte er.

Die Äbtissin lachte höhnisch, und als sich Robin, aufgestört durch ihr Lachen unruhig in seiner Betäubung bewegte, verließ sie eilig und leise die Kammer und zog Sir Roger mit sich. Sie schloß die Tür und versperrte sie mit einem schweren Schlüssel aus dem Bund an ihrem Gürtel. Dann lehnte sie sich mit dem Rücken dagegen und blickte den bösen alten Ritter verächtlich an: »Wärt Ihr ein Mann, Ihr hättet seinem Leben nun selbst ein Ende bereitet, anstatt es in eine Schüssel ausrinnen zu lassen!«

Mit diesen Worten trat sie in den Gang, und der Saum ihres schwarzen Ordenskleides streifte über den Boden; dann blickte sie über die Schulter zurück und sagte: »Ihr kommt am besten mit in mein Gemach, ein Becher Wein wird Euch stärken. Wir werden lange zu warten haben.«

Die beiden schritten die langen, steinernen Gänge entlang, lautlos glitt die Äbtissin voran, der Ritter stahl sich hinter ihr her. Sie stiegen die Wendeltreppe hinab und gelangten in das Gemach, in dem sie vor einem halben Jahr ihren üblen Handel abgeschlossen hatten.

Robins Schlaf dauerte an; er war nun ganz allein in jenem Flügel des Klostergebäudes. Die Strahlen der Wintersonne wanderten weiter und weiter über die weißen Wände der kleinen Kammer, während Robin hilflos dalag. Die Äbtissin hatte geplant, ihn im Schlaf sterben zu lassen, doch hatte sie das Gift nicht stark genug dosiert, und so erwachte er gegen Abend. Das Fieber war gewichen, aber auch seine Lebensflamme war fast erloschen. Mühsam stützte er sich auf einen Ellenbogen und blickte sich um, – von der Äbtissin war nichts zu sehen; und plötzlich wußte er, daß man ihn ermorden wollte.

Er ließ sich vom Bett heruntergleiten, stellte sich auf die Füße, schwindlig und schwankend, suchte Halt an der Wand und schleppte sich zur Tür. Sie gab unter seiner Hand nicht nach, er hatte geahnt, daß sie abgeschlossen sein würde. Er wandte sich ab, gelangte mit unsäglicher Mühe zum Fenster und brach vor der Fensterbank zusammen. Unter Schmerzen zog er sich in die Höhe und blickte hinaus. Das Fenster lag zu hoch, er konnte sich nicht hinunterfallen lassen.

Er saß in der Falle! In der Falle wie ein Brachvogel im Netz des Vogelstellers. Nicht, daß es ihm noch etwas ausmachte; er wußte, daß er sterben würde.

Dicht neben ihm am Fußende des Bettes hing sein

Jagdhorn; er hob es auf, setzte es an die Lippen und blies den vertrauten Ruf zum Sammeln. Er brachte nur einen schwachen Ton zustande, obwohl es ihn alle Kraft kostete, über die er noch verfügte. Wie halb im Traum überlegte er, ob Little John ihn wohl hören würde, selbst wenn er – entgegen seinem Befehl, zum Dunwold Scar zurückzukehren – noch in der Nähe wäre. Dann wurde es schwarz um ihn, in seinen Ohren brauste es, er stürzte über das Bett, und die Dunkelheit schlug über ihm zusammen.

Little John hatte die Geächteten nicht zum Dunwold Scar zurückgeführt. Den ganzen Nachmittag über saß er am Waldrand, die Hände um die hochgezogenen Knie geschlungen, starrte hinunter auf das Gewirr der grauen Mauern von Kirklees und wartete, er wußte selbst nicht, worauf; er wußte nur mit Sicherheit, daß Robin eine Gefahr drohte, und die Furcht um ihn drückte ihm das Herz ab.

Auch die anderen Männer waren voller Sorge und Angst, wenn auch nicht im selben Maße wie Little John. Wie sie da unter den Bäumen am Waldrand saßen oder lagen, schweiften ihre Blicke immer wieder zu dem Kloster im Tal.

Langsam verging der Nachmittag. Ein bitterer Geruch nach Frost lag in der Luft und eine blutig rote Sonne stand tief über den westlichen Hängen des Gebirges, als die Geächteten endlich den Klang von Robins Jagdhorn vernahmen. Schwach, sehr schwach hallte der vertraute alte Ruf »Sammeln« über die frosterstarrten Felder. Little John sprang auf und stürmte nach Kirklees hinunter, er rannte so schnell wie noch nie zuvor in seinem Leben. Die anderen folgten ihm unmittelbar auf den Fersen; kein Wort war gesprochen worden, doch jeder wußte, daß Robin etwas Schreckliches zugestoßen sein mußte, wenn er seinem Horn nur einen solch schwachen Ton hatte entlocken können. Sie waren alle noch junge Männer, einige fast noch Knaben, und Little John war alt, dennoch vermochte keiner schneller zu laufen als er an jenem Tag, als er über die gefrorenen Felder jagte und im Dahinstürmen sein Schwert zog.

Als er zu dem schweren kleinen Tor in der Mauer gelangte, hielt er sich nicht damit auf, die Pförtnerin zu rufen, sondern warf sich mit aller Kraft gegen das harte Holz. Andere folgten ihm; starke Schultern und hölzerne Keulen zerschmetterten es, und die Geächteten drängten hindurch, um sich gleich darauf gegen das Tor der Halle zu werfen. Es gab nach, so wie das Gartentor, und in das Krachen des berstenden Holzes mischten sich Schreie und lautes Beten von drinnen; und Little John betrat die Halle des Kirklees-Klosters, das Schwert in der Hand, hinter sich eine Schar von achtzig grimmigen Waldläufern.

Fahl im Gesicht, herrschte Little John schroff das Häuflein bleicher Nonnen an, denen er sich gegenübersah: »Wo ist Robin Hood?« verlangte er zu wissen. »Wo ist die Äbtissin?«

Niemand wußte es. Die Pförtnerin hatte Robin Hood eingelassen; niemand sonst hatte ihn gesehen, – außer der Äbtissin, und die war geflohen.

Little John ließ die erschreckten Nonnen stehen und sagte rasch zu seinen Männern: »Durchsucht das Haus, Männer.« Sofort teilte sich die Gruppe; grüngekleidete Gestalten hasteten zu den verschiedenen Türen, die aus der Halle führten, während andere Little John dicht auf den Fersen folgten, als er die enge Treppe hinaufstürmte. Wie ein grünes Meer ergossen sie sich in die Gänge zwischen den Schlafräumen und drangen in jede Kammer auf der Suche nach ihrem Herrn.

Es war Little John, der zuerst auf die verschlossene Tür stieß; er trat einige Schritte zurück und warf sich mit aller Kraft dagegen. Sie zerbarst unter dem Aufprall. Much und Gilbert waren dicht hinter ihm, als er in die Kammer stürzte.

Welch ein Anblick bot sich ihren Augen! Robin Hood lag halb über dem Bett, auf das er in seiner Ohnmacht gefallen war und sah weiß und blutleer aus, wie ein Toter. Und auf dem Boden neben ihm eine Bronze-Schale, randvoll mit Blut!

Little John sagte kein Wort, er ging zum Bett hinüber, ließ sich auf die Knie fallen und fühlte nach Robins Herz. Kaum wahrnehmbar schlug es unter seiner Hand, doch im nächsten Augenblick öffnete Robin langsam die Augen und lächelte matt: »So hast du den Ruf gehört, John?«

»Ja«, sagte Little John, »ich hörte den Ruf.« Dann knirschte er zwischen den Zähnen hervor: »Dafür soll Kirklees lichterloh brennen!«

Schwach schüttelte Robin den Kopf. »Little John, mein ganzes Leben hindurch habe ich nie einer Frau ein Leid angetan, und dergleichen soll auch nach meinem Tode nicht in meinem Namen geschehen. Aber nun – ich habe nur noch wenig Zeit. Gilbert, bring mir meinen Bogen – dort aus der Ecke, und spann ihn für mich – und öffne das Fenster.«

Die Kammer war nun voller Männer, auch draußen im Gang standen sie dicht gedrängt, denn rasch hatte sich die Nachricht verbreitet, daß die Suche beendet sei. Zwei stießen die Fensterflügel auf, Much war es, der Robins Köcher brachte, und Gilbert spannte den großen Bogen, den niemand mehr je wieder spannen würde.

»Jetzt hilf mir auf, John«, sagte Robin, »und halte mich fest, während ich schieße. Und dort, wo der Pfeil niederfällt, dort sollt ihr mich begraben.«

Sehr behutsam half Little John ihm, aufzustehen und zum Fenster zu gelangen. Gilbert reichte ihm seinen Bogen, und Much trat vor – Tränen rannen über seine verwitterten Wangen –, um einen Pfeil in Robins ausgestreckte Hand zu legen.

Einige Augenblicke stand der Sterbende und richtete seinen Blick in die Ferne, über die Mauern des Klostergartens hinweg und über die Wiesen, die still im Abendsonnenschein lagen, bis hin zu dem dunkel aufragenden Saum des Waldes. Ihm war, als sei dies der lieblichste Abend, den er je gesehen hatte, und als riefe der Wald ihn heim. Dann legte er den Pfeil ein. Er war so schwach, daß er den großen Bogen kaum bis zur Hälfte durchbiegen konnte, doch der Pfeil schnellte so glatt und sicher von der Sehne wie stets. Hoch durch das Fenster flog der letzte Pfeil, den Robin je abschießen würde. Und die zurückschnellende Sehne ließ ihr vertrautes Lied dicht an seinem Ohr erklingen. Einer aus der Bruderschaft schluchzte leise auf, und viele Augen waren von Tränen getrübt, als sie dem Pfeil nachblickten, der weit über die Wiesen flog. Genau dort, wo Wald und Wiesen aneinandergrenzten, sank er herab und bohrte sich in das Gras, dicht neben einem winzigen Pfad, der sich durch die Wiesen schlängelte; und als er zur Erde fiel, seufzte Robin und sank in Little Johns Arme zurück. Sacht betteten sie ihn wieder auf das Lager, und er lag still, seine Hand in der von Little John.

»Grabt mir ein tiefes und breites Grab, daß ich leicht darin liege«, flüsterte er mühsam. »Und legt grünen Rasen unter mein Haupt und unter meine Füße, denn ich habe immer am liebsten auf dem Rasen im Greenwood geschlafen, und auch meinen letzten Schlaf möchte ich darauf schlafen. Und legt meinen Bogen neben mich. Er war mir ein treuer Freund – durch viele Jahre.«

Er richtete seinen Blick auf die Geächteten, die um sein Lager standen, ein leichtes Lächeln erhellte seine Züge. »Schaut um meinetwillen nicht so traurig drein, meine Freunde, seid froh über die guten Tage, die wir miteinander hatten!«

Dann lag er schweigend, blickte zum Fenster, und tiefer Friede leuchtete aus seinen großen blauen Augen. Noch einmal bewegte er sich und wandte sich an Little John; sein Flüstern war so leise, daß nur die, die ihm am nächsten standen, hören konnten, was er sagte:

»Hebe mich hoch, alter Freund, schieb deinen Arm unter meinen Kopf – so. Nun küß mich, John – und – lebe wohl.«

Little Johns Augen waren trocken, als er sich niederbeugte und die Stirn seines Waffenbruders küßte. Er konnte nicht weinen, es war, als sei ihm das Herz in der Brust verdorrt und zu Stein geworden.

In einem langen zitternden Atemzug löste sich Robins ritterlicher Geist und wurde frei, frei wie der Wind im Greenwood.

Langsam legte Little John ihn nieder und erhob sich. Tiefe Stille senkte sich über die Männer, die mit entblößtem Haupt um den Leichnam ihres Anführers standen. So still war es in der Kammer, daß die, die darin standen, hören konnten, wie weit draußen im Klostergarten ein Rotkehlchen sein traurig-süßes Herbstlied sang.

Die Geächteten wollten nicht, daß der Leichnam ihres Anführers diese Nacht über im Kloster ruhen sollte. Und es war Little John mit seiner großen Kraft, der ihn die enge Treppe hinunter und aus dem fluchbeladenen Haus hinaustrug in die reine, klare Luft des Wiesengrundes. Sie trugen ihn weit, bis in den Wald, der sein Königreich gewesen war, und legten ihn am Rande einer großen Wiese nieder, wo er oft geruht und zugeschaut hatte, wie die Sonnenstrahlen im Laub der Kastanien spielten.

Die ganze Nacht hindurch hielten sie Wache, während einer von ihnen durch den Wald nach Fountains Dale eilte, um Bruder Tuck zu holen.

Es war am Abend des zweiten Tages, als Bruder Tuck aus dem Walde heraustrat; er war alt geworden und grau, seine Schultern gebeugt von der Last der Jahre, und in seinen hageren Zügen spiegelte sich die Trauer.

Sehr behutsam betteten die Geächteten den Leichnam Robin Hoods in das Grab, das sie dort, wo der Pfeil herniedergefallen war, für ihn gegraben hatten; Stücke grünen Rasens legten sie unter seine Füße, und seinen großen Bogen aus rotem Eibenholz, fertig gespannt, legten sie neben ihn.

Die Geächteten standen gesenkten Hauptes um das offene Grab, während Bruder Tuck das Begräbnisritual vollzog. Die rote Glut der untergehenden Sonne flutete über die Wiesen, ihre warmen Strahlen drangen bis tief in den Wald und tauchten die dicken Stämme in rosenfarbenes Licht. Bruder Tucks tiefe Stimme verstummte, er schloß sein Buch. Die Geächteten füllten Robins Grab mit Erde und bedeckten es mit grünem Rasen.

Als sich die übrigen Männer längst schweigend auf den Rückweg nach Dunwold Scar gemacht hatten, stand Little John immer noch im kalten grauen Zwielicht des Novemberabends mit gebeugtem Haupt neben dem Grab. Endlich wandte auch er sich ab und ging leise in den nachtdunklen Wald hinein.

Auf geheimen Wegen hatten Sir Roger und die Äbtissin Kirklees verlassen. Er flüchtete nach Grimsby, verfolgt von Much, Will Stukely und Little John, und entkam ihnen mit knapper Not, indem er sich nach Frankreich einschiffte. Dort zog er sich auf seine Güter zurück und ließ sich Tag und Nacht bewachen aus Angst vor der gerechten Vergeltung, die seiner harren mochte. So lebte er eine Zeitlang elend dahin, Stunde für Stunde um sein Leben bangend; und eines Tages dann ereilte ihn die Vergeltung, die er so fürchtete.

Seltsamerweise war es nicht Little John, nicht Much und auch nicht Gilbert-of-the-White-Hand, der Robins Tod an dem Mann rächte, der die Schuld daran trug. Ein fahrender Gaukler war es, ein kleiner verhutzelter alter Mann, der in seinen gelben und roten Lumpen wie ein herausgeputztes Äffchen aussah und der mit seinen vielfarbigen Kugeln, mit frisch geschnittenen Blumen und kleinen glänzenden Dolchen meisterhaft zu jonglieren verstand. Sie waren so hübsch und glänzend, diese kleinen Dolche, daß sie wie Spielzeug und nicht wie Waffen aussahen; doch sie waren spitz und scharf, und einer von ihnen fand den Weg in Sir Rogers schwarzes Herz, als dieser in seinem Burggarten saß. Danach verschwand der kleine Gaukler und ward nie mehr gesehen.

Soviel Zeit war vergangen, seit Peterkin zu Robin Hoods Männern gehört hatte, daß die anderen aus der Bruderschaft ihn nahezu vergessen hatten; aber Peterkin hatte nichts vergessen . . .

Nach dem Tod Robins von Barnesdale dauerte es nicht mehr lange, bis die Bruderschaft sich auflöste. Einige der Männer zogen in weit entfernte Städte und abgelegene Täler, verdingten sich an neue Herren und führten ihr weiteres Leben als gesetzestreue Bürger. Gilbert wanderte nach Norden und wurde berühmt durch seine heldenhaften Kämpfe mit den Schotten; einige der jüngeren zogen nach Süden und traten bei den königlichen Bogenschützen ein. Andere wieder gingen zu Alan A'Dale, der nach dem Tode seines Vaters, des alten Sir Richard, Herr auf Burg Linden Lea geworden war, und er siedelte sie auf seinem Land an.

Auch Much und Little John wären auf Linden Lea willkommen gewesen, aber sie wollten nicht mehr in den Dienst eines neuen Herrn treten, selbst wenn dieser Herr Alan A'Dale war. Zusammen besaßen sie genügend Geld, um sich im wilden Werrisdale einen kleinen Hof zu kaufen, und zusammen ließen sie sich dort nieder und bebauten das Land.

Über Robins Grab spielten im Frühling die Schatten der grünenden, knospenden Bäume, im Herbst rieselte goldenes Laub herab und deckte es zu. Wieder wurden die Feuerstellen in der Stane Ley vom Gras überwuchert, und niemand saß mehr zwischen den knorrigen Wurzeln der riesigen Linde. Es war, als hätten Robin und seine Männer niemals die Wälder durchstreift. Aber in den Herzen der Menschen lebten sie fort, und sie leben darin noch heute, weil sie sich mit ihrem Leben eingesetzt haben für Freiheit, Gerechtigkeit und Güte.

Bücher von Rosemary Sutcliff

Sonderausgabe!
Jetzt als Paperbackkassette.

Die Abenteuer der Ritter von der Tafelrunde

Eine Trilogie von ROSEMARY SUTCLIFF.

Aus dem Englischen von Thomas Meyer.

Merlin und Artus

Wie die Ritter von der Tafelrunde sich zusammenfinden.

Galahad

Wie die Ritter von der Tafelrunde den heiligen Gral zurückbringen.

Lancelot und Ginevra

Das Ende der Tafelrunde und König Artus Tod.

630 Seiten, drei Bände in Kassette, kart. zus. DM 38,–

«Daß man alte Geschichte trotz aller großen Vorgänger (Geoffrey von Monmouth, Wolfram von Eschenbach, Malory, Tennyson und Twain) anschaulich und spannend auch für Kinder erzählen kann, zeigt Rosemary Sutcliff. Selten habe ich die Adaption eines großen, delikaten Stoffes für Kinder so gelungen gefunden. Das Zwielicht der Entstehungsepoche der Artusgeschichte, das Vermengen keltischer Mythologie mit christlichen Bildern bringt die Autorin dem kindlichen Leser ganz beiläufig nahe. Sie erklärt durch genaue und lebendige Erzählung. Diese Bücher jetzt herauszubringen, ist ein wichtiger aufklärender Beitrag, jetzt, wo Excalibur mit barbarisch chauvinistischen Bildern vielen Jugendlichen ein verzerrtes Verständnis suggeriert.»

Hans-Christian Kirsch
in «Die Zeit»

Das Hexenkind

Aus dem Englischen von Elisabeth Epple. Mit 15 Illustrationen von ROBERT MICKLEWRIGHT.
3. Auflage, 159 Seiten mit Illustrationen, geb. DM 19,–
(ab 11 J.)

Dies ist die Lebensgeschichte des Jungen Lovel, der als Krüppel von den abergläubisch aufgehetzten Bewohnern seines Dorfes vertrieben wird, bei den Mönchen eines Klosters seine Fähigkeiten des Heilens entdeckt, bis er schließlich selbst ein Hospital gründet und in der Zusammenarbeit mit der nahen Dombauhütte seine Lebensaufgabe findet.

Randal der Ritter

Eine Erzählung aus dem englischen Mittelalter. Ins Deutsche übertragen von Gustav Keim.
2. Auflage, 252 Seiten,
geb. DM 24,– (ab 12 J.)

VERLAG FREIES GEISTESLEBEN

Haußmannstraße 76
7000 Stuttgart 1